中央民族大学国家“十一五”“211工程”建设项目

ZHONGYANG MINZU DAXUE GUOJIA SHIYIWU 211GONGCHENG JIANSGEXIANGMU

散杂居少数民族基础教育现状研究

SANZAJU SHAOSHUMINZU JICHUJIAOYU XIANZHUANG YANJIU

◎主　编／刘明新

◎副主编／丛　静

中央民族大学出版社

China Minzu University Press

图书在版编目（CIP）数据

散杂居少数民族基础教育现状研究/刘明新主编．—北京：中央民族大学出版社，2012.12

ISBN 978－7－5660－0331－7

Ⅰ．①散…　Ⅱ．①刘…　Ⅲ．①社会转型期—少数民族—流动人口—基础教育—研究—中国　Ⅳ．①G639.2②G759.2

中国版本图书馆 CIP 数据核字（2012）第 283583 号

散杂居少数民族基础教育现状研究

主　　编　刘明新
责任编辑　张　山
封面设计　布拉格
出 版 者　中央民族大学出版社
　　　　　北京市海淀区中关村南大街 27 号　邮编：100081
　　　　　电话：68472815（发行部）　传真：68932751（发行部）
　　　　　　　　68932218（总编室）　　　　68932447（办公室）
发 行 者　全国各地新华书店
印 刷 厂　北京宏伟双华印刷有限公司
开　　本　880×1230（毫米）　1/32　印张：12.375
字　　数　330 千字
版　　次　2012 年 12 月第 1 版　2012 年 12 月第 1 次印刷
书　　号　ISBN 978－7－5660－0331－7
定　　价　32.00 元

民族学社会学教材与研究丛书

总 序

民族学与社会学学院的前身是建立于1952年的中央民族学院研究部。在20世纪五六十年代，研究部曾汇聚了中国大部分民族学与社会学的顶尖人才，如中国民族学与社会学的开拓者潘光旦、吴文藻、杨成志、吴泽霖、费孝通、林耀华和李有义等人以及他们的学生陈永龄、宋蜀华、施联朱、王辅仁、吴恒和王晓义等著名学者。

20世纪80年代初，研究部更名为民族研究所，不久又建立了中国第一个民族学系，20世纪90年代扩大为民族学研究院，2000年更名为民族学与社会学学院。半个世纪以来，名称和建制的变化，并没有影响她致力于民族学教学与研究的宗旨，经过几代人的努力，从该院毕业的民族学专业的学士、硕士和博士已遍布全国各地，多为栋梁之材。同时出版了大量在国内影响巨大的专著和教材。如潘光旦、吴文藻、费孝通等人的文集，林耀华先生主编的《民族学通论》、宋蜀华先生的《民族研究文集》、陈永龄先生的《中国民族学史》（英文版），还出版了全所历年研究成果的论集《民族研究论文集》（1981—1993年，共九册），这些出版物的共同特点是，以实地调查的材料为基础，以中国的56个民族为主要研究对象。几十年来，这已成为我院几代人的学术传统。

民族学（文化人类学）毕竟是一个自西方传来的学科，在中国发展历史较短，几十年来又多次受政治运动的干扰，所以与我国一些传统的老学科相比，中国的民族学无论在专业的理论、方法和研究成果方面，都是一个比较年轻、比较薄弱的学科。因此，今后本学科的重点是加强民族学专业的基础理论和方法的建设。为此，我们认为需要长期坚持两个方面的工作：

一、积极了解和借鉴国外学者有关的理论、方法和实践。这就要求我们既要翻译、介绍国外一些经典的名著，又要随时掌握国外研究的动向，将其最新的代表性作品翻译介绍给国内的读者和同行。

二、也是更重要的一个方面，继承我院50年来的传统，坚持实证性的研究方法，以中国的56个民族为主要研究对象，紧密联系实际，加强实地调查，以此为基础，进行理论总结，为建立独树一帜的、有中国特点的民族学理论而努力。

我们认为有必要使我们的学科建设和理论研究进一步系统化、规范化，并且在研究成果的基础上不断更新我们的教材。因此，我们于2000年成立了“民族学教材与研究丛书编委会”，目的是以民族学与社会学学院为基础，系统地编辑出版民族学专业的教材和以实证性研究为主的专著、调查报告和论文。

编委会将重点支持以下内容的教材和著作：

1. 民族学专业主干课和紧缺的必修课教材。
2. 以实地调查资料为基础的专题研究著作。
3. 国外民族学名著或前沿理论与方法的译著。
4. 有重要学术资料价值且规范的田野调查报告。
5. 本院教师实证性研究的论文集。

我们要求教材的编写者，应具有多年讲授该课程的资历，并且发表过有关的研究论文。我们要求丛书中的教材和论著应参考并引用国内外最新的相关研究成果，能够与国际学术界对话。

我们希望经过若干年的努力，本套丛书能够为民族学与社会学学院50年学术传统的发扬光大，为中国民族学学科的建设和中国民族学在国际学术界中较高地位的确立做出贡献。

杨圣敏

目录

总报告

分报告

总 报 告

社会转型背景下的散杂居少数民族基础教育现状研究

刘明新　丛　静　杜　霖

一、项目总体背景介绍

（一）散杂居少数民族基础教育研究的现状及立项必要性阐述

1. 散杂居少数民族基础教育研究的现状

新中国成立后，国家实行了民族区域自治政策，共建立 5 个自治区、30 个自治州、120 个自治县（旗）和 1256 个民族乡。少数民族分布总体呈现“大杂居、小聚居”的特点，散杂居的情况非常普遍。随着国际格局的调整，世界各国对少数民族传统文化更加关注，中国也不例外。长期以来，党和政府对民族地区的全面发展、对少数民族整体素质的提高给予高度重视，尤其更加关注作为国民教育重要环节之一的少数民族教育的发展。散杂居少数民族基础教育是少数民族教育的重要组成部分，对其进行研究，既符合国际社会发展的需要，也是中国少数民族教育发展的必然要求。

近年来，国内外学者对散杂居少数民族问题日益关注，发表了相关主题的大量文献。如在散杂居少数民族和少数民族教育方面的代表性文论有《河南省散杂居少数民族问题研究》（李京桦，2006）、《散杂居民族调查：现状与需求》（张海洋、良警宇，2006）、《关注福建省少数民族教育问题》（郭少榕，2004）、《吉林省散杂居地区朝鲜族基础教育质量现状分析研究》（李东浩、金子，2006）、《加快民族散杂居地区民族教育发展》（丁广治，2006）、《云南省民族学校基础教育现状调查分析》（冉亚辉、包翠秋，2007）、《散杂居少数民族教育现状与思考——以山东省青州市回、满族教育为例》（刘明新、师丽华，2008）、《泉州畲族教育研究》（雷宝燕，2008）、《泉州畲族教育问题初探》（雷宝燕，2009）、《福建省民族教育发展的现状、问题与对策》（肖龙井、尹雪梅、张平忠，2010）、《关于黑龙江省民族中小学教育现状的调研报告》（李宗权，2010）等。少数民族权益保障方面的代表性文论有《民族乡散杂居少数民族儿童受教育权利保障研究——以广西南丹县里湖瑶族乡为个案》（黄柳英，2007）、《民族乡散杂居少数民族儿童受教育权利保障研究——以广西南丹县里湖瑶族乡为个案》（黄柳英，2007）等。少数民族教学改革方面的代表性文论有《少数民族散杂居地区"三语"教学改革的创新研究》（白浩波，2005）等。此外，还有西南大学硕士生姚晓兰的硕士学位论文《民族杂居区教育的民族性与地域性关系研究》（2007）等。民族团结教育方面有《如何在多民族散杂居地区开展民族团结教育》（赵平、刘爱玲，2001）等。少数民族文化教育方面有《黑龙江散杂居少数民族文化教育问题探析》（张广才，2010）。族群认同方面有《朝鲜族青少年认同问题研究——以吉林市和北京市的大中学生为例》（徐芳，2009），等等。

上述学者从各自研究的领域，分别对散杂居少数民族和少数民族教育、少数民族权益保障、民族团结教育、少数民族文化教育、族群认同、少数民族教学改革等方面进行了探讨，但从教育人类学、民族教育学等学科理论出发，去理解文化的传承与重构、濡化与涵化、沟通与整合等主题却少有人涉猎，尤其是在社会转型背景下对散杂居少数民族基础教育进行深入研究更是少有人涉足的领域。

2. 散杂居少数民族基础教育研究的必要性

教育是一个永恒的话题，历来受到社会各界的普遍关注。中国是一个统一的多民族国家，每个民族都有其特殊的文化背景，教育不仅是各民族文化的重要组成部分，而且也是各民族独特的传统文化传承的重要途径。① 在长期的历史发展过程中，中国最终形成了“多元一体，和而不同”的文化结构，所以，中国的教育除了面临一体化的问题，还面临着多样化的现状。

民族教育是我国教育事业的重要组成部分，少数民族教育的发展不仅有利于实现各民族共同发展和共同繁荣，也有利于继承和发扬各少数民族的优秀传统文化。民族教育的发展涉及国家的根本，若无民族教育的同步发展，一方面说明中国的教育体系不完整，教育制度不完善，教育管理者不尽职；另一方面也会影响民族经济的发展，从而影响整个中华民族现代化的发展进程。而在民族教育研究中，散杂居地区少数民族的教育问题是一个亟待解决却又较少有人涉足的领域。因此，对散杂居少数民族基础教育的研究既具有理论价值，又具有现实意义。

改革开放30多年来，我国的经济取得了长足的发展，各地区都发生了巨大的变化，经济的快速发展及区域的不平衡性，促使人口流动加快，民族人口的分布也更为扩散，由此促使更多地区形成少数民族散杂居局面，原有或形成中的散杂居地区社会经济文化正发生着巨大的变迁。在这一背景下，散杂居少数民族问题逐渐成为当代民族社会问题的焦点，但目前的研究大多集中在社会变迁、民族关系以及民族权益等方面，教育作为文化传承中的重要环节，既是社会变迁中易受影响的因素，也是对社会变迁影响最大的因素，却没有得到应有的重视。因此，散杂居区少数民族基础教育现状研

① 哈经雄、滕星．民族教育学通论［M］．北京：教育科学出版社，2001：10.

究是对散杂居少数民族问题研究的重要补充，具有非常重要的现实意义和学术价值。

我们在搜集文献的过程中发现，中国现有的研究成果，多是在各民族整体状况的研究中包含一部分对少数民族教育历史及困境的描述或者在研究某教育问题时加入一些民族教育方面的材料，缺乏对民族教育，尤其是散杂居地区民族教育的个案分析和实证研究，因此在总结前人研究的基础上，从教育人类学、文化人类学、民族教育学等学科角度来调查研究散杂居少数民族的基础教育现状，具有重要的学术价值。这既可以为我国教育制度的完善提供新的理论依据，同时也是对教育人类学、民族教育学等学科理论的实践，进而为人类学提供更多以教育为主题的田野个案，更好地理解文化的传承与重构、濡化与涵化、沟通与整合。对散杂居少数民族基础教育现状的研究还能更多地积累教育人类学素材，为学科的理论发展拓宽研究视域，提供更多佐证。

总之，开展散杂居少数民族基础教育现状研究对探讨少数民族教育发展规律，完善我国的教育体系和教育制度以及促进民族学、人类学等相关学科的理论创新都具有重要意义。

（二）研究所涉及的范围及目的

随着全球化的不断推进，社会的各方面都发生着剧烈变化，多元文化间的交流与碰撞无处不在，特别是散杂居区的少数民族文化，在与主流文化碰撞、涵化的过程中经受了前所未有的冲击，面临着一系列新的情况和问题。在对此类问题的关注与研究中，史上众多的人类学家都试图以教育作为一个突破口，在民族志研究中都对田野点的教育问题给予了极大的关怀。因此，一直以来，教育是人类学研究文化的热点课题之一。本研究主要涉及的是社会转型背景下的吉林省前郭尔罗斯蒙古族自治县的蒙古族、山东省青州市的回族、福建省福州市的畲族、河南省济源市的回族、内蒙古自治区准格尔旗的蒙古族等基础教育的现状探讨。由于基础教育是国民教育体系非常重要的环节，党和政府也投入了大量的人力、物力，而上述地区的少数民族、汉族与聚居区少数民族在经济、文化等方面都存在很大差异，因此，本研究的目的是通过若干典型社区的细致调查与分析，由点及面，以反映少数民族社会文化变迁的状况以及散杂居少数民族教育所面临的一些真实问题，从而为当前教育发展提供制定政策的基本依据和决策参考。

同时，为了将散杂居地区少数民族基础教育与聚居区少数民族基础教育进行比照，本研究也将吉林省前郭尔罗斯蒙古族自治县X小学“加授蒙语”现象纳入研究范围，由此对社会转型背景下散杂居少数民族基础教育的发展现状有更加清晰的认识。

（三）研究方法

用人类学的方法研究教育制度和教育过程是教育人类学的研究宗旨。这种研究主要包括作为观察者描述和理解当地文化并提出观点，对某些特有群体进行实地调查，发现问题并进行理论概括和综合性的结果分析等。本研究综合采用了历史文献研究法和比较分析法、观察和参与观察法、访谈法、定性和定量分析相结合的方法等。

1. 历史文献研究法和比较分析法

在研究写作过程中，本研究比较重视对历史文献的搜集和地方史料的整理，力求在前人研究的基础上，结合当前的社会背景和新的发展现状探讨新的问题。

参加本研究的成员均受过较为系统的人类学、社会学等方面的学习和训练，并对吉林省前郭尔罗斯蒙古族自治县蒙古族、山东省青州市回族、福建省福州市畲族、河南省济源市回族、内蒙古自治区准格尔旗蒙古族的地方志有详细的了解，对这些地区的政治、经济、文化、历史等方面的专著、论文也做了大量的搜集和整理，尤其是获得了当地政府或统计部门未公布的第一手资料。同时，对这些地区的资料从教育的社会文化背景、教育与其他社会要素的关系、教育与文化变迁的关系、教育与社会变化的关系以及教育在其间的功能和影响等方面进行比较分析，显现出这些地区的民族在不同的社会背景下教育发展的不同特点。

2. 观察和参与观察法

在调查方法上，本研究主要采用了人类学的观察和参与观察法。观察和参与观察法是民族学、人类学工作最常用的方法，观察法是获得第一手资料的最基本方法，参与观察法是最高层次的观察法，即调查者在调查点上生活，也就是人类学上常说的“三同”（同吃、同住、同劳动）。其中，项目组中有3名成员选择的田野点是自己的家乡，对自己从小生长的环境有非常深刻的切身体会。1名成员利用支教机会，在田野点上做了为期一年的深入细致的调研。另外1名成员在田野点上进行了两个多月的田野调查，但为了补充调研的不足，曾先后三次走进调查点获取相关资料。总之，本研究的所有成员均做了充分的田野调研工作，切身体会了当地居民的现实生活，观察并了解了调查地人民的生活及文化的各个方面，为研究获取了丰富而翔实的第一手资料。

3. 访谈法

访谈法也是获得第一手资料的有效方法，它更具直接性，面对面地对调查对象进行深度访谈。因此，在调查过程中，项目成员对各地区的相关政府部门负责人、学校领导、教师、家长、学生代表等不同群体代表做了大量的访谈，对当地民族基础教育的基本情况有了直接的了解。

4. 定性和定量分析相结合

定性分析是对观察进行非数值化的检验和解释，定量分析是研究者将资料转化成数值形式并进行统计分析的技术。项目组成员在进行以参与观察和深度访谈为主要形式的定性研究时，也兼做以收集定量资料为目的的问卷调查，并在问卷调查的基础上发掘一些有价值的研究对象。

（四）理论应用

改革开放30多年来，我国经济取得了长足发展，各地区都发生了巨大的变化。强有力的经济、文化的变迁与渗透，使每个民族都被卷入世界文化圈中。在社会经济文化变迁中，人类也正处于一个充满困惑和迷茫的时期，比任何时期都更需要心理调适和主动适应。那么一个民族如何在传统文化基础上创新发展，更值得深思。

本研究试图在扎实的人类学田野调查的基础上，以吉林省前郭尔罗斯蒙古族自治县X小学“加授蒙语”现象、福建省福州地区畲族的教育、河南省济源市X村的教育人类学调查、山东省青州回族青少年的民族认同问题、内蒙古准格尔旗民族中学“教授马头琴”现象的田野研究等为个案，基于教育人类学的理论与研究方法，在纵向上探讨其演变过程，在横向上描述其文化传承与变迁的发展现状，从而深入分析教育的社会文化背景、教育与其他社会要素的关系、教育与文化变迁的关系、教育与社会变化的关系以及教育的功能和影响等。其间所运用的主要理论有：

1. 文化变迁理论

有关文化变迁理论，最早可以追述到早期进化论学派。该学派主张用文化进化理论来研究文化发展的普遍规律，其涉及的主要是历史上的文化变迁，当然重建人类的过去，也是为了了解现在，但他们不太重视民族之间的文化接触，以及正在发生的文化变迁的过程。因此，受到了新进化论学派、传播学派和历史学派等的批判。

在众多的理论学派中，功能主义学派对中国人类学界影响最大。其代表人物马林诺夫斯基曾对文化变迁做过具体的论述，主张着重对社会文化的功能、结构的研究。另一位代表人物拉德克利夫·布朗也论述了文化接触产生的相互作用，认为研究文化变迁的过程，共时性研究优于历时性研究，但同时也必须进行历时性研究，才能发现文化变迁的规律。

散杂居少数民族的文化经历过渐进变迁的过程，并通过调适达到整合。因此，我们需要以文化变迁理论为指导分析社会转型背景下散杂居少数民族基础教育的现状、存在的问题，从而使我们在研究散杂居少数民族基础教育的同时，更加关注散杂居少数民族所面临的文化冲击以及这种冲击所带来的整体文化的变迁。

2. 多元文化整合教育理论

多元文化整合教育理论是在20世纪60－70年代的西方国家民族复兴运动高潮迭起时代所产生的多元文化教育理论的基础上形成的，是通过对国内外民族教育理论和多元文化教育理论的研究与分析以及在费孝通先生的“多元一体格局”思想的启示下提出的。该理论认为：在一个多民族国家中，无论是主体民族还是少数民族，都有其独特的传统文化，也都有相互借鉴与吸收的文化内容，同时也都有接纳与吸收世界优秀文化的内在动力。教育在担负人类共同文化成果传递功能的同时，不仅要担负起传递本国主体民族优秀传统文化的功能，而且同时也要担负起传递本国各少数民族优秀传统文化的功能。①

散杂居少数民族与周边其他民族交往的过程中，面临着新的形势，其教育也必然会出现新的情况。如何在保持独特传统文化的同时，借鉴和吸收其他民族的文化，教育起了关键性的作用，这也正体现了“中华民族多元一体格局”思想，也是实现“多元一体化教育”的有效途径。

3. 文化的涵化和濡化

二战后美国出现了民族学和人类学新兴流派——文化相对论学派。文化相对主义的核心是尊重不同文化的相互差异，谋求各种文化并存。该理论认为任何一个民族的文化都具有独创性和充分的价值，都是在长期的历史过程中形成的并与其经济条件相适应。② 同时，该理论学派的代表人物赫斯科维茨还提出文化的涵化和濡化概念，对教育人类学的发展做出积极贡献。在赫斯科维茨看来，文化的涵化是指来自不同个人所组成的群体，因持续地直接接触，遂产生一方或双方原有文化模式所导致的变迁现象。③ 而文化的濡化是

① 哈经雄、滕星．民族教育学通论［M］．北京：教育科学出版社，2001：7.

② 林耀华主编．民族学通论［M］．北京：中央民族大学出版社，2003.

③ 林耀华主编．民族学通论［M］．北京：中央民族大学出版社，2003：28.

指人及人的文化习得和传承机制，认为文化是人创造的，文化又是一个种族或民族区别于其他种族或民族的最基本的标志之一。①

随着全球社会的多元化发展，散杂居少数民族的经济、文化及与周边民族的关系等都发生了明显的变化，散杂居少数民族如何在保持原有文化的同时，吸收并适应新的多样性社会，如何更好地利用当地的资源，建立新的有机的合作模式，充分发挥少数民族教育的文化传递功能，就成为散杂居少数民族面临的问题，这也是当地政府需要着手解决的一个重要问题。

4. 文化自觉

在迅速变化的当代社会，无论西方国家还是非西方国家，都面临着新的文化转型，尤其是在全球经济一体化的背景下，世界的距离明显缩小，从个人到民族、再到国家，都面临着如何适应新的环境，如何尊重文化的多样性、协调人与自然、人与社会、人与人、国家与国家的关系等问题，希望能够从自身现实出发，找到传统与现代的接榫之处。在这样的环境下，中国著名的社会学家、民族学家、人类学家费孝通先生提出了“文化自觉”理论。

文化自觉指生活在一定文化中的人对其文化有“自知之明”，明白它的来历、形成过程、所具的特色和它发展的趋向，不带任何“文化回归”的意思，不是要“复旧”，同时也不主张“全盘西化”或“全盘他化”。自知之明是为了加强对文化转型的自主能力，取得决定适应新环境、新时代文化选择的自主地位。② 费孝通先生在基本界定基础上，指出“文化自觉是一个艰巨的过程，首先要认识自己的文化、理解所接触到的多种文化，才有条件在这个已经在形成中的多元文化的世界里确立自己的位置，经过自主的适应，和其他文化一起，取长补短，共同建立一个有共同认可的基本秩序和一

① 滕星. 民族教育概念新论［J］. 民族研究，1998，(2).

② 费孝通. 反思－对话－文化自觉［J］. 北京大学学报. 1997，(3).

套各种文化能和平共处，各抒所长，联手发展的共处守则。”①

费先生的文化自觉理论，对于中国少数民族教育同样具有指导意义。现代化冲击着少数民族地区的经济文化发展，散杂居的少数民族甚至经历着更为深刻的现代化，他们自身的发展以及和周边民族的联系都发生了明显变化，如何在这一过程中实现最优化发展，理清传统文化与现代文化的关系，使资源得到更加合理的利用，使自然与人能够更加协调地发展，这些值得我们在文化自觉理论的指导下结合实际调查情况，深入思考。

二、课题的分地域研究情况

散杂居地区少数民族基础教育，其特征既有别于现行普遍实行的学校教育，又区别于少数民族聚居区的民族教育。因此，欲对散杂居地区少数民族基础教育情况进行调研，调研地的选择就显得十分重要。本研究的调研地分别为吉林省松原市前郭尔罗斯蒙古族自治县、内蒙古自治区鄂尔多斯市准格尔旗、福建省福州市小沧畲族乡、山东省青州市、河南省济源市五个地区。以上地区既有少数民族自治区的非少数民族聚居地，也有多民族聚居地区中某一民族的聚居地和以汉族占绝对主体地位的单一少数民族聚居地。类型较为丰富，具有散杂居地区的代表性。同时，在民族选择上，本研究结合对调研地和自身情况的了解，分别选取了生活地域主要在北方、信仰藏传佛教、以草原游牧文化为主的蒙古族；生活地域主要在南方闽浙一带、崇信妈祖、以盘瓠传说为其典型文化特征代表的畲族；生活地域涵盖全国、信仰伊斯兰教、有善商传统的回族。以上三个民族文化迥异，各具特色，其学龄儿童受教育的形式，既具有一定普遍性，又具有本民族的独特性。因此，在社会急剧发展、现代国民教育逐渐趋同的大背景下，其民族文化如何传承，教育扮演

① 费孝通．反思－对话－文化自觉［J］．北京大学学报．1997，（3）．

何种角色，发挥何种作用，成为本研究关注的主要焦点和研究的主要内容。现将本研究选取的田野点情况概述如下：

（一）吉林省松原市前郭尔罗斯蒙古族自治县

前郭尔罗斯蒙古族自治县（以下简称前郭县）作为吉林省唯一一个蒙古族自治县，蒙古族人口达5.8万人，占全县人口总数的十分之一。当地蒙古族学龄儿童（3566人），占全部学龄儿童（69384人）的5%左右，更是占到当地少数民族学龄儿童（3720人）的95.8%。[①] 这些蒙古族学龄儿童大多数一出生接触的就是汉语环境，并不需要学习蒙语，学习蒙语相当于重新掌握一门语言。因此，无论是家长的支持程度还是学生的努力程度都不高。因此，当地教育部门为什么要“加授蒙语”，各参与主体都持何种态度，这些都成为本研究关注和思考的问题。

该田野点的研究以“文化变迁”为基础理论支撑，从教育人类学角度入手，综合运用人类学、社会学、教育学理论及方法，首先从东北蒙古族教育史的变迁研究入手，厘清其从元代开始蒙汉双语——清代强制转变为满蒙双语——日占时期日蒙双语——“文革”前期“直接过渡”到汉语——现今蒙汉双语教育施行的曲折发展历史。随后，判断当地蒙语“失声”之原因——蒙古族所处的多民族杂居地区的文化互动频繁，掌握蒙语的人逐渐减少，使用空间缩小，加之社会现代化过程中汉文化作为主流文化的强烈冲击及其他现实因素，许多蒙古族后代开始放弃学习本民族语言。进而，项目组成员通过走访当地政府和教育部门，以前郭县X蒙古族小学“蒙语授课”现象为个案，从教学概况入手，到选取家长、学生、蒙语任课教师、学校主管领导等相关主体进行访谈，从而发现其目前存在的主要问题。在此基础上，项目组成员深入分析国家力量、地方官员、地方精英、当地民众各方力量交织对当地蒙语教育发展

① 深化改革，强化管理，提高双语教育教学质量．前郭县教育局内部资料，2008年7月。

的作用，并结合实地调研情况与前人经验，提出对当地民族教育发展的管窥之见。

（二）内蒙古鄂尔多斯市准格尔旗

准格尔旗位于内蒙古西南部，常住人口 32.15 万人（2009），户籍人口 298663 人，居住着蒙古、汉、回等 14 个民族，蒙古族 27799 人，其他少数民族 1363 人，① 是一个以汉族居多数、蒙古族为主体少数民族的多民族杂居地区。作为当地主体少数民族的蒙古族，其文化的传承以往多是通过家庭教育、社区教育进行，许多技艺也多为父子传承或师徒传承。在社会经济发展的推动下，现今以学校为载体的民族文化传承的教育现象不断发展。因此，基于对此种新的民族文化传承形式的兴趣，同时结合对调研地的了解和工作上的便利，项目组成员选取准格尔旗民族中学马头琴教育情况为个案，从对蒙古族艺术教育、教育与少数民族文化传承关系、马头琴教育的现状三方面的文献研究入手，综合运用民族学、教育学的理论与方法开展实地调研，对准格尔旗马头琴艺术教育现状进行描述，并在此基础上反思其存在的问题和面临的困境。

艺术教育是校园文化教育的重要组成部分，也是学生审美能力提升的重要途径。马头琴作为艺术教育的一种载体，同时也是蒙古族文化传承的重要载体，其传承的重要性不言而喻。通过对准格尔旗民族中学组建马头琴队，借助学校第二课堂开展民族文化传承的现象进行调查和分析，项目组希望能为民族文化传承研究提供一些思考。

（三）福建省福州市小沧畲族乡

小沧畲族乡位于福州市东北部，是福建省最早成立的少数民族乡（1984 年 6 月）。2005 年，全乡共有 1035 户，总人口 3969 人，其中畲族居民共 585 户，人口 2269 人，占全乡总人口的 57.2%。

---

① 鄂尔多斯市统计局编．鄂尔多斯统计年鉴。2010：80、83。

截至2009年12月31日，小沧畲族乡常住人口为4334人。[①] 基于对教育在畲族文化变迁中如何发挥作用的思考，结合在家乡进行本民族调研的有利条件，也为填补学界畲族教育现状研究不足的缺憾，项目组成员以福建省福州市小沧畲族乡为田野点，综合运用人类学、教育学、心理学等学科理论与方法开展实地调研。

项目组成员从小沧畲族乡历史及当地畲族族源着手，以小沧畲村的教育发展情况为主要研究对象，从不断发展的学校教育、几经变迁的家庭教育、风俗节庆等社会教育三个方面以及教育政策和社会经济发展的客观推动作用等方面对畲村教育进行细致描述，尤其是从当地村民自游离于国家力场之外到逐渐了解并开始参与到国家政治生活中的思想转变，充分体现当地教育发展的重要作用。基于对上述状况的调查和了解，面对当地教育事业发展的困境与难题，如教育的不连续性、教育与文化传承的冲突、学前教育的缺失、进城后的学生与生源缺失等，项目组成员对上述现象进行了反思。

（四）山东省青州市

青州市位于山东半岛中部，是山东省少数民族聚居人口较多的城市。其中，回族人口最多（22119人），占当地少数民族总人数的85%以上，[②] 其分布以城里清真寺、东关清真寺、云河清真寺、坡子清真寺、草庙清真寺等五个清真寺为中心。当地回族形成的年代可追溯到七百余年前，伊斯兰教信仰及其文化沉淀造就了当地回族的文化特征。基于当地回族青少年的民族认同现状及现代化进程中青州回族文化传承对散杂居地区民族工作开展的重要性的思考，项目组成员综合运用人类学、社会学、教育学相关理论与方法开展实地调研。

以儒家文化为代表的主体文化在齐鲁地区影响强大，但是青州

---

① 小沧人口与计划办公室2010年8月份总数据，项目组成员取得全乡所有人口姓名、性别、民族等数据。

② 青州市民宗局．青州市民族工作调研报告，2008年10月。

回族依旧保持着“聚寺而居”的居住格局，伊斯兰文化系统保存完整。基于此，项目组成员从家庭教育、社区教育和学校教育三方面着手，较为全面地勾勒出当地回族青少年民族文化认同与教育的样貌。同时，通过对以上三种教育形式的审视和思考，认为只有不断增进社会中各种文化的相互交流和了解，积极寻求多元文化教育方式，才是民族文化发展、青年成长成才的最佳出路。

（五）河南省济源市

济源市位于河南省西北部，总人口68.25万人，其中少数民族1.6万人，约占全市人口的2.3%。[①] 其中，回族人口最多，约占少数民族总人数的90%。项目组成员以民族教育在民族文化保护和发展中的重要作用为切入点，选取河南省济源市X村作为回族文化教育研究的田野点，运用描述性研究与解释性研究相结合、抽样调查和个案研究相结合的方法进行田野调查。

项目组成员在全面描述X村概况及该村回族族源及其传统文化的基础上，揭示X村回族所接受的广义的回族教育——家庭教育和以阿訇为全面主导的经堂教育模式和狭义的回族教育——以北海回民小学为代表的学校教育两种形式间不断融合、互相影响、共同发展的本质，分别就回族传统文化的伊斯兰教信仰所发挥的强大社会整合功能进行阐释，就传统教育与学校教育相互作用与影响及学校教育内涵的不断丰富进行分析，就传统经堂教育的继承与发展进行设想。最终，项目组成员认为多方主体共同参与的民族地区教育革新势在必行。

三、项目研究的思考和建议

著名的社会学家、民族学家、人类学家费孝通先生早在1988年就提出了“中华民族多元一体格局”的理论。在这一理论启发

---

① 2000年第五次人口普查数据。

下，滕星教授提出了“多元一体化教育”理论，该理论认为一个多民族国家的教育，在担负人类共同文化成果传递功能同时，不仅要担负起传递本国主体民族优秀传统文化的功能，而且同时也要担负起传递本国各少数民族优秀传统文化的功能。[①] 因此，大力发展民族教育，积极传承少数民族优秀传统文化应是多民族国家教育发展的必然要求。在此，本研究仅根据田野调查，提出发展散杂居少数民族基础教育的若干建议，希望对散杂居少数民族教育问题的解决有所启发。

（一）加快经济发展，多渠道筹资，加大对民族基础教育的投入

散杂居少数民族能否将地区资源优势转变为经济优势，不仅是加快少数民族地区社会发展的关键，也是推进社会主义现代化的必然要求。经济的发展，既对教育、文化的发展提供强有力的财力支持，也能够吸引更多的人才，壮大师资队伍。而教育水平的稳步提升，则会为该地区经济的发展培养大批人才，从而形成良性循环。新形势下，如何加快发展散杂居少数民族地区的经济，事关民族地区平等、团结、互助、和谐的社会主义民族关系的巩固和可持续发展。因此，散杂居少数民族地区应立足于自身实际，在经济发展的基础上加大民族教育的投入，通过鼓励散杂居地区的少数民族和汉族群众集资办学、捐资助学等多种有效途径，充分调动当地群众的积极性，多渠道筹措教育经费，努力改善办学条件。

（二）加强领导，提高领导队伍的管理能力和监督水平

任何一项活动的成功实施，都需要一支强有力的领导队伍的指导和监督。散杂居少数民族地区政府要切实加强对民族教育工作的领导，充分认识民族教育在促进民族团结进步、维护国家统一和地区的繁荣稳定等方面的重要地位和作用。要把民族教育工作列入政府工作重要议事日程，把重视发展民族教育、确保民族教育投入、

---

① 哈经雄、滕星．民族教育学通论［M］．北京：教育科学出版社，2001：580.

加强民族学校建设、为民族教育排忧解难等作为重要工作内容。教育行政主管部门要认真研究制定本地区民族教育发展的整体规划和年度计划，在实施各项改革、组织督导评估等各方面对民族教育和民族学校给予政策倾斜，进一步加大经费、政策等方面的支持力度，为民族教育的改革发展奠定良好的基础。

（三）加强少数民族教育政策的立法工作，为加快民族教育的发展提供强有力的政策保障

长期以来，党和国家不断颁布各种法律法规，赋予和尊重散杂居少数民族地区发展教育的权利，为民族基础教育的发展提供法制保障。散杂居少数民族教育的未来发展方向是多元文化整合教育，其目的是在保护本民族传统文化的同时，继承各民族的优秀文化遗产，加强各民族间的文化交流与融合，从而促进各民族的团结。因此，在社会转型背景下，要发展散杂居少数民族教育事业，必须依靠法律，既要认真贯彻执行国家教委、国家民委等相关部门在发展民族教育方面的政策，又要制定更具针对性的有关散杂居地区民族教育工作的法律法规，确保民族教育走上法制化的轨道，唯此，才能使散杂居地区的民族基础教育收到良好效果。

（四）加强少数民族师资队伍建设，为少数民族地区建设培养一批高素质的人才

高素质人才的培养靠教育，而教育的关键在师资。为了推进我国民族教育事业的持续、快速发展，如何在坚持“高目标定位、高起点要求”的原则下，培养一支学术水平高、思想品德好、业务素质精湛、富有创新精神的教师队伍，为少数民族地区输送更多符合社会需要和发展的人才，是发展少数民族地区教育事业的关键。因此，教师要树立多元文化教育观，培养学生对多元文化的适应能力和理解能力。同时，应在加强师德修养、培养良好的业务素质和职业道德、制定培养计划及方案、营造“自由、宽松、向上”的学术环境、加强少数民族教育干部培训和民族师资培训、有计划地开展地区间、院校间的对口支援工作等方面采取强有力的措施，确保少

数民族师资队伍整体水平的提高，为少数民族地区建设培养高素质人才打下坚实的基础。

（五）突出民族文化特色，加大实践教学环节，建立新型教学模式

目前，散杂居少数民族地区的学校教育普遍存在的问题是在课程设置和教材选用等方面民族特色不明显，教学形式单一，学生缺乏对少数民族传统文化的理解力和对多元文化的适应力。对此，学校应在课程设置中，增加与传统文化有关的选修课；在课程开发中，大力挖掘包含传统文化的乡土知识，并用适合于学生身心发展的形式进行体现和表达；在教材选用中，应当积极组织人员编撰校本教材和乡土教材；在校园文化建设中，要积极开展以弘扬民族传统文化为主题的活动等。学校还应有计划地组织学生参与社会实践活动，如参观少数民族村居、民族企业、民族历史古迹等，在这些活动中让学生们了解民族的风俗习惯、民族节日等传统文化，激发学生的民族感情，增进相互之间的了解，这不仅是进行民族文化教育的需要，也是开展民族团结教育的重要途径。

同时，针对散杂居少数民族地区学校教学形式比较单一的现状，学校应结合当地少数民族的实际情况，在教学形式上有所突破，有所创新，建立以学校为主体，家庭、社区为两翼的新型教学模式，即在重视学校教育的同时，依托政府及社会各界力量的支持，开展各种形式的民族传统文化互动活动，在社区中营造传承少数民族传统文化的氛围，从而带动家庭在民族教育中的作用，将课堂延伸到社区生活中，实现学校教育、家庭教育和社区教育和谐统一发展。

（六）从实际出发，采取特殊政策，培养少数民族人才

我国散杂居少数民族的基本状况是居住分散，在地理环境、生活条件、风俗习惯、语言文字等方面也都存在较大差异。因此，在发展民族教育时，必须从各民族地区实际出发，充分考虑各民族的特点，因地制宜，因民族制宜，采取特殊办法发展民族教育事业，

在办学形式、教学内容、生活管理等方面都要采取各种方法，绝对不能照搬照抄汉族地区的做法，[①] 走出一条富有特色的民族基础教育之路，如在散杂居少数民族地区设立中小学，普通中小学设立寄宿制小学班、初中班、高中班等，使民族教育形式多样，内容丰富，从而为培养一批高素质的少数民族人才奠定良好的基础。

四、项目研究的反思和不足

（一）关于散杂居少数民族基础教育现状的反思

研究散杂居地区少数民族教育和民族文化传承既是对教育人类学、民族教育学等学科理论的具体实践，也为人类学提供更多以教育为主题的田野个案，更好地理解文化的传承与重构、濡化与涵化、沟通与整合。同时，通过本研究，项目组对散杂居少数民族教育的发展现状有了一定的直观感受和深刻体会。

在社会转型背景下，散杂居少数民族面临着由此带来的影响和冲击。如何面对自身传统文化的保护、创新与发展问题？如何正确地理解、判断和选择不同的文化，实现不同文化的和谐相处和文化的多样性共存？如何通过少数民族基础教育培养学生的多元文化自觉意识？如何在保证取得平等受教育机会的同时也能获得民族传统文化教育的权益？在严峻的形势面前，项目组成员看到了各调研地各主体如何在现实与责任之间做出选择，如何通过学校教育、家庭教育、社会教育的手段在实现民族文化传承等方面作出的努力和尝试。

当然，看到散杂居地区少数民族教育事业越来越受到重视，项目组甚感欣慰。但是，这项事业能否像国家经济发展的新目标一般“又好又快”发展，还须慎思谨言。

---

① 李年鑫、马维振、石世锐．改革开放30年少数民族教育发展的经验及思考［J］．中共贵州省委党校学报，2009，（1）：113.

首先，现行教育体系虽然一直强调素质教育的推行，但在具体实施过程中难免因为过多注重成绩的提升而忽略了教学内容选择的恰当与否、素质培养是否真正落到实处等其他方面。同时，乡土教材的不完善乃至缺失、民族文化表达空间有限、硬件设施和教学手段尚需进一步完善等现实原因也容易造成民族文化教育的有名无实。学习内容过于生硬和单一，学会后联系和使用的空间过于狭小，学习的实用性令人生疑，这些问题的存在都成为散杂居地区民族教育事业发展的阻力。

其次，少数民族学龄儿童经过家庭教育的熏陶，具有一定本民族独特的习惯，在诸如语言表达、社会交往、行为规范等方面都有所体现，通常与学校教育中使用汉语和强调的部分行为规范有所不同，容易引起误解甚至冲突。对于人生观、价值观尚不成熟的学龄儿童来讲，并不能很好地理解不同文化间的接触、融合、碰撞现象，会对自身成长，特别是心理方面产生一定影响。同时，学前教育的不完善甚至缺失，也会削弱少数民族学龄儿童在进入学校教育体系时的适应和接受能力。

再者，部分人民族认同意识的淡化与缺失、对民族教育的认识过于片面等，在一定程度上造成了一种现代学校教育体系与民族文化教育之间的对立现象产生。部分人在强调学校教育对青少年成长成才重要性的同时，忽略了民族文化教育在人格塑造、伦理道德规范、世界观、人生观形成方面的重要作用，认为民族文化是落后、愚昧、不科学的文化，不应该得到弘扬而应该摒弃，认为民族文化教育更多是形式上的需要，并不能真正落到实处，同时也没有意义等。

在散杂居地区少数民族教育发展步伐不断加快、方式不断改革、社会愈加重视的当下，面对两种教育体系某种程度的对立、民族认同意识的淡薄及社会主流文化强力冲击的现实困境，我们不得不仔细思考。或许，只有在学校教育与家庭教育、社会教育互相了解的基础上，找到彼此相互补充、相互促进的交汇点，共同推动形式的结合与内容的融合，才能促成散杂居地区民族教育事业的真正繁荣发展，也才能真正促成对“教育”二字的准确定义。

（二）项目研究的不足

随着中国社会转型加速，民族聚居地区的民族工作固然非常重要，散杂居少数民族工作的地位也日渐突显。可以说，通过项目调研，我们较为翔实地了解了五个调研地少数民族教育的现状，但是，受人力、时间、经费等方面的限制，也存在一定局限性，主要表现在以下几个方面：

1. 在民族选择上，相对单一

考虑到人力和为调研创造有利条件等方面的因素，项目组成员大多选择对自己家乡的散杂居少数民族基础教育进行调研，即对吉林省和内蒙古自治区的蒙古族、山东省和河南省的回族、福建的畲族进行调研，这三个民族在人口规模、分布地域、文化特征等方面具有一定代表性。但是，如果考虑到同一民族在不同地域的教育发展现状的不同及兼顾同一地域其他民族教育现状的调查研究等方面，只选择五个地区的三个民族，相对单一。

2. 在时间投入程度上，略显不足

时间是影响本次调研的一个重要因素，在短时期内要对散杂居少数民族基础教育进行全面研究难度较大。项目组成员在完成课题研究时多为在读研究生，繁重的课业之余，只能利用寒暑假返乡时间开展课题调研，在时间上难免略显不足。

3. 缺少一定比较对象

本项目的开展主要以调研地基础教育现状为观察重点，侧重于对其历史发展、现状描述、主客体态度及问题与思考等方面进行研究。但是受各方面因素限制，未能完全展开。如与同一民族在其聚居地及其他散杂居地区的教育现状，或其他少数民族在散杂居地区的教育现状等方面进行充分对比的研究缺乏。

4. 研究深度尚需挖掘

本次研究只是对几个调研地少数民族基础教育的现状有一般性

认识，尚不能完全反映各调研地少数民族基础教育的全貌，尤其是不能将所有散杂居地区各少数民族的教育现状进行厘清。今后，项目组将继续深入调查，为散杂居地区少数民族教育的发展做出自己的努力。

分 报 告

散杂居少数民族教育现状与思考

——以山东省青州市回族、满族教育为例

刘明新　师丽华

中国是一个多民族的国家，各民族在长期的历史发展过程中最终形成了以汉族为中心的多元一体格局。由于历史上各民族之间长期的迁徙流动、相互融合，使得很大一部分人居住在自治地方以外或者居住在自治地方以内但并不实行自治，这些少数民族被称作“散杂居少数民族”。尽管国家关于散杂居少数民族的政策在不断发展和完善，但是由于其“散”、“杂”的特点，常常被人们所忽视。教育是一个国家或民族发展的重要因素。在大力倡导教育改革和人类文化多样性的今天，散杂居地区少数民族教育的状况如何？存在着哪些问题？如何更好地解决这些问题？这些都应引起我们的格外关注。

一、“少数民族教育”概念的界定

目前，在综合以往研究成果的基础之上，学术界对于如何界定“民族教育”取得了较为一致的看法，即民族教育从其内涵和外延上来说，可以分为广义和狭义两种。“广义的民族教育是指对作为

有着共同文化的民族或共同文化群体的民族集团进行的文化传承和培养该民族或民族集团的成员，一方面适应现代主流社会，以求得个人更好的生存与发展，一方面继承和发展本民族或本民族集团的优秀传统文化遗产的社会活动。”① 狭义上的民族教育是少数民族教育的简称，指的是“对在一个多民族国家中人口居于少数的民族的成员实施的复合民族教育，即多元文化教育”，其主要目的是“一方面帮助少数民族成员提高适应现代主流社会的能力，以求得个人的最大限度的发展；另一方面，继承和发扬少数民族的优秀文化遗产，丰富人类文化宝库，为人类作出应有的贡献。”②

广义的民族教育概念涵盖面极广，“无论是原始民族的教育、古代民族的教育，还是现代民族的教育；无论是单一民族教育，还是复合民族教育；无论是主体民族教育，还是少数民族教育，”③ 这些都包括在内。本文所称的“少数民族教育”采用狭义上的“民族教育”概念，指的是对除了汉族以外的其他少数民族所实施的，以继承其优秀文化遗产、加强族际间文化交流为目的的教育，目的是为了实现各民族间的相互理解与尊重，平等友好与和睦相处。

二、青州市少数民族概况

青州是一个县级市，地处山东半岛中部，是齐鲁大地上重要的交通枢纽，也是历史上兵家必争之地，为中国古九州之一。青州的名字最早见于《尚书·禹贡》中的“海岱惟青州”。

---

① 滕星，主编．20世纪中国少数民族与教育［M］．北京：民族出版社，2002：246.

② 滕星，主编．20世纪中国少数民族与教育［M］．北京：民族出版社，2002：247.

③ 滕星，主编．20世纪中国少数民族与教育［M］．北京：民族出版社，2002：247.

据相关资料显示，全市总面积为1569平方公里，辖17个镇、1个回族乡，3个街道办事处，人口约90万。现有回、满、蒙、朝鲜、土家、苗、壮、侗等34个少数民族，2.47万人，约占全市人口的2.6%。[①] 其中，回族、满族的人口最多，占少数民族总人数的88%以上，是笔者此次调查的主要对象。

青州的回族早在元代就迁入了青州，至今已有700多年的历史。这一点从青州东关真教寺的碑文记载可以得到印证："青州回回礼拜寺自大元大德六年（1302年）元朝伯颜后裔所立"。他们主要聚集居住在城区和云峡河、东坝、五里等乡镇。现有人口2.2万人。青州的满族主要居住在北城，又称"旗城"或"满城"。青州满城是"清代青州府八旗满洲官兵的住地……雍正七年（1729年）于青州城北营建满城，城4门，大城、月城共门8座，出水闸3座。八旗衙署、营房、教场、营房盘查哨卡、军械火药库房等为主要城建设施。随着八旗兵民的迁入定居与戍守，该处渐成满族居住较集中的聚居地。"[②] 满城建立后，一次性迁入满族兵民15000多人，[③] 他们从此常驻这里，为青州地方的经济、教育发展、文化交流和民族团结做出了重要贡献。

在长期的相处和交往中，青州满族、回族与汉族在文化上耳濡目染，自觉地相互交流、相互吸收，增进了彼此间在宗教信仰、风俗习惯上的相互了解。多年来，青州未发生过大的民族矛盾和冲突。

三、青州市少数民族教育的现状

1986年，青州市撤县设市。近几年先后被评为"全国农村经

① 青州市民族工作调研报告（内部资料）. 青州市民宗局，2006：1.

② 孙文良，主编. 满族大辞典［M］. 沈阳：辽宁大学出版社，1990：387.

③ 李凤琪、唐玉民等. 青州旗城［M］. 济南：山东文艺出版社，1999：2.

济综合实力百强县”、“全国科技工作先进市”、“全国文化先进市”、“全国体育先进市”，连续四次（1988 年、1994 年、1999 年、2005 年）获得“全国民族团结进步模范集体”等荣誉称号，是“中国优秀旅游城市”。经济的发展为青州教育事业奠定了良好的基础。少数民族教育顺利完成了九年义务学制的改革，基础教育与职业成人教育也实现协调发展，完善的民族教育体系已初步建成。少数民族教育取得了较大的成绩。

1. 青州市少数民族教育的历史发展

回族是我国空间分布仅次于汉族的民族。该民族散居全国各地，但仍以西北地区为主。宁夏、甘肃、青海等地区的回族具有较强的民族凝聚力，伊斯兰教信仰渗入社会生活和风俗习惯的各个方面，宗教氛围浓厚。相比之下，散居于东部经济发达地区的回族虽然也是聚族而居，但宗教氛围略显淡薄。从地理位置看，青州回族地处东部地区（更确切地说是华东地区），生活在经济发达地区和主流民族社会之中。尽管青州回族的民族与宗教氛围不像西北地区那样强烈，但是几百年来该地回族能够做到“同而不化”，始终保持本民族的传统特色与文化，实属难能可贵。究其原因，教育是一个不可忽视的重要因素。

从广泛意义上讲，回族的教育经历了一个由经堂教育到现代学校教育的演变过程，青州的回族也不例外。经堂教育自起源到现在已有近 400 年的发展历史，它主要以教授伊斯兰教的各种经典和宗教功课为主，在回族人民的生产与生活中有着十分重要的影响。在青州，这种经堂教育一直持续到新中国成立前。新中国成立后，尤其是十一届三中全会以后，党和政府十分重视民族地区（包括散杂居民族地区）的教育事业，先后出台了一系列的政策和措施。当然，由于中国民族众多、地区差异性大，这些政策的落实需要各地区根据自身条件进行不断的调整和完善。青州以此为契机，从自身散杂居少数民族地区的实际出发，采取了诸如三教统筹，建设民族教育体系；大力发展职业技术教育，促进民族经济发展；加强领导，加大投入，改善民族学校办学条件；突出民族团结进步的教育特色，提高办学质量等诸多措施，推动了该市民族教育事业的蓬勃发展。

满族有着优良的尊师重教的传统。“从努尔哈赤以来，满族教育经历了三个大的发展时期”，一是“八旗官学教育时期”，是专门为八旗子弟所开设的。二是“洋务教育时期”，这一时期是清朝被迫打开门户，谋求政治革新的时期。三是“新式教育时期”，建立新学制，废除科举制，采用新的教育模式。① 清代满族教育的普及面、教育体系及教学种类等取得的成就超过了以往历代。北城的修建与满族的迁入带来了驻防八旗重教育的优良传统，对青州满族人民的日后发展产生了深远影响。

2. 青州市少数民族教育的现状

为保证少数民族受教育的权利，发展少数民族经济，促进民族团结，青州不断采取有效措施，实现了少数民族教育的较快发展并取得了一定的成绩。迄今为止，青州共建有回族中学 3 所（偶园回中、东关回中、云河回中），回族小学 4 所（云门路回小、青龙回小、云河回小、坡子回小），构建了较完备的基础教育体系。据初步统计，回族学生占在校学生总数的 57% 左右，② 并且回族学校在校舍建设、师资力量配备、课桌椅、图书资料、实验仪器、体育器材等方面的配置基本达到了国家规定的标准。其中，云峡河回族乡回民初级中学被潍坊市教委评为“实验室建设先进单位”，被青州市电教中心评为“电化教育先进单位”。回族学龄儿童的入学率、小学升初中的比率均达到 100%。

笔者在调查中还了解到，随着青州回族人民经济水平的显著提高，他们对教育的认识和重视程度不断加深，因此一系列的非正规教育蔚然兴起。家长除了把孩子送到学校外，还在寒暑假期间让孩

① 鲍明．满族文化模式［M］．沈阳：辽宁民族出版社，2005：422－424.

② 此数据根据相关材料计算得出。

子参加各种兴趣班、辅导班，内容除基本课程的辅导外，还包括音乐、舞蹈、美术等。此外，暑假期间，当地清真寺和真教寺还义务开设辅导班，主要宣传与普及回族的传统文化知识，附带开设英语、数学等文化课。清真寺的阿语课教育包括最基本的为人处世、与人为善、个人礼仪等多方面。据阿訇们解释，开堂办班主要是为了回报信众，宣传伊斯兰文化，给孩子们创造一个良好的民族氛围。

青州现有满族中学1所（北城满中）和满族小学1所（北城满小）。在民国时代，满族学校被称为“宣化会”，新中国成立后改称满族学校。北城满族小学是一所村办完全小学，据2007年的调查显示，该校有教学班16个，教师42名，学生188名。其中，满族教师1名，满族学生202名，约占学生总数17%。学生满小毕业后，95%以上升入满族中学。北城满族初级中学是山东省唯一的一所满族中学，现有教学班16个，教师58名，其中，满族教师2名。师资结构上实行年轻化，少数民族以满族居多，满族学生比例为15%左右，呈下降趋势。学龄儿童的入学率、毕业率均达100%。① 笔者从访谈中了解到，该校学生生源充足，虽名为满族学校，但并不只招收满族学生。学校还投入一定资金，购置了现代化的硬件设施，结合现代教育提高教师队伍的质量。该校于1998年被国家教育部确认为全国首批“现代教育技术实验学校”，成为当时潍坊市唯一获此殊荣的初级中学。此外，学校于1989年开设了青州市第一个“民族职业中专班”，至1999年停办。在10年多的时间里，该民族班为青州和北城教育、经济的发展输送了民族骨干人才近300名。

3. 青州市的民族常识教育

民族常识教育能够培养民族感情，促进民族团结，是民族文化教育的重要组成部分。青州市于1996年被国家教委确定为第二批

---

① 2007年访谈两所学校负责人得到的数据。

民族常识教育试点县市。东关回民初级中学、北城满族初级中学、北城满族小学、云峡河回族乡回民初级中学等13所民族中小学被确定为“全国民族常识教育试点学校”。为了突出民族特色，做好民族常识教育工作，各试点学校均开设了相应的民族常识课程，所用教材一律自主编写。同时，学校还开展一系列丰富多彩的课外活动，如举办民族歌舞比赛、书画比赛等。此外，还利用便利的民族文化资源对学生进行民族教育，如参观青州博物馆、清真寺、真教寺等。为了让学生更深刻地了解各民族的文化，学校将少数民族传统的体育活动（如武术、珍珠球等）纳入体育课中。

从此，青州民族常识教育开始蓬勃发展，取得较大的成就。然而由于政府财政、教育制度的改革、学校布局的调整等多方面的原因，从总体来讲，现在青州的民族常识教育活动与以往相比有所减少，学校民族常识教育课程的开展也不太乐观，政府对民族常识教育的倡导、民族常识教育相关文献的出版量也明显减少。青州市的民族常识教育进入其发展的平缓期。

四、青州市民族教育存在的主要问题

青州市统计局发布的《2006年青州市国民经济和社会发展统计公报》（2007年3月2日）表明，2006年青州市教育事业以创办人民满意教育为目标，狠抓教育质量，推进学校布局调整和学校建设，实施素质教育，教育整体水平有了显著提高。幼儿园入园率达90%以上，适龄儿童小学入学率、小学毕业生升学率、初中毕业生升学率均达100%，高中毕业生升学率达到99%。本、专科录取人数达7270人，创历史最好成绩。就全局而言，这些成绩值得肯定，但就局部来看，青州的民族教育仍存在一些问题，主要表现在以下几个方面：

1. 民族教育投入不足。青州目前处在经济的迅速发展阶段，在社区规划和重建的过程中，政府对民族学校虽有所考虑，但重视程度仍显不足，因资金短缺而产生的问题比比皆是。如满族学校因没有正规的体育场，民族传统体育活动根本无法开展。民族中专班的重新开设也有赖于新校舍的修建。目前，北城满族学校的学生数量不断增加，教师的需求量增大，然而聘用老师的资金无法到位，致使教师资源短缺。

2. 民族教师队伍力量薄弱。青州市民族教师仅占民族学校教师总数的22%，占全市教师总数的0.96%，比例较低。教师的学历水平、专业水平和整体素质都亟待进一步提高，以满足少数民族群众要求子女接受高质量教育的愿望。

3. 民族教育活动形式单一。虽然青州市教育局把民族常识教育课纳入了中小学学科课程体系，在小学四年级和初中一年级分别开设了《民族常识》和《民族政策常识》课，为民族教育工作的开展提供了时间保证，但课堂教学形式单一，缺乏更多的社会实践活动的开展，从而影响了民族教育的整体效果。

4. 民族文化特色不突出。青州民族学校使用全国统编教材，缺乏地方教材和校本教材的开发和使用，不利于少数民族优秀文化遗产的挖掘与整理，未能实现少数民族教育的文化积淀与传递功能。此外，青州的民族学校在建筑、校园文化等方面民族特色的体现也不明显。

五、发展青州市民族教育的若干建议

著名的社会学家、民族学家、人类学家费孝通先生早在1988年就提出了“中华民族多元一体格局”的理论。在这一理论的启发下，有学者提出了“多元一体化教育”理论，指出：“一个多民族国家的教育，在担负人类共同文化成果传递功能的同时，不仅要担负起传递本国主体民族优秀传统文化的功能，而且同时也要担负起传递本国各少数民族优秀传统文化的功能。”① 因此，大力发展民族教育，积极传承少数民族优秀传统文化应是多民族国家教育发展的必然要求。在此，我们仅根据调查，提出发展青州市民族教育的若干建议，希望对散杂居少数民族教育问题的解决有所启发。

1. 加快经济发展，加大民族教育的投入。发展是硬道理。无论是边疆地区还是东部发达地区，经济的发展是关键。只有经济发展了，才有足够的财力支持教育、文化等的发展，才能吸引更多的人才，壮大师资队伍。而教育水平的稳步提升，则会为该地经济的发展培养大批的人才，从而形成良性循环。青州应立足于自身实际，在经济发展的基础上加大政府的民族教育投入，同时通过招商引资、社会捐资、设立基金会等多种形式，筹措民族教育经费，努力改善办学条件。

2. 构建完善的民族教育体系。建设民族学校，设立民族班，是散杂居地区发展民族教育的有效方式。青州虽然在这方面已经取得较大成就，积累了相关经验，但仍需加大力度继续完善和发展少数民族基础教育，并因地制宜开设职业技术教育和成人教育，从而为青州经济的发展培养高质量的人才。在重视发展学校正规教育的同时，还应积极采取多种形式办学，有效地补充正规学校教育。

3. 加强领导，完善立法，为少数民族教育发展提供政策保证。任何一项活动的成功实施，都离不开领导队伍的指导与监督，离不开政府强有力的政策保障。因此，应加强全市的组织领导，保证有一批真正关心此项工作的领导加入青州的民族教育工作中。同时，应出台符合现时民族学校教育特点的政策，避免政策领域真空状态的出现。在我们的调查问卷中也反映出这一问题，有92.9%的群众认为政府有必要继续出台相关政策来支持民族文化教育。原青州教育局局长赵潜先生在《民族常识课也需依法施教》中提到“任何

① 滕星、苏红．多元文化社会与多元一体化教育［J］．民族教育研究，1997，(1)．

一门课程，只有纳入了课时计划，在学校中才有合法地位，才能进入学校每周的课程表。”“若没有列入国家下达的教学计划，即使一时开课，也很容易被冲击掉”。① 因此，欲使青州学校的民族教育继续生动地开展下去，领导班子要跟上，政策措施也要跟上。

4. 加强民族教师的队伍建设。教师是民族文化教育的主体力量，因此应通过各种培训、进修的途径，有计划地组织少数民族中、小学教师进行民族政策、民族文化课的学习，以增强他们的民族观念，提高他们的教学水平。同时，建立教师业绩奖励机制，激发教师的工作热情。

5. 加大实践教学环节，丰富教学方法。让学生广泛参与社会实践活动，是实施素质教育的需要，也是进行民族文化教育的重要途径。因此，在民族教育过程中，应该进一步加强师生、学校与少数民族镇村之间的交流互动，组织学生参观少数民族村居、民族企业、清真寺、民族历史古迹等，在活动中了解少数民族的风俗习惯、节日庆典等优秀传统文化，激发学生的民族感情，增进相互间的了解。

6. 突出学校的民族特色，优化教育环境。“所谓教育环境是指维持教育活动正常进行所必须的相关条件，包括硬环境、软环境两个方面。硬环境是指教学点空间布局、校舍建设、师资力量配备及课桌椅、图书资料、实验仪器、体育器材等方面的配置状况。软环境是指人们对教育的支持程度，如群众的教育观念、地方政府对教育的重视程度、教师的工作态度等”。② 在优化学校教育环境的同时，还应构建特色鲜明的校园文化，以营造民族教育的良好氛围。如学校建筑设计上民族特色的体现，民族艺术文化节、民族文化活动周等活动的有序开展等。

---

① 赵潜．民族常识课也需依法施教［J］．中国教育报，1997.4.7.

② 马宗保．多元一体格局中的回汉民族关系［M］．银川：宁夏人民出版社，2002：228.

7. 加强与其他民族高校的联系与合作。要发展少数民族教育，解决师资方面的问题，还应加强与其他民族高校的合作。在青州市相关部门的努力下，中央民族大学于2007年7月在山东省民族中等专业学校设立了教学实习基地，这是一个很好的开始。此外，还可以利用假期，联系高校学生进行义务支教，宣传民族文化。

8. 重视社区教育，实现学校教育、社区教育与家庭教育的和谐统一。在重视学校教育的同时，还应充分发挥社区教育对学校教育的重要补充作用。即依托政府及社会各界力量的支持，开展各种民族传统文化活动，在社区中营造有利于民族文化传承的氛围，从而直接带动家庭在民族文化教育中起到更加重要的作用，将学校教育的课堂延伸到社区生活当中，实现学校教育、社区教育和家庭教育的和谐统一发展。

总之，随着全球社会的多元化发展，保持人类文化的多样性已经成为大多数人的共识。因此，如何更好地整合各方资源，建立有机的合作模式，以充分发挥少数民族教育的文化传递功能，成为摆在我们每一个民族教育工作者面前的一项重要现实课题。本文仅就此课题做了初步的探索，希望起到抛砖引玉的作用，以引起更多学者对此问题的关注。

参考文献

[1] 滕星，主编．20世纪中国少数民族与教育［M］．北京：民族出版社，2002

[2] 孙文良，主编．满族大辞典［M］．沈阳：辽宁大学出版社，1990

[3] 李凤琪、唐玉民等．青州旗城［M］．济南：山东文艺出版社，1999

[4] 鲍明．满族文化模式［M］．沈阳：辽宁民族出版社，2005

[5] 滕星、苏红．多元文化社会与多元一体化教育［J］．民

族教育研究，1997，(1)

[6] 赵潜．民族常识课也需依法施教［J］．中国教育报，1997年4月7日

[7] 马宗保．多元一体格局中的回汉民族关系［M］．银川：宁夏人民出版社，2002

（本文原载《民族教育研究》2008年第5期）

社会文化变迁和教育选择

——以吉林省前郭县X小学“加授蒙语”现象为个案

关 欣

第一章 绪 论

第一节 研究缘起及选题意义

一、研究缘起

选择写这个题目，最初是出于对前郭县X小学“加授蒙语”现象的疑惑。

前郭县是吉林省唯一的蒙古族自治县，全县总人口57万，其中蒙古族人口5.7万，占全县总人口的10%。[①] 蒙古族在当地呈

---

① 深化改革，强化管理，提高双语教育教学质量．前郭县教育局内部资料，2008年7月。

“大散居、小聚居”方式分布，主要集中在县城西部的民族乡镇。前郭县人民政府和教育局对蒙语教学十分重视，做出了“从2003年秋季开始，在蒙古族聚居的蒙古族学校实行蒙、汉双语授课；在蒙古族散居地区的蒙古族学校实行汉语授课为主，加授蒙语文”①的决定。但是，笔者在调查中发现，位于县城东部的X乡，蒙古族人口很少。而且，经过漫长的社会文化变迁之后，现在X乡的蒙古族青少年从出生起，接触的就是汉语环境，第一语言已经转化为汉语。也就是说，X小学并不需要像中国其他一些少数民族聚居区那样，将“民-汉”教学作为实现全国统一教育目标的过渡手段或是少数民族群众进入现代化主流社会的途径。从学生的语言掌握情况看，他们大多不懂蒙语，重新学习蒙语对他们来说相当于再学一门外语。所以，大多数家长不支持孩子学习蒙语，学生学习蒙语也基本是应付了事。于是，“加授蒙语”现象的必要性引起了笔者的思考。而蒙古族作为一个拥有文字，并曾在历史进程中创造过灿烂辉煌文化的民族，何至在这里语言竟逐渐消失也引起了笔者的兴趣。

此外，笔者在调查中还注意到，比“加授蒙语”教学稍早一点开展的蒙古族马头琴艺术普及教学②却进展得十分顺利，学生积极参与、家长鼓励支持。前郭县中、小学马头琴表演队曾多次获奖，并两次创造了马头琴齐奏人数最多的吉尼斯世界记录。2006年9月1日，在前郭县成立50周年庆祝大会上，由1199人齐奏的马头琴表演被英国吉尼斯总部认定为“马头琴演奏规模最大、人数最多”的世界记录；2008年7月15日，在吉林省松原市奥运火炬传递启动仪式上，由2008人齐奏的马头琴表演又再次刷新了吉尼斯世界

① 深化改革，强化管理，提高双语教育教学质量．前郭县教育局内部资料，2008年7月。

② 据前郭县教育局领导介绍：为打好“民族牌”，弘扬和传承蒙古族文化艺术，前郭县教育局从2000年开始在27所蒙古族学校开展马头琴教学活动。

纪录。[1] 在两次破纪录的演奏中，除了几位领奏是成年人外，其余大多是中、小学生。这种现象又加深了笔者的迷惑：同是蒙古族文化的传承，差距为何如此之大?

基于以上原因，笔者一直对X小学“加授蒙语”现象有着浓厚的兴趣，希望可以进一步分析和探索。确定了研究对象之后，从何入手、怎么切入等问题又开始困扰笔者，督促笔者在图书馆查阅了大量图书和文献。看到滕星教授的《文化变迁与双语教育》[2] 和王军教授的《文化传承与教育选择》[3] 时，忽然觉得眼前一亮，虽然翻阅之后发现，内容与笔者的思索并不相符，但是他们的文章题目为笔者提供了一种切入问题的角度。

古语云：“置之楚则楚语，置之齐则齐语”，研究语言问题不能脱离社会结构、经济状况和时代文化的大背景。因此，笔者决定将X小学“加授蒙语”这一现象与社会文化变迁联系起来，进行宏观视野下的微观研究。

教育是有目的、有计划、有系统、有意识地培养人的过程，也是选择文化的过程。对于作为社会结构和社会系统中重要组成部分的教育而言，教育内容必须受到控制，教育所传播的文化内容必须得到社会价值的认可。[4] 因此，笔者决定在对前郭县X小学教育选择的矛盾（是否加授蒙语）进行调研的基础上，从文化资本角度分析教育选择背后的影响因素和力量博弈。

---

① 关于在蒙古族学校开展马头琴教学情况的汇报．前郭县教育局内部汇报资料，2008年9月。

② 滕星．文化变迁与双语教育——凉山彝族社区教育人类学的田野工作与文本撰述［M］．北京：教育科学出版社，2001.

③ 王军．文化传承与教育选择——中国少数民族高等教育的人类学透视［M］．北京：民族出版社，2002.

④ 刘正发．凉山彝族家支文化传承的教育人类学研究——以云南省宁蒗彝族自治县金古忍石家支为个案：［D］．北京：中央民族大学，2007：226，231.

二、选题意义

国运兴衰，系于教育。教育问题涉及国家的根本，本身就是一个富有理论意义和现实意义的问题。中国是一个统一的多民族国家，每个民族都有自己独特的文化体系和历史，但这些民族又相互依存并融合在一起，组成我们的共同家园——中华民族。正如费孝通先生所言："中华民族，是中国古今各民族的总称；是由众多民族在形成为统一国家的长期历史发展中逐渐形成的民族集合体。"[①]所以，中国教育的发展绝不仅指汉族教育的发展，也包括民族教育的发展。新中国成立后，国家实行了民族区域自治政策。在少数民族自治地方，全国通用的汉语普通话和当地民族的语言文字都是正式合法的语言文字，不但在官方正式场合和社会公共场合中并行使用，而且也成为当地学校的教学语言，所以，谈到中国的少数民族教育问题，双语教育必然是一个重要的核心专题。[②]

（一）理论价值

笔者深知，要想从研究现实中简单的"加授蒙语"现象得出一些认识，以笔者目前的水平，很难上升到理论层次，但是希望可以通过自己的努力，给大家带来点滴启示。

教育人类学作为人类学的一个重要分支，20 世纪 80 年代以来开始在我国得到发展，目前尚处于在实践中摸索的阶段。在查阅文献的过程中，笔者发现，中国目前的教育人类学研究，多是在各民族整体状况的研究中包含一部分对少数民族教育历史及困境的描述或者在研究某个教育问题时加入一些民族教育方面的材料。本文涉及教育人类学研究范畴中多个非常重要的课题，如教育的社会文化

---

① 费孝通．中华民族多元一体格局（修订本）[M]．北京：中央民族大学出版社，1999：1.

② 马戎．新疆民族教育的发展与双语教育的实践．北京大学教育评论，2008，6(2)：3.

背景、教育与其他社会要素的关系、教育与文化变迁的关系、教育与社会变化的关系等。尽管教育人类学各流派的研究范围和研究方法不尽相同，但基本都承认教育人类学应该涵盖这几方面的内容。因此，本文可以算作是对教育人类学理论的具体实践，为学科的素材积累、理论发展提供更多的经验和视野。

语言变异反映和承载着社会文化变迁的各种信息。探讨少数民族语言问题，除应注意内部的教育规律外，还须从外部的社会文化背景中去考察其产生与发展的过程及影响因素，从教育环境及其诸因子的关系，以及历史轨迹中发现、分析和解决问题。本文通过深入的个案考察，从社会文化角度来研究一种特殊的民族语言教育现象，相对于“就教育说教育”的研究来说，视角比较新颖。

本文的研究对象——X小学“加授蒙语”现象，既具有普遍意义的民-汉双语教育特征，又具有自身的特殊性。通过田野调查，对其进行深入研究，可以为探讨教育在社会文化变迁中的角色及社会变迁对教育的影响提供一个较好的原型。希望本文能在拓展教育人类学的研究领域，丰富和深化其基本理论与实践发展等方面起到抛砖引玉的作用。同时，本文对散杂居地区双语教育研究具有比较重要的参考价值，研究结论具有一定的政策参考价值。

在全球一体化的趋势下，各个民族间的文化差异不断缩小，民族文化的独特性日益削弱。民族语言作为民族文化载体和民族文化认同的首要标志，有关它的研究正逐渐成为教育学、人类学、民族学、社会学、历史学、语言学等多个学科的研究热点。本文若能在某一方面为这些学科的研究带来一些启示，笔者则会倍感欣慰。此外，运用我们的学科优势，通过深入的田野调查，从全新的视角分析亟待解决的教育问题，对扩大学科影响也非常有利。

（二）现实意义

全球化与本土化、一体化与多元化的冲突与和谐是包括蒙古族在内的每个民族不可回避的现实问题。日益受到关注的少数民族双语教育掩盖不了我们踯躅其中的矛盾心理，层出不穷的多元理论也抵挡不住世界义无反顾地趋于同质。在社会快速发展，一体化趋势无所不入的现代社会，少数民族语言文字面临着空前的困窘。对民族语言教育的深入研究，不仅有助于民族文化的传承和民族教育的发展，而且对于民族地区的社会发展，甚至民族关系的稳定都具有十分重要的意义。

改革开放30多年来，少数民族地区经历了巨大变迁，目前正处于社会转型阶段。少数民族语言教育作为变迁中极易受影响的环节，对它的研究更能反映少数民族社会文化变迁的情况。振兴东北战略的实施及当今经济全球化浪潮的推动，使得前郭县与外界的交流日益频繁，社会文化的各个层面正在发生显在或隐性的变迁，通过对“加授蒙语”现象的描述，研究社会转型期不同权力在前郭县的互动，分析民族地区的地方体系如何应对一体化的冲击，既可以为当地的政策制定提供一些参考，也有助于其他地区借鉴经验或吸取教训，对于推动少数民族地区的社会发展具有一定的现实意义。

“经济要发展，教育须先行”。没有教育的高质量发展，欲使社会经济建设保持稳定、持续、高速的发展便犹如天方夜谭。本文在一定程度上体现了教育在经济等方面的附加价值。

本文对于蒙语学习的意义进行了较为深入的探讨，将“加授蒙语”作为一种社会现象进行研究，也许并没有最终解决这个难题，但是希望通过笔者对于这个过程的记录，能够引起更多人的重视和反思。

（三）创新点

选题有新意：选取社会文化变迁与教育选择主题分析双语教育现象具有一定的创新性和现实性。

研究对象独特：X小学“加授蒙语”现象虽然可以算作我国目前“民－汉双语教育体制”中的“二类模式”（即“以汉语文课为主同时开设民族语文课”的双语教学），具有一般双语教育的某些特征，但也具有自身的特性。一般双语教育的研究对象，多以本民族语为第一语言。对于这些民族来说，通用语（汉语）是其实现全国统一教育目标的过渡手段或是进入主流社会的途径。而X小学的学生则以汉语为第一语言，基本不会蒙语。所以，本文不仅将其作为过渡教学模式或辅助式的教学手段，在教育学框架下进行探讨，而且将其视为一种社会现象，在人类学田野调查基础上进行社会文化的分析。

分析视角新颖：目前，我国双语教育研究多是从宏观角度对教育理论与实践、历史与现状、教学模式与类型进行概括；或从微观个案入手，探讨如何更好地发挥双语教育作为民族交流手段或教育过渡途径的功能。教育选择冲突（人们对双语教育的矛盾心态）方面的文章不多，而且目前相关的成果主要是就事论事或片面强调如何改善。本文试图在前人研究的基础上，突破“就教育说教育”的局限，分析在“加授蒙语”教育选择的冲突背后所体现的社会互动和利益关系。

第二节　相关研究与理论综述

要想系统而全面地论述社会文化变迁与蒙语教育问题，不能不借助前人的研究成果和理论精髓。

教育人类学在中国是一门新兴学科。有关教育人类学的概念，迄今为止，仁者见仁，智者见智。从总体上讲，它是一门运用人类学的基本原理与研究方法来研究教育现象与教育行为的学科。教育人类学起源于20世纪初西方社会科学研究领域，由于受到特定的社会文化背景、历史传统等诸方面的影响，形成了不同的理论流派，最重要的是欧洲传统的哲学教育人类学和美国为代表的文化教育人类学。两个流派又各自发展出许多理论，对中国学者产生较大影响的，当属产生于20世纪60－70年代的西方国家民族复兴运动高潮迭起时代的多元文化教育理论。滕星教授主张的“多元文化整合教育”/“多元一体化教育”理论，便是通过对国内外民族教育理论和多元文化教育理论的研究与分析，以及在费孝通教授的“多元一体格局”思想的启示下提出的。该理论认为：在一个多民族国家中，无论是主体民族还是少数民族，都有其独特的传统文化，也都有相互借鉴与吸收的文化内容，同时也都有接纳与吸收世界优秀文化的内在动力。教育在担负人类共同文化成果传递功能的同时，不仅要担负起传递本国主体民族优秀传统文化的功能，而且同时也要担负起传递本国各少数民族优秀传统文化的功能。① 本文所论述的“加授蒙语”现象，属于民－汉兼通教育范畴，体现了“中华民族多元一体格局”思想，是实现“多元一体化教育”的途径。

教育人类学至今很少有公认的理论模式，华南师范大学冯增俊教授在他主编的《教育人类学教程》一书中，将教育人类学的理论模式概括为以下几种：本质生成模式、工具主义模式、互动传递模式、系统共生模式、信息系统论模式、生态学模式和进化论模式。并且认为“尽管各种模式的理论倾向不同，但都能从中看到一条主线，它以文化传递作为教育基本功能，学校是这种传递的特殊形式，人的发展受其制约”。② 因此，本文以 X 小学在社会文化变迁下对民族语言文化的传承所做的努力和面临的问题作为切入点，将其作为一种社会现象，还原到丰富的社会文化背景中进行深入探讨。

一、文化变迁：研究双语教育的重要视角

文化变迁是人类学研究的主要课题之一。人类学各经典流派对文化变迁的理解，为跨文化教育研究提供了一种基础的理论框架。文化变迁的过程，可以解释文化内部变迁，又可以分析其外部变迁

① 滕星．“中华民族多元一体格局”思想与中国少数民族双语教育．民族教育研究．1996（4）：44.

② 刘正发．凉山彝族家支文化传承的教育人类学研究——以云南省宁蒗彝族自治县金古忍石家支为个案：［D］．北京：中央民族大学，2007：111.

(即涵化现象),是分析双语教育的重要视角。① 根据人类学理论,文化变迁主要有三种方式,即文化特质和文化模式的变化;文化内容的增量所引起的结构性变化;一个社会或群体中的大多数成员逐步放弃旧有的行为选择标准体系而接受和形成新的行为选择标准体系的过程,是社会变革和人与人之间关系结构的重新组合。②

传统文化变迁理论从文化创造、发明发现、传播和涵化方面探讨文化变迁现象。由于本文注重蒙语的发展,所以对文化创造、发明发现不作探讨。文化传播是文化变迁过程的重要内容,与教育有着密切的关系。教育是培养人的一种社会活动,是传承社会文化、传递生产生活经验的基本途径,也可以说是文化传播和演变的过程。文化传播和演变是文化教育的结果,也是文化选择的过程。③涵化是文化传播的结果之一,它可能是直接文化传递的结果,也可能由非文化的原因所引起(例如生态和人口的制约),但文化传递更重要。由于语言是文化最精炼的结晶,又是文化最重要的载体之一,教育是习得和传播文化的最重要的途径之一,因此,要有效地实现与其他文化的互动,就必须学习其语言。另一方面,确切地说,涵化发生在互相建立联系的集团和个人之间。这就表明,文化变迁必定与教育这一培养人的活动相关,涵化与双语教育密切相关。④

在社会变迁类型与教育变革类型的关系研究方面,有研究者从社会渐变与教育微调、社会剧变与教育重构、社会混变与教育失范等三对关系出发加以分析,且认为教育微调、教育重构或教育失范

---

① 孙东方.文化变迁与双语教育演变——东北地区达斡尔族个案研究:[D].北京:中央民族大学,2005:35.

② 郑金洲.教育文化学[M].北京:人民教育出版社,2000:164.

③ 刘正发.凉山彝族家支文化传承的教育人类学研究——以云南省宁蒗彝族自治县金古忍石家支为个案:[D].北京:中央民族大学,2007:14.

④ 孙东方.文化变迁与双语教育演变——东北地区达斡尔族个案研究:[D].北京:中央民族大学,2005:110.

等类型的出现皆因于社会变迁类型的影响。因此，社会变迁或迟或早、或多或少都会对教育产生影响，且最终导致教育的变迁。[①] 随着经济和社会的发展，前郭县蒙古族传统文化在文化传播、文化涵化、分布格局、自然地理环境和社会结构等多种因素的综合作用下，发生了深刻的历史变迁。教育的内容和功能，也在不停的传授、传承和传播中发展变迁着，教育与社会的互动关系出现了一系列新变化，引发了一系列新问题。尤其是伴随着城市化的进展、通讯的发展和人口的迁移，当地人民的思想观念与生活水平发生深刻变化，直接影响了人们对教育的态度。少数民族语言功能的退化，使得一些人开始质疑现代社会条件下双语教育的功能。

二、文化资本：分析教育选择的有力工具

法国社会学家、哲学家皮埃尔·布尔迪厄将惯习、场域、资本三个概念视为分析实践活动的基本工具，并始终强调三者之间的关系性特征。其中，场域从外部看行动者在社会空间所占据的位置，惯习从内部构建行动者各种性情倾向，资本则是行动者行动的动力资源，三者共同构成了社会实践活动。[②]

布尔迪厄眼中的场域，首先可以设想为由一些特定原则所界定的相对独立的社会空间，每个场域都规定了各自特有的价值观，拥有各自特有的调控原则。这些原则界定了一个社会构建的空间。其次，场域是一个活动着的、充满冲突和竞争的空间。在场域中，参与者彼此竞争，以确立对在场域内能发挥有效作用的资源和权力的垄断。再次，场域是一种关系系统，由附着于某种权力（或资本）

---

① 吴康宁．教育社会学［M］．北京：人民教育出版社，1998：31.

② 马冬玲．作为知识生产的社会学——试论布迪厄的实践社会学及对妇女研究的意义．山西师大学报（社会科学版）．2009，36（4）：97－101.

形式的各种位置间的一系列客观历史关系所构成。[①] 布尔迪厄依据不同的“场域”把资本划分为经济资本、文化资本和社会资本三种类型，后来又特别添加了符号资本。不同类型的资本只有在特定的“场域”内才是有效的，但不同类型资本之间是可以相互转换的，经济资本是其它类型资本的根源，资本的其它类型可以从经济资本中获得。对文化资本的衡量，布迪厄非常看重教育。在布尔迪厄看来，教育与教养是最大的资本，是最有能力转化为经济资本的资本。

布尔迪厄使用的“资本”概念，接近于依赖掌握某种资源而拥有的权力。资本之间的相互区别和转化，形成了“场”内的运动。基于此，他得出文化再生产理论，即文化是动态的、不断发展变化的，是一个处于不断再生产的过程。而且对于文化变迁，我们要关注的是，各种“权威”、“权力”或简称“力”是如何在传统文化变迁和重组中得以体现的。

布尔迪厄的“文化再生产”理论，对教育作为一种“符号型暴力手段”在社会再生产中的角色进行了剖析。他认为，“从教育行动是一种专断权利所强加的一种文化专断的意义上说，所有的教育行动客观上都是一种符号暴力。”[②] 他进而认为，学校教育行动再生产文化，并由此在主教育系统力图保证它对合法符号暴力的垄断的社会构成中，促进权力关系结构的再生产。[③] 由于借助于教育活动，统治阶级的文化和价值观被“误识”为整个社会的文化和价值。在教育系统中，施加“符号暴力”的结果便是一场内化的和持

---

① 吕俊彪、周大鸣．实践、权力与文化的多样性阐释——人类学的后现代主义转向反思．广西民族大学学报（哲学社会科学版）．2009，31（4）：33－40.

② ［法］P. 布尔迪厄，J. C. 帕斯隆．再生产——一种教育系统理论的要点（邢克超译）．北京：商务印书馆，2002：13.

③ ［法］P. 布尔迪厄，J. C. 帕斯隆．再生产——一种教育系统理论的要点（邢克超译）．北京：商务印书馆，2002：13－14.

久的训练——惯习的培养。①

布尔迪厄认为，在现代社会，语言不仅能够传达思想、交流感情和负载文化信息，它作为一种符号、一种象征体系，是具有权力的。教育正是运用语言这一中介，将统治阶级文化传递给学生，在学生学习文化知识的过程中，不知不觉地受到统治阶级文化的“洗礼”。正如语言具有权力一样，在教育中，教育也具有自身的权力，而这种权力又成为统治阶级文化合法化的保障。学校教育一旦拥有了权力，就具有权威性，而这种权威性又暗中增强了统治阶级文化的专断性，不仅使他合法化，而且还巩固了他的统治地位，成为社会制度的支柱。

布尔迪厄的文化资本理论现在已经难以对中国文化资本做出十分全面的解释，文化资本的转化途径已经变得多元，除家庭、学校、社会通过个体社会化生成文化资本外，对文化资源的开发和文化产品的创造亦成为文化资本生成的重要路径。但是该理论在分析前郭县蒙语的兴废状况方面能够起到一定的指导作用。布尔迪厄指出，从场的角度所做的分析，必须考虑三个有内在联系的要素：一是这个场与权力场（政治场）的关系，因为权力场总是能强有力地延伸到其他场中，并对其产生影响；二是场内各种力量间的关系，他们的相互作用决定了场的变化发展情况；三是行动者的惯习，这样可以更好地了解他们在场内外的行动，把握场的发展轨迹。② 为了更清楚地了解当地蒙语的发展变化情况，本文注意到了它与政府政治以及它所涉及的市场、民众、学生、教师等主体间的相互关系，这些错综复杂的关系所形成的合力方向就是蒙语发展变化的走向。

---

① 祁进玉．不同情景中的群体认同意识——基于三个土族社区的人类学对比研究：[D]．北京：中央民族大学，2006：254.

② 吕屏、彭家威．产业开发场域下的传统工艺发展———当代社会背景下广西壮族绣球的传承与变迁．艺术百家．2008（3）：54.

三、文化自觉：探讨民族问题的前提条件

1997年，费孝通先生提出了“文化自觉”这一重要命题。他认为，“文化自觉是一个艰巨的过程，只有在认识自己的文化，理解所接触到的多种文化的基础上，才有条件在这个正在形成中的多元文化的世界里确立自己的位置，然后经过自主的适应，和其他文化一起，取长补短，共同建立一个共同认可的基本秩序和一套各种文化都能和平共处、各抒所长、联手发展的共同守则”。[①] 文化自觉表现在“对民族文化的热爱、对外来文化的尊重；表现在对民族文化价值的理解及对文化资源的保护、开发和使用；表现在文化能力的提升，用自己的眼睛去作文化观察，用自己的嘴和笔去表达和传播”。[②]

在文化的传承过程中，民众文化自觉性的唤醒在一定程度上依赖于教育。如何在双语教育中，有意识地加强文化转型的自主能力，提升文化自觉，在现有的双语教育研究中几乎没有涉及。这不能不说是双语教育实施中的一大遗漏。美国文化学者亨廷顿在《文明的冲突与世界秩序的重建》一文中用“文化上的精神分裂症”，来形容文化上无所依托的民族的精神状态，并提出“真正可怕的不是西方文化的威胁，而是我们自身的麻木不仁。”[③] 在双语教育中，文化整合和文化冲突同时并存，从某种意义上讲，有冲突、有碰撞，才有文化火花，才有文化发展与更新的动力，但如果缺少文化自觉，就只能在冲突与碰撞中消失。

双语教育已成为世界多民族、多语言国家教育体制中的重要组成部分，并成为解决民族问题的主要途径之一。目前，我国对于

---

① 费孝通．论文化与文化自觉［M］．北京：群言出版社，2005：233.

② 成尚荣．母语教育与民族文化认同［J］．教育研究，2007（2）：25.

③ 梁斐．论全球化事业下的民族文化整合与发展［J］．广西民族学院学报，2003（2）：80.

民、汉双语教学研究仍然比较活跃，而这些研究丰富而复杂，涉及面大，制约因素多，比较偏重于双语政策的研究以及一般的双语教学经验的研究。① 笔者主要就双语教育、教育人类学、民族教育理论以及蒙古族历史、文化方面查阅了大量的前人研究。此外，为了更好地安排文章框架，还阅读了一些从某一民族或地区入手，对特定教育问题进行深入研究的文章。由于本文是将 X 小学“教授蒙语”作为一种社会现象来探讨，因而对以往前辈所作的蒙语以及蒙汉双语研究就不再赘述。

第三节　研究方法及表述框架

一、研究方法

本文综合运用社会学、人类学、民族学、教育学和历史学的理论与方法，通过对前郭县 X 小学“蒙语加授”现象的描述，揭示社会文化变迁背景下，教育选择体现的社会互动与利益需求。

实地调查方法是本文的主要研究方法，既进行以参与观察和深度访谈为主要形式的定性研究，也兼做以收集定量资料为目的的问卷调查。定量资料的收集方式可以有多种，问卷调查是其中最常用的一种。② 为了更全面地了解当地民族教育的现状，本次调研活动针对学生和家长设计了两套问卷。问卷涉及个人情况、语言态度、双语教育实施情况、存在问题、改善意见等内容。本次调研共发放问卷 200 份（学生、家长各 100 份），回收 194 份（家长 95 份，学

① 李丹．拉祜族小学双语教学的困境与对策研究——以云南澜沧拉枯族自治县为个案：［D］．重庆：西南大学，2008：7.

② 包智明．定量方法在人类学调查研究中的应用［J］．民族研究，2002（5）：55.

生99份），经统计获得有效问卷182份（家长90份，学生92份）。问卷所得数据运用SPSS统计软件进行了简单的频率（百分比）分析、交互分类分析和双变量相关分析。因为X小学目前主要在1－3年级开设蒙语，所以问卷设计相对简单。对任课教师、各级领导、当地知名学者等人数较少的相关群体，则采取逐一进行深度访谈的方式获得第一手资料。

到达调查点后，笔者首先与部分教师、学生、家长进行非结构性或半结构性的访谈，了解学校、课程、学生和“加授蒙语”等基本情况；然后进行抽样问卷调查；在问卷调查的过程中，穿插进行对教师、地方上的知名学者、政府和学校官员等的访谈，以便多方位、全面地把握现状；在整理问卷、访谈资料，分析数据的过程中，发掘一些有价值的对象，再进行深入访谈，此时会根据前一阶段的调查结果增加一些结构性问题；最后再整理问卷、访谈资料和进行数据分析。

在调研和论文撰写过程中，笔者参阅了大量文献资料，既有已经出版的图书、文章，也有调查地统计局、教育局、街道的文献资料。

二、表述框架

本文是涉及社会学、人类学、民族学、教育学和历史学等相关学科的综合性研究。在研究中运用相关学科的理论和方法，把历史叙述与逻辑分析结合起来，既重视文献梳理，也强调实地调查和个案研究。

本文坚持理论与实际相结合，通过文献资料对前郭县蒙古族教育历史进行简单梳理，并对X小学“加授蒙语”教育的实施效果及相关主体态度进行田野调查，用文化资本理论分析当地蒙古语兴废的影响因素，将X小学“加授蒙语”现象放在社会文化大背景下，探究不同文化权力在此场域中的互动，并分析社会转型期，民族地区的地方体系如何应对全球化的冲击，进行民族语言的传承，最后试图对当地蒙语教育发展提出一些良性建议。

第二章 记忆中的痕迹

当我们试图了解一个民族教育的特征时，不能置其历史发展而不顾。无论教育变化多么迅速，它都无法摆脱与过去的纽带关系，也不可能与过去的历史完全断裂。正如德国哲学家威廉·狄尔泰所言："允许我们努力奔向光明、奔向自由和美；然而却不是抛弃过去，完全去标新立异。我们必须带着旧神去进入每一户新居"。①

第一节 蒙古族教育简史

历史发展是教育演变的大背景，而蒙古族是一个具有悠久历史的民族，所以在分析目前的蒙语教育情况前，有必要对蒙古族教育发展史进行简单梳理。

与其他民族一样，蒙古族早期教育的特点也是口传身教。东北教育在唐代、金代等都有相当可观的发展，但限于两种倾向：或是中原王朝视东北为边疆羁縻之地而忽视其文教建设；或是由于东北少数民族相继兴衰，加上战乱频繁，致使东北教育几无传统和基础，始终缺乏传承关系，而呈现出断断续续的间断状况。直到元世祖忽必烈即位以后，随着东北社会经济的复苏，社会秩序的稳定，教育才开始恢复。② 从元代开始，蒙古族教育的蒙汉双语化教学趋

① 高金岭、谢登斌．文化学关照下的教育变革［M］．桂林：广西师范大学出版社，2007.10：15.

② 王鸿宾、向南、孙孝恩．东北教育通史［M］．沈阳：辽宁教育出版社，1992.8：304，192.

势才得以强化，主要原因在于元代在很大程度上吸收了汉族统治者的统治方法和思想。同时，在中原的广大区域内，汉族人口占绝对多数，元代上至皇太子，下至高、中、低各级官员，都需要有相关的“治天下之术”，通晓汉语便成为统治者所必备的条件。因此，在蒙古族子弟中进行汉语文教学也成为蒙古族教育的重要内容。汉文化对蒙古族教育的影响也进一步加深。①

随着元代为明代所替，蒙古族绝大多数人口随之退居漠北之地，官学就此结束了使命。虽然退居漠北的统治者号称北元，并存在了相当一段时期，可是各部之间实际上处在分裂状态，经济发展停滞不前，民族教育发展的道路也随之改变。蒙古族的教育主要有明政府在其统治的卫所设立的学校，招收蒙古族学生，学习儒学，还有利用前代知识分子在各部王府自设的私塾、家学。私塾与家学的产生，是蒙古族教育发展的一个重要现象，官学更重视对上层子弟的教育，而开办私塾与家学除了要依靠政治地位外，主要取决于经济实力，为教育向平民化发展提供了可能，逐步使较为富裕的牧民子弟有了受教育的机会。② 明清两代到民国时期，蒙古地方私塾教育盛行。此外还有旗学，即清代蒙古八旗学校。

清王朝为了加强和巩固其统治，重视蒙古八旗的教育。1741年，驻防八旗蒙古营创建了吉林蒙古官学，1785 年重修。该学设有教习一人，由当地驻防蒙古翻译笔帖式兼充。学生无定额，但数量很少，“年仅数名”。课程有满文、蒙文和骑射。1908 年与吉林清文官学一起合并为吉林满蒙高等小学堂。原有两学学生全部并入该学，课程设置也有所变通，“以满蒙语言文字为主，各种科学辅之”。③ 清朝统治者对繁荣蒙古语言文化并无兴趣，设置蒙古官学

① 周竞红．简论历史上族际关系对蒙古族教育发展的影响．民族教育研究．1999，(3)：14.

② 周竞红．简论历史上族际关系对蒙古族教育发展的影响．民族教育研究．1999，(3)：14.

③ 徐世昌．东三省政略（卷八）．“旗务·吉林省·教养篇”。

的主要目的是为了培养蒙语人才，让他们掌握统治蒙古地区和蒙古人民的语文工具。但是，满语历来被作为八旗根本而备受推崇，对蒙古旗下学生来说自然也是首务，于是我们又看到，几乎所有的蒙古官学在学习蒙语的同时要兼习满语。① 此外，为了最大限度地控制蒙古族力量，清朝竭力禁止东北蒙古族学习汉文，因而促成了蒙古族教育从蒙汉双语教学向满蒙双语教学方向发展。

清代对吉林和黑龙江地区教育一贯的基本政策，即办学校并不为攻举业。宁可不兴文教，也要保障东北的“淳朴”之风，保障旗人的“骑射”尚武精神，所以吉林官学普遍设置较晚且主要为旗人学校，民籍学校较少。清统治者反对在旗人中崇尚文教，尤其阐明了东北，特别是吉林和黑龙江两地应以习武为本。正因如此，吉林地区更加严防汉人流入，一直不设州、县制，教育一直受到抑制。到鸦片战争前，吉林地区各种性质的官学不过10所，私学也不发达。②

清初恢复科举后，东北私学开始复兴，但最初受到两个因素的影响：一是清代“重武轻文”，在东北只重培养“国语、骑射”且东北旗人多以入选侍卫、军功、笔帖式和官学贡举为官，一般文化水准远较内地为低，决意以科举入仕者很少。办学对一般民众吸引力不大；二是历经多年战乱，恢复需要时间，不仅堪任教育的人才缺乏、图书鲜见，而且当时基础的经济状况也难以使一般民众有学习入仕的希望。所以，东北地区初起的私学教育，在很大程度上并不是为科举而举行，主要是为粗通文字，以求在社会生产、生活中的实用。③

东北私学的开办很大程度上得益于流人的东来。清代前期，将

---

① 张永江．清代八旗蒙古官学．

② 王鸿宾、向南、孙孝恩．东北教育通史［M］．沈阳：辽宁教育出版社，1992.8：298，258.

③ 王鸿宾、向南、孙孝恩．东北教育通史［M］．沈阳：辽宁教育出版社，1992.8：279，305.

吉林和黑龙江视为“苦寒之地”，作为遣发犯人之地。而这些流人中的一些文人多受聘课读以蒙师为业，投入当地的教育。他们的活动，促进了当地文风胚变。至于旗人，路遇文人亦下马敬而谦让之，视“流人中之尊显儒雅者，与将军辈皆等。”① 这与清统治者维护旧习的初衷恰恰相反。清政府随之改变向东北发遣流人的措施，就是对流人在东北教育中发挥作用的最有力的肯定。②

清代中期，盛京等地汉化倾向显著，于是统治者封禁东北，制定了一些严禁蒙、汉民族联系的政策，以遏止蒙古人接触吸收汉族文化，诸如禁止蒙古王公、台吉聘用汉人教书及充当书吏，一切公文不得用汉字，禁止蒙古人学习、欣赏汉民族的戏剧艺术；更是想方设法防止蒙古人沾染汉民族的习俗。③ 吉、黑两地被视为文教禁区。道光时仍不准吉林设立考棚，致使“吉林旗民文武各童向赴奉天考棚考试，唯读书应考者寒素居多，限于途远资限，每多中废。”④ 尤其是处在吉、黑两地边远地区的少数民族，多被称为“新满洲”而编旗管理，不仅未在其地设立学校，并对其人之任用，“考试汉文，永行停止。”⑤ 当时的东北教育，因自然条件的限制，文化基础薄弱，加上反动的文教政策，造成了由南向北的一种梯次性的、水平相差悬殊的情形。这种情况，在以后相当长的时间内对东北教育的起步和发展，均产生了严重的消极影响。⑥

1840 年鸦片战争以后，晚清政府实行“移民实边”、“开放蒙荒”政策，鼓励汉族人到边远地区开发农业以增加税收，解决国库空虚。大批饥民四处流浪求生，“走西口”、“闯关东”，来到吉林

---

① 杨宾．《柳边纪略》，卷 3.

② 王鸿宾、向南、孙孝恩．东北教育通史［M］．沈阳：辽宁教育出版社，1992. 8：304 – 305.

③《嘉庆实录》卷 313；《理藩院则例》卷 44.

④《吉林通志》卷 9，吉林试院．

⑤《高宗纯皇帝实录》卷 842.

⑥ 王鸿宾、向南、孙孝恩．东北教育通史［M］．沈阳：辽宁教育出版社，1992. 8：303 – 304.

地区的汉族人口激增，一些流人来到前郭旗境内的伊通河、饮马河附近“披荆斩棘，从事耕耘”。随着汉人的不断增加，东北教育呈现出不容扼制的趋势，尤其是私学的发展，为新教育体制的出现奠定了基础。① 满语文因此受到强烈冲击，并逐步被汉语文取代。乾隆末年，将军富俊特地在吉林八旗左右翼官学内添设满汉文翻译课程，以适应满文向汉文的转变。吉林地区的满族官员强烈地感受汉语文的影响。据当时人记载“近数十年来流民渐多，屯居者已渐习为汉语，然满洲聚族而处者犹能无忘旧俗。至各属城内商贾云集，汉人十居八九，居官者四品以下率皆移居近城二三十里内，侵晨赴署办事，申酉间仍复回屯。其四品以上职任较繁者不得不移居城内，子孙遂多习汉语”，② 曾经竭力倡导“东三省以骑射清语为重”的清政府，到光绪初年“于满文概不收阅，例行满文亦多发回，改行汉文。”③ 而清政府由于面对入侵的列强，无暇兼顾其他，使文化教育处于自然放任的境地。在东北，一方面是原有的官办学校仍继续维持，并日渐形同虚设，尤其是“旗学”几乎名存实亡；另一方面是东北汉族人口因中原战乱饥荒等所迫流寓关外者日众，书院和私学反倒有所增多。④

光绪末年，前郭旗内一些开明士绅、中下层人士及进步青年，纷纷要求兴办学堂。宣统元年（1909），前郭旗齐王亲赴奉天（今沈阳），参观了一些学堂，回旗后便在距王府东南 4 公里的卡拉木（今哈拉毛都屯）修建一所学堂。后因地临江边，低洼潮湿，将学堂迁到王府东 15 公里处的公营子，校舍均是土平房，三栋九间。建校初，招收学生 40 人，都是旗内王公贵族、地主、士绅等富家

---

① 王鸿宾、向南、孙孝恩．东北教育通史［M］．沈阳：辽宁教育出版社，1992. 8：242.

② 《吉林外记》卷 3.

③ 《黑龙江述略》卷 3。

④ 王鸿宾、向南、孙孝恩．东北教育通史［M］．沈阳：辽宁教育出版社，1992. 8：306.

子弟，从外地聘请教员。此外，在王府内设蒙文学堂1处，学生20余人，汉文学堂1处，学生12人，属私塾性质。在王府之外，旗内其它各蒙古族村屯，还有私塾性质的学堂10余处，蒙汉文兼授，每处学生10至20人不等。[①] 私塾为人们提供的教育机会还十分有限，普及率很低，普通牧民子弟仍然无受教育机会。另外，各盟旗之间教育发展差距也很大。在这一时期，不说私塾本身这种教学方式是来自于汉族，就是一些地区私塾的塾师也由汉族充任，特别是在汉族人口较多而蒙古族塾生学习汉语的地区更是如此。

蒙古族教育在清朝经历了一个畸形发展的过程，一方面，少数知识分子得到成长，另一方面，民族教育整体发展受到抑制。直到清朝势力日益衰落，对蒙古各部的控制力量削弱，加之清王朝为了增强其国力而实行"新政"，办学校成为其"新政"的重要内容，蒙古族教育才获得一定的发展机会。清末，蒙古族教育不仅存在着满蒙双语教育，汉语文教学也得到发展，蒙古族教育中存在着三语教学的形式，蒙古族中通三种文字的人才也成长起来。

辛亥革命后，军阀割据和日本帝国主义的入侵，导致东北社会整体发展水平极低，民族教育当然也大受其累。不过，与前代相比，由于拥有了一定数量的知识分子，蒙古族教育进入了一个重要时期——正规教育向平民化的发展，私塾为新式学校所取代，各盟旗纷纷建立和发展了小学和中等教育。[②] 但是吉林省初等教育"不仅发展缓慢，由于地僻人稀，文化比较后进，新式初等教育尚未被重视，而且教育经费、学校数量和入学人数都不多。初等教育层次，分为初级小学和完全小学，个别地方设为数不多的高级小学，发展极不平衡。"[③]

---

① 前郭尔罗斯蒙古族自治县志．沈阳：辽宁人民出版社，1993：821.

② 蔡志纯、洪用斌、王龙耿．蒙古族文化．北京：中国社会科学出版社，1993：402.

③ 王鸿宾、向南、孙孝恩．东北教育通史［M］．沈阳：辽宁教育出版社，1992.8：408.

日本侵略者更是乘机加紧了对东北的侵略和殖民活动。伴随军事、政治、经济侵略，其文化教育侵略也进入更加有组织、有系统的时期。在民国最初10余年间，沿南满铁道近千里之内，日本所设学堂林立。日本对东北施行教育的宗旨，就是要使中国东北日本化、殖民地化。1937年公布的“新学制”，把日语列为“国语”，意在强调日语并不是外语，而是“满洲国”的“国语”，其教学时数不断增加，到后来竟超过中国语文课时一倍以上，妄图用日语来同化中国人。①《蒙系教育》中规定：“国语教育之授课用语，在初等教育为蒙古语，在中等教育用日语教授之”，并强行增加日语的授课时数。②

日伪统治者认为，蒙古族性格骠悍、质朴，若施以教化，有益于“健全满洲国”，因此，对蒙古族教育给予特别关注。蒙古族教育的根本方针，同其他教育一样，实行愚民政策，以培养“忠良之国民”为目的，并根据其民族特点，采取特殊的奴化教育措施。日伪在蒙古族学校中强制实行所谓“有条件的各科均用日语讲授”课程，并要尽可能地多配备日本教师。公开宣扬“日本文化发达，同时根据语言性质，蒙古族学习日本语是学先进文化的最好捷径”，诬蔑“满语于学科学很不方便”，“蒙语则更难以进行”。③ 为了贯彻其奴化教育方针，在修身课上大讲什么“日满亲善”……并且在满汉民族之间尽力挑拨离间，以利于其殖民统治。日本侵略者对蒙古人则说，蒙古人忠实可靠、勇敢；同时侮辱汉族人为诡计多端、狡诈，不可靠等等；对汉族人则说，汉族人聪明，文化高且勤奋；

---

① 王鸿宾、向南、孙孝恩．东北教育通史［M］．沈阳：辽宁教育出版社，1992.8：512，555.

② 苏日嘎拉图．呼伦贝尔民族教育史略（上编）．北京：民族出版社，2001.4：120.

③ 王鸿宾、向南、孙孝恩．东北教育通史［M］．沈阳：辽宁教育出版社，1992.8：614，615.

同时侮辱蒙古人为愚昧、落后、不开化等等。[①]

1945 年 8 月，日本帝国主义战败无条件投降，伪满州国随之彻底崩溃。各级学校教育逐渐恢复，废除日伪时期强行的奴化教育残余，加强革命理论学习。但是正当举国人民欢庆抗日战争全面胜利之时，国民党反动派、蒋介石集团在美帝国主义支持下，悍然不顾全国人民的反对，坚持卖国、内战、独裁的反动政策，向东北地区发动了军事进攻，并在其占领的松花江以南的辽、吉两省部分地区，建立起国民党法西斯的统治。[②]

中国共产党在 1948 年 11 月 2 日解放了东北，使东北成了支援全国解放战争的经济基础较为雄厚的战略后方。东北解放区的人民教育事业，是在敌伪统治时期和日本投降后国民党统治区的两种旧教育的基础上兴办起来的。其中大部分是在伪满奴化教育的废墟上直接进行改造的；小部分是国民党所到之地，在伪满奴化教育之上又施以党化教育。[③] 共产党对初等教育实行“着重在改造和普及”的方针政策，东北解放区教育得以较快发展。但是少数民族语言教育一直都处于被忽略的地位，中央政府关注的是怎样对该地区的少数民族进行汉化规制，不考虑当地民族的传统特性。1949 - 1957 民族语文工作蓬勃发展，自 1957 年起，受到“左”的思想干扰，不少学校被迫停止使用民族语文。“文化大革命”一夜之间使不少民族学校全部改成了汉语授课，放弃了教授民族语文。[④] 在近 20 年时间里，双语教育没有得到较好发展。

20 世纪 80 年代，经过对“文革”十年错误思潮的反思，在全

① 苏日嘎拉图．呼伦贝尔民族教育史略（上编）．北京：民族出版社，2001.4：118 - 119.

② 王鸿宾、向南、孙孝恩．东北教育通史［M］．沈阳：辽宁教育出版社，1992.8：635.

③ 王鸿宾、向南、孙孝恩．东北教育通史［M］．沈阳：辽宁教育出版社，1992.8：684，685.

④ 戴庆夏、滕星、关辛秋，等．中国少数民族双语教育概论．沈阳：辽宁民族出版社，1997.6：311.

国范围内广泛开展了学校双语教育试验和社会扫盲。[①] 前郭县蒙古族小学也进行了蒙汉双语同步实验，这些实验为今后双语教育的发展提供了一些经验。

总的来看，新中国成立之初的1949年到1978年，蒙古语言文字流失速度并不快。

1978年党的十一届三中全会后，民族地区的教育制度逐渐得到纠正，民族教育的方针任务也适应新时期的需要进行了调整，双语双文教育逐步得到实施。但是在市场经济体制下，人口流动增大，交际语言趋向大同。蒙古语言文字流失速度反而加快。1981年，教育部规定“在高等院校入学考试中，用本民族语文授课的考生，可以用本民族语文考卷，考本民族语文并加试汉语文”，这对民族语文教育起到了保护性作用。[②]

第二节 蒙语的“失声”：由被动到主动

如果说南方的汉文化源自于稻作，那么北方的游牧文化则源自畜牧；一个是建立在扎根的植物之上，一个是建立在移动的动物之上。如果费孝通曾经据此总结出汉人社会的根本特性是乡土，那他不会看不到这么一个明显的二元结构中，北方草原民族的根本特性就是流动。[③] 游牧经济的流动性，促进了蒙古族与外界以及其他民族之间广泛的接触与来往，同时也养成了开放的意识观念。他们非常善于接受新生事物，非常主动地与陌生人打交道，并且对新知识

---

① 戴庆夏、滕星、关辛秋，等．中国少数民族双语教育概论．沈阳：辽宁民族出版社，1997.6：87.

② 俞永虎．延边朝鲜族中小学双语教育改革中存在的问题及解决对策：［D］．长春：东北师范大学，2006：13。

③ 杨清媚．在绅士与知识分子之间——费孝通社会思想中的乡土、民族国家与世界：［D］．北京：中央民族大学，2009：119.

的渴望尤为强烈。他们总是从各种场合和机遇中获取信息和社会生活各个方面的知识技能和智慧，而且使自己经常处于探索新生事物的冒险经历中，愿意接受新经验和新感受，能够很容易地吸纳别人的长处和优点，使自己永远处于开放的心理状态。①

其实，蒙古族的传统文化本身就具有极强的多元性，主要表现在两个方面：第一，从纵向看，在13世纪初，成吉思汗统一蒙古诸部之前，在蒙古高原上，匈奴、鲜卑、突厥、契丹、女真等民族相继兴起，先后建立过强大的政权，持续了千余年。他们在政权形式、经济类型、语言文化诸方面对蒙古族传统文化的形成产生了深刻的影响。蒙古族传统文化在某种程度上可以说是在承袭上述诸民族文化的基础上发展起来的一种多元文化。所以，有人将蒙古族传统文化视为蒙古高原游牧文化的集大成者。“蒙古族是自古以来活动在蒙古地区的各部族和部落的大集成”。② 第二，从横向讲，蒙古族与其同时并存的其他民族发生了战争、联盟、贸易、和亲等多种形式的文化接触与交流，最终，通过文化整合将蒙古语系和突厥语系的蒙古地区众多部落融合成为一个多民族共同体。在族属不同、各有名号、语言各异、信仰有别、发展程度多样的诸部落结合成为一个民族共同体的过程中，以成吉思汗为首的蒙古部起到了核心作用。③

蒙古族形成之后不断的军事征服过程又进一步加深了这种多元性，他们在征战过程中受到各种异质文化的冲击，比如西征时期受中亚文化的影响；进入中原征服吐蕃受汉、藏文化影响，这已是不争的事实。这种兼容并蓄的文化构成使蒙古族文化一直保持了一种

① 吴灵芝．建国以来中国共产党的民族政策对蒙古族文化变迁的影响：[D] 内蒙古师范大学，2005：12.

② 内蒙古社科院历史所蒙古族通史编写组．蒙古族通史上卷 [M]．北京：民族出版社，2000.8：1.

③ 苏德．多维视野下的双语教学发展观——内蒙古地区蒙古族中小学个案：[D]．北京：中央民族大学，2005：57.

积极的开放性、包容性的特点，因而在民众意识中很少有封闭的排外情绪。[①] 此外，从蒙古族征战历史中还可以看到蒙古族重攻不重守的性格。成吉思汗及其子孙英勇善战，曾经征服欧亚，但在战后却仅留几人把守城池，其他人继续前进，导致一些占领的城池很快又失去。对待城池如此，对待语言亦可能如此。这种对它文化的易接受性导致蒙古族文化呈现变迁速度快、内容广泛的特点，所以蒙古民众会根据生活需要放弃和学习某种语言毫不为奇。

同一种文化输入不同文化时，其速度和效果并不一致，除了接受输入的文化是封闭还是开放的文化形态之外，还取决于两种文化核心价值的一致性程度。[②] 从上一节的历史梳理中，我们可以看到，蒙古族文化的发展除了自身的努力外，还极大地得益于与满、汉等民族的互动，得益于这些民族的文化传播，借用了这些民族的语言。蒙古族文化和汉族文化，由于在历史上的文化碰撞和融合，形成了比较一致的价值体系，因此在多民族杂居地区的文化互动过程中，涵化速度较快。

从上述历史梳理中还可以看出，清朝时期吉林地区蒙古八旗官学的生员并不多，广大民众大多未读书。之后因为帝国主义的侵略以及国内统治阶级的民族歧视和民族压迫，蒙古族群众能够上学的人更不多。前郭县的蒙古族大多不认识本民族文字，仅仅依靠口耳相传，也导致蒙古族语言文字保留存在一定的困难。

相对于中原而言，东北为边疆地区，在数千年的历史发展进程中，其人口迁移相当频繁，总的趋势是北部少数民族人口不断南下，中原汉族人口不断北上，双方往往交汇于辽河流域下游，形成

---

① 佟斯琴．论蒙古民族文化心理对蒙古族文学的影响．赤峰学院学报（汉文哲学社会科学版）．2009，30（1）：100.

② 饶旭鹏．多民族杂居地区文化变迁研究：［D］．兰州：西北师范大学，2003：65.

一个既不同于中原也不同于边远地区的文化过渡带。[①] 吉林在历史上很长时期便处于这个过渡区，在你进我退、我进你退的对峙、拉锯的过程中，这里成为了多个民族杂居的融合带。据史料记载，北宋时期，契丹统治者把许多民族的人们迁徙到科尔沁地区，其中有汉人、渤海人、女真人等，且以汉人为最多，渤海人次之。[②] 辽朝曾从中原掠夺大批汉人到东北，其中大多数安置在吉林省的中、西部。辽开泰九年（1020），在黄龙府一次安置汉民1000多户；内地有些“罪犯”也流放到长春州（郭尔罗斯地）一带。[③] 尤其到了清朝中期，随着移民的不断迁入，蒙古族人口所占比例越来越小。杂居便利了不同民族之间的通婚，加快了融合的进程。受汉族和其他民族影响，蒙古族在生活方式、生活态度上与汉族日趋接近，致使蒙古族群众，尤其是40岁以下的青年一代的民族感情中逐渐注入了不同以往的、属于新时代的内容。

蒙古族文化所具有的流动性、多元性特征，蒙古民族“重守不重攻”的性格以及不断征战、迁移的历史间接地导致了蒙古语言的逐渐“失声”。而随着掌握蒙古族语言人数的减少，蒙语在当地的使用空间越来越狭小，缺乏生活上的必要性，而且附加价值很小，不能带来很多实惠，加上市场经济体制下，人口流动增大、升学、杂居、通婚等其他因素，使许多蒙古族后代开始主动放弃学习民族语言。

前郭县有着悠久的历史，在这部历史中，教育作为人类活动的组成部分，占据重要的一席。但是我们之所以要研究前郭县的蒙古族教育史，并非是我们自喜于历史的辉煌，也不是为了发思古之幽

① 张士尊．清代东北移民与社会变迁：1644—1911：[D]．长春：东北师范大学，1.

② 申友良．中国北族王朝初探．北京：中央民族大学出版社，1997．转引自薛晓辉．北方农牧交错带变迁对蒙古族经济文化类型的影响：[D]．北京：中央民族大学，2007：26.

③ 刘加绪主编．前郭尔罗斯简史．沈阳：辽宁民族出版社，2005.10：17.

情，而是为了总结历史经验，发扬民族教育的优良历史传统，服务于民族教育的现代化。

第三章 阅读“蒙县”

第一节 前郭县概况

前郭县位于吉林省西北部，地处东经123°35′至125°18′，北纬44°17′至45°28′之间，是东北平原、松嫩平原、科尔沁草原“三原重叠”的地方。县城与松原市共处一城，正北隔嫩江为黑龙江省肇源县，东北以松花江为界与松原市宁江区隔江相望，东南与农安县接壤，西南与长岭县为邻，正西与乾安县毗连，西北与大安市交界，是吉、黑、内蒙三省区的重要交通通道，具有南联北拓，东进西挺的区位优势。①

“郭尔罗斯”源于蒙古古部落名“豁罗剌斯”的译音，意为“江河”。前郭尔罗斯位于松花江南岸，故前郭尔罗斯蒙语意为“江南”。嘉靖年间嫩科尔沁分四部，郭尔罗斯为四部之一。顺治五年（1648），清朝推行“以满治蒙”的方针，为了分而治之，以嫩江、松花江为界，将郭尔罗斯部分为前、后旗，俗称南郭尔罗斯与北郭尔罗斯。② 郭尔罗斯前旗旗境，南至柳条边，包括伊通河流域大部分地域。清乾隆年间，郭尔罗斯草原私开荒者日益增多。嘉庆五年（1800）以后，清廷在已经开荒地段相继设置长春厅、农安县、长岭县、德惠县、乾安县，使旗属地相应缩小。1931 年划分

① 吉林省发展和改革委员会经济研究所．前郭尔罗斯蒙古族自治县国民经济和社会发展第十一个五年规划纲要（2006 年 1 月 17 日县第十五届人民代表大会第四次会议讨论通过）［Z］．前郭县教育局内部资料。

② 刘加绪．前郭尔罗斯简史［M］．沈阳：辽宁民族出版社，2005.10：100－101.

为14个奴图克。1945年划归为吉林省直辖。1956年撤销郭尔罗斯前旗，成立郭尔罗斯蒙古族自治县。1956年4月隶属白城专区，1992年7月划归吉林省松原市管辖。①

库里村寨桑夫妇石碑，现已移入长山镇明珠公园

前郭县地处松嫩平原东部，松花江和嫩江从东北部和北部边境流过，在地图看上，就像一个“人”字，又像一只托起的手。而位

① 《蒙古族大辞典》编委会编．《蒙古族大辞典》．呼和浩特：内蒙古人民出版社，2004.12：51，106.

于两江交汇处的查干湖，就像被这双手托起的明珠，晶莹地跳动在辽阔的草原上。

查干湖畔的郭尔罗斯草原是蒙古人和满族人交流的一个“点”，它是蒙古草原的最东南端，在松花江的右岸，而松花江左岸便是满族人活动的地方。据传，少年孝庄便是与父母在查干湖畔蒙古草原狩猎时，巧遇路经此地的皇太极的马队，从而被召进宫为妃，成为扶持清朝三个皇帝建立大清基业、母仪天下的重要人物。于是在其父母寨桑夫妇去世后，由其子顺治颁诏，葬于查干湖畔孝庄与皇太极初次相识的地方（今前郭县长山镇库里村一带），并留有坟丁守卫。现在新庙镇的蒙古族大多是这些坟丁的后裔。还有一说，因为蒙古族古代有“求天卜地”① 的葬俗，而郭尔罗斯北部的松嫩两江交汇处，今“库里”一带，山岗起伏，面临水泡，为著名的风水宝地。按照这一古老的习俗，将科尔沁和硕福亲王莽古斯（孝庄文皇后的祖父）的陵墓建于这里。因祖陵在此，故寨桑夫妇去世后，亦葬于此地。②

前郭县是吉林省唯一的蒙古族自治县，全县总人口 58.4 万，其中蒙古族人口 5.8 万，占全县总人口的 10%。③ 前郭县境内东西长 130 公里，南北宽 85 公里，辖 8 个镇、14 个乡、235 个行政村、577 个自然屯，整体轮廓像一只靴子。蒙古族在当地呈“大散居、小聚居”方式分布，主要集中在县城西部的民族乡镇（下页县图左下角“靴尖”处）。本次调研活动选择的新庙地区，位于县城东部，原是前郭县所辖的 9 镇 16 乡之一，2005 年被整体并入长山镇，合并后的镇政府设在长山镇，属特大乡镇。

---

① 即人死后穿戴一新安放在勒勒车上，用鞭子抽打架车的牲畜任意行走，当牲畜走不动时，即认为到了吉祥葬所。

② 刘加绪．前郭尔罗斯简史［M］，沈阳：辽宁民族出版社，2005.10：108.

③ 深化改革，强化管理，提高双语教育教学质量［Z］．前郭县教育局内部资料，2008 年 7 月。

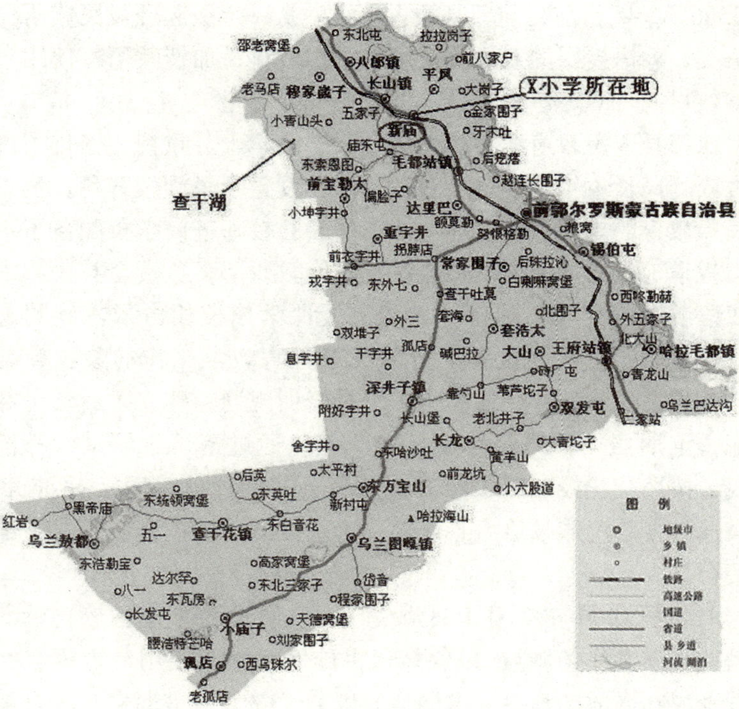

前郭县地图

第二节 前郭县蒙语教育现状

前郭县现有各类学校 191 所，中、小学校 190 所，其中蒙古族学校 48 所。全县中小学教职工 6548 人，其中少数民族教师 1860 人，蒙古族教师 1810 人。全县学龄儿童 69384 人，已入学 69384 人，入学率 100%；其中少数民族学龄儿童 3720 人，蒙古族学龄儿童3566人。[①] 目前，前郭县蒙古族小学从一年级起开设民族语文和汉语文。蒙语授课的双语班使用内蒙古教材，加授蒙语班使用东北三省教材。

前郭县人民政府和县教育局对蒙语教学十分重视。安排了一名蒙古族副局长主管全县民族教育工作；设置了民族教育科，负责全县民族教育的规划、管理和评估工作。县教师进修学校配备了主管双语教学工作的业务副校长，设置民族教研部，负责全县民族中小学双语教学研究和指导工作。双语授课学校校长由蒙古族同志担任，其他民族学校均配备了分管民族教育教学工作的蒙古族副校长、教导主任。教育局还制定了校长培训规划，建立了后备干部人才库，定期培训，跟踪考察。2005年，通过笔试、面试、考核等形式，按民族学校校级领导"一职三备"的比例，确定了88名双语兼通的少数民族校级后备干部，为选拔民族学校校级领导干部储备了合格人才。[②]

前郭县1996年7月1日颁发了《前郭尔罗斯蒙古族自治县蒙古语言文字工作条例》，以保障蒙古族人民学习使用蒙古语言文字的自由权利。前郭县举办多期县直机关干部蒙语培训班，还自编了《机关干部蒙古语会话教材》。教育局2003年3月制定了以"突出重点、打好基础、培养能力、提高质量"为原则的《民族学校双语教学工作管理制度》，对双语学科的课时安排、教师考核认定及教师备课、教案制作、集体备课、课堂教学、听课、教研教改等教学常规工作做出了明确规定，为民族学校日常教学管理提供了制度保障。教育局对民族学校蒙古族学生学习民语率和巩固率也有明确规定，每降一个百分点，从学校年终考核验收总分中扣0.5分；学习蒙语率达不到70%的在年终考核评定等级上降一个档次。

---

① 笔者2009年1月在前郭县教育局获得的2008年统计数据。

② 深化改革，强化管理，提高双语教育教学质量［Z］. 前郭县教育局内部资料，2008年7月。

县教育局经常组织民教科人员和进修学校教研员，深入基层学校，直接进入课堂，检查学校开课情况和教师的上课情况，深入教研组检查教师的教案、作业批改和学校领导听课指导情况，把检查结果作为考核学校年终工作的重要依据，并要求蒙古族学校领导要经常深入教学第一线，与教师共同研讨解决民语教学中出现的问题，指导教师做好备课、上课、批改、辅导和考试等工作。对于像X小学这样有加授班的民族学校的主管领导、主任、村小负责人每周至少听一节民语课，每半月检查一次教案、作业批改。通过检查指导，让教师做到“脑中有纲、胸中有本、目中有人、手中有法”。

为了优化课堂教学，向课堂要质量，教育局经常组织教师参加蒙、汉双语教学研讨会、经验交流会等以丰富教师的经验，拓宽教师的视野。民族学校每学期至少要对本校的民语学科进行一次质量监测，并把监测结果与教师岗位责任制挂钩，作为民语教师评优选先的重要条件。教育局还计划抽调有关人员对全县民族学校的民语教师进行资格认定，杜绝不能胜任民语学科的教师承担民语教学任务，各学校对教育局认定的民语教师不得随便进行任课调整。

在经费方面，前郭县也坚持民族教育“重点扶持，优先发展”的战略方针，实行人才和资金“两个优先”的倾斜政策。全县民族教育专项经费由2001年前的每年13.3万元增长到现在的86万元，用于双语教学改革、师资培训、学生奖学金、助学金、特困生补助金等。县政府投入大量资金用于民族学校校舍的改建以及教学设备的更新等。[①] 2003年，全县少数民族教育投入经费为129万元。2004年，县委、县政府仅用于兴建前郭蒙中教学楼和综合楼、修建查干花蒙中教学楼，就投入资金2506万元。全县28所民族学校的办学条件得到极大改善。城镇民族学校校舍全部楼房化，农村民

① 深化改革，强化管理，提高双语教育教学质量［Z］．前郭县教育局内部资料，2008年7月。

族学校校舍全部砖瓦化。①

X 小学校牌

前郭县还非常重视蒙古语文的使用。他们坚持蒙汉两种文字并用制度，县大型会议会标、机关牌匾、公章绝大多数都是蒙汉两种文字；前郭县政府工作人员名片也是蒙汉两种文字；对全县牌匾、公章实行统一翻译、统一制作，统一管理。县里大型会议和那达慕大会用蒙汉两种语言，其文件是用蒙文翻译。另外，前郭县民族歌舞团、草原文化馆，使用蒙古语言演唱节目。前郭县电视台用蒙语播放新闻节目。

① 分区规划突出重点，前郭民族教育似金秋. 吉林日报，2004 年 10 月 5 日。

第四章 选择与困惑

——前郭县X小学加授蒙语现状调查

辛格莱顿指出，教育在本质上就是文化传递，而学校是这种文化传递的最佳方式和最有效场所，只有这样理解才可能正确把握学校的职能和任务。他说："最好应把现代学校中正规教育传授的许多内容理解为是对早期以潜隐方式传递的文化模式的一种仪式化的再肯定。"① 在笔者调查的X乡，学校也和中国大部分其他地区一样是教育的中心。

一、X小学蒙语教学概况

X小学原称新庙镇中心小学，下辖4所村小（其中庙东小学属于蒙古族小学）。新庙镇并入长山镇后，X小学2004年底转成蒙古族小学，2005年挂上蒙古族中心校的校牌。X小学建校于1942年，是日伪统治时期建立的。X小学以前的建筑是大块青砖的两栋教室，每栋9间。1997年重新翻新，形成现在的格局。

根据2008年的统计数据，X小学共有344名学生。其中，蒙古族学生只有25名。X小学1－3年级全班都上蒙语课，一周5节。四年级以上班级目前不集体开设蒙语课，蒙古族学生下午3点去蒙文教室上课，其他民族的学生可以选修，但是因为怕耽误文化课，目前只剩下两人还在坚持学习，成绩并不理想。

X小学有蒙语专任教师4名，都是大专以上学历，基本能够胜任本职工作，其中二、三年级蒙语的教师是专门从查干花小学（蒙古族聚居乡）借调的。但因为学生基本没有蒙语基础，对蒙古族文化认识也非常缺乏，严重制约和影响了学生学习蒙古族语言文字的

① 冯增俊．教育人类学教程．北京：人民教育出版社，2005.8：109.

积极性。一年级和学前班蒙语的王老师同时兼任三年级美术课，原因是单教一门蒙文课，其教学工作量不够。X 小学从 2000 年开始设立语音室（电视、幻灯片）和多媒体教室，但是很少用于蒙语教学。微机教室有 30 多台电脑，主要用于计算机教学。

X 小学 2008 年蒙语教学工作安排表①

月份	工作内容
2	制定 2008 年工作计划；编写校本课程并实施
3	开设小学《民族常识》课；加强马头琴训练工作；进行听课、评课
4	“写一份优秀教案”教学基本功活动；学生书法比赛；筹备蒙语学科教研会
5	举行教学质量分析会；“讲一节最佳课”教学基本功活动；召开蒙语学科教研会
6	准备小学毕业考试；“写一份优秀的说课材料”教学基本功活动
7	组织蒙语学科教师参加新课改理论培训；听课、评课
8	马头琴教师进行培训；“写一篇教学心得论文”教学基本功活动
9	1—3 年蒙语朗读比赛；听课、评课
10	组织参加县民语学科教学基本功竞赛；手抄报比赛
11	做好迎检工作
12	总结 2008 年工作

二、相关主体态度

（一）家长

根据问卷调查数据，X 小学家长对学校的蒙语教育现状并不满

① 资料为笔者于 2009 年 1 月在 X 小学档案室查阅。

意。在对X小学蒙语教育的评价中，仅7人选择“较好”，其中还包括2名四年级以上汉族学生（可以自由选择学或不学）的家长。鉴于X小学蒙语教育刚刚开始三年，而且当地已无蒙语环境，暂时出现这种现象可以说比较正常。但是X小学如果不尽快改进教学模式，将可能造成学生、家长的逆反心理，不利于民族文化的传承。

您对X小学蒙语教育的评价

		频率	百分比	有效百分比	累积百分比
有效	较好	7	7.8	7.8	7.8
	一般	64	71.1	71.1	78.9
	不好	19	21.1	21.1	100.0
	合计	90	100.0	100.0	

笔者在调查中发现，其实很多家长希望孩子了解一些民族传统知识。问卷调查“您认为是否有必要让孩子了解一些民族传统文化知识”一题，选择“是”的占84%。但在“是否支持孩子上蒙语课”的问题上，却得出了如下图所示的矛盾结果。

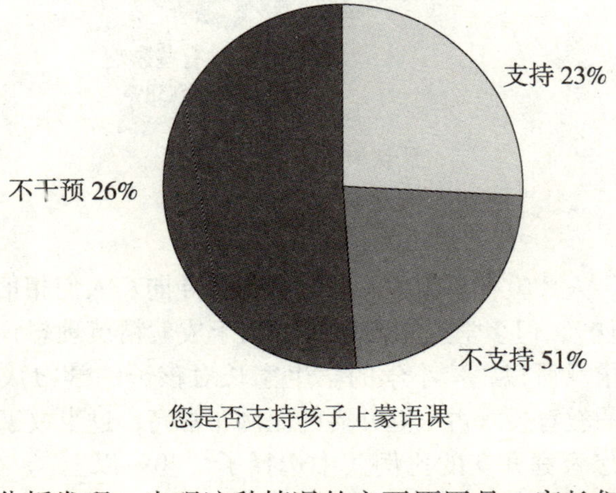

您是否支持孩子上蒙语课

深入分析发现，出现这种情况的主要原因是，家长们害怕学校开设蒙语课会影响教学进度，耽误孩子其他科目，尤其是英语的学习；担心同时学习三种语言会给孩子造成压力而导致学习质量不高。还有一些家长对蒙语学习存在异议，认为语言发展遵循的是优胜劣汰的规律，消失了就是消失了，不能强求；民族平等的体现是多方面的，缺一种文字不见得就不平等。

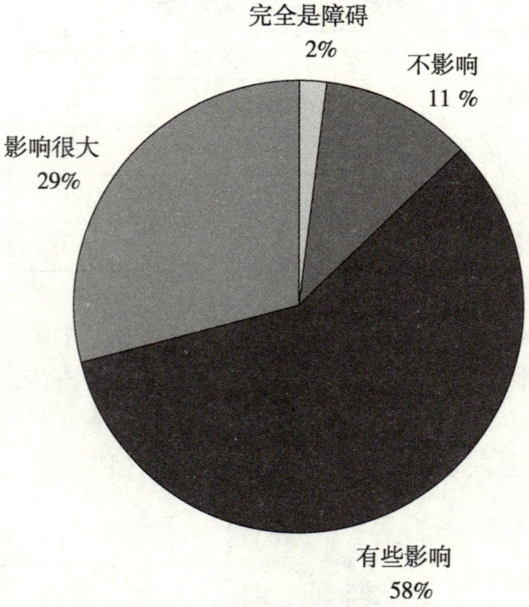

您认为蒙语学习是否
影响孩子的英语学习

目前，人才教育仍为中国教育的主要导向。人们相信即便学而优未必“仕”，但多学点知识还是有利于成就精英理想，实现安身立命的需求。所以，X 小学的学生家长对孩子的学习成绩十分关注。当地的教育投入占家庭开支的比例非常高，过半数家长在“孩子教育占您家庭开支的比例”中选择了“40% 以上”。在访谈中，一位家长对笔者说：“有时候孩子打电话我都哆嗦，就怕又没钱了，都快没处借了。”[①] 父母为了孩子上学省吃俭用过得很苦，孩子们的学习压力也很大。

X小学不同于一般的“村小”，学生即使没有“跳出农门”仍可以回家干农活，也不同于大城市学校生活等同于生活的一部分，它同其他小城镇学校一样处于过渡缓冲的“灰色地带”。假如学生们在考试中失利，损失的投资尚在其次，更重要的是，他们将无处可去。所以，面对高压力，许多学生即便有兴趣，一般也不愿意分散时间与精力来学习蒙语。而且由于经济条件、师资力量等多方面因素，当地的升学率很低，一些成绩不理想的学生往往读到初中就辍学为未来打拼，蒙语学习在他们眼中更是毫无意义。

可见，很多家长主要是因为蒙语的使用范围有限，所以希望孩子将时间和精力投入到汉语和外语学习之中。此外，笔者在调查中发现，家长们对子女的期望千差万别，但对于教育是为了培养人的高尚品质和生存技能这一点上却惊人地一致。民族传统文化的一些特质比当代社会的一些流行元素更有利于让青少年形成良好的道德观和价值观。所以，扩大蒙语的使用空间，深入挖掘蒙语的隐藏意义是改善家长对X小学蒙语教育抵触情绪的主要途径。

（二）学生

通过对X小学学生的问卷分析发现，他们大多不想上蒙语课，原因主要包括：一是怕耽误其他科目的学习（52%的学生选择此项），因为在学生面临层层加压的考试制度时，老师同样要应付各种各样的考评，很多考评与学生的成绩挂钩，所以X小学一些班主任常在蒙语课、自习课时间补课；二是蒙语学习效果不好（19%的学生选择此项），极大地打击了学生的积极性。虽然年级小、记忆力好，但是缺少语言氛围、没有强化措施等使得他们的蒙语学习效果并不理想。

在回收的92份有效学生问卷中，只有7人在“你家中有人会

---

① 摘自笔者对当地一位小学二年级家长的访谈，2009年1月。

说蒙语吗”一题中选择“有”；而在“你家中有人会写蒙文吗”一题中仅有1人选择“有”。而且这些会蒙语的人大多是学生们的爷爷奶奶或姥姥姥爷。现在，年轻一代除了上班不能带孩子的时间外，并不乐于完全将孩子托给老人看管，而且隔代的长辈年龄较大，接受新事物较慢，容易与孩子产生隔阂。在民族传统文化与孩子正规的文化课学习相冲突时，学生们更难接受隔代长辈的教育。

此外，调查问卷显示，X小学蒙语教师目前的讲课内容和方式与学生们的期望之间存在较大差距。从回收的学生问卷以及笔者观察、访谈的结果看，X小学蒙语教师目前主要通过读书、讲解的方式教授蒙语音标字母、蒙语读写规则以及一些常用的蒙语词句。而学生们希望老师能够通过更生动的方式讲授，希望穿插一些有趣的知识。受当地社会经济状况所限，X小学的蒙语教室目前还不具备播放视频的设备，但是学生们认为老师可以通过讲故事等方式介绍一些历史故事。虽然笔者经过阅读、预调查等方式多次修订了调查问卷，但是由于思维定式，笔者在“你希望蒙语老师怎么讲课”一题中只列举了读书、讲解、对话、挂图、卡片、录音、视频等手段，幸运的是，还加了“其他（请注明）____”选项，许多小朋友在横线上填了“gu shi”（因为X小学目前主要在1-3年级开设蒙语课，所以笔者在学生问卷中注明了可以使用拼音），这是笔者此次调查中最受触动的一点，不仅是因为它提醒笔者以后调研之前要细心再细心地做准备；不只因为孩子们询问视频为何物时感到的心酸；还因为它使我深刻地感受到“求实从知”的重要性，有时候孩子的想法比书斋学者的观点更具可行性，教学手段生动化、多样化的确是改善当地蒙语教育现状的重要措施之一。

学生问卷抽样统计部分选录①

问卷编号	学习蒙语的最大收获
03003	知道蔬菜、水果用蒙语怎么说
02014	认识了成吉思汗
01021	要爱护马
03017	做事要勇敢

（三）蒙语任课教师

通过调查发现，X小学几名蒙语专任教师的蒙语水平较高，对蒙古族文化也比较了解，但是由于当地语言环境、前郭县蒙语教育政策等原因，导致他们对自己目前的蒙语教学方式尚未形成十分清晰的思路，还处于探索阶段。以下是笔者从访谈记录中摘录的几段观点：

个案1（女，32岁，大专学历，X小学从查干花小学抽调的主力蒙语教师，笔者调研时教二、三年级蒙语）：虽然我们意识到了保存和发展蒙古族文化的重要性，我们希望提高学生们的蒙语水平、提高蒙古族的素质，但是我们的努力实在是“杯水车薪”，就是推广不开。困难有很多，最主要的是没有氛围，学生家长不积极，前郭县东部地区蒙古语教学研讨会的主题几乎都是“提高学生学习积极性/兴趣”一类的，所以我们现在也是“摸着石头过河”，慢慢探索吧。②

个案2（女，26岁，中师学历，笔者调研时教一年级蒙语）：因为学生入学前没有蒙语基础，对蒙古族语言文字很陌生，学起来比较困难。学生普遍缺乏自学意识，日常生活中蒙语会话的时间

① 调查问卷统计所得，2009年1月。

② 根据笔者2009年1月12日在X小学访谈资料。

少，口语表达能力较差，学起来压力比较大。为了避免学生应付了事，我现在采用一课一测试、作业一周一评比的形式激励他们。有时候根据课文内容让学生扮演角色随堂表演，进行综合语言训练。①

个案3（女，34岁，函授大专学历，笔者调研时教四年以上合班蒙语）：我在课堂上尽量用蒙语讲课，师生之间尽量用蒙语进行交流。但是，学生们掌握的蒙语有限，如果都用蒙语他们听不懂，所以很多时候我先用蒙语说一遍，再用汉语说一遍。上课主要是通过读书、讲解、谈话，还有展示挂图、卡片以及小黑板的方式讲授。我觉得必须要激发和培养学生的学习兴趣，使他们树立自信心。②

个案4（女，28岁，函授大专学历，笔者调研时教二年级蒙语）：我希望可以帮助学生了解一些蒙古民族文化，拓展他们的视野。但是前郭县目前使用统一的蒙语教材，主要是音标、文字、词、句的训练，依靠我个人来搜集资料讲授压力太大。教育局将学生的蒙语成绩与老师的考评挂钩，如果我经常不按书本上课，学生们考试的时候可能答不出题目。③

（四）学校主管领导

笔者通过观察、访谈发现，X小学主管蒙语教学的校长家住外地，不懂蒙语，而且对蒙古族的文化传统也不是很了解，这就导致她在统筹安排全校蒙语教学时，完全按照县里的要求行事，没有根据当地情况进行适当变通。在指导教学的过程中，也是完全按照其他课程的模式进行。以下是从笔者对她的访谈记录中摘录的一段话：

---

① 根据笔者2009年1月14日在X小学访谈资料。

② 根据笔者2009年1月12日在X小学访谈资料。

③ 根据笔者2009年1月11日在X小学访谈资料。

学校方面目前能做的就是健全制度，以制度促进管理，以管理促进发展。我们严格执行课程计划，不挤、不占蒙语文课时；狠抓常规教学，向课堂四十分钟求质量；学校领导经常深入教学第一线，检查教师备课、上课、作业批改、辅导等工作，并深入课堂听课、参加集体备课，经常进行评课、指导。此外，我们学校积极参与县里的蒙语学科教研会的筹备和召开工作。2008 年 5 月 23 日还承办了以“加强课堂蒙语语言训练，提高学习蒙语兴趣”为教研主题的前郭县东部蒙古族小学课堂教学研讨会，希望通过各方努力改善蒙语教育情况。

三、X 小学蒙语教育目前存在的主要问题

（一）重形式而轻内容

X 小学虽然开设了蒙语课，但除了课堂 40 分钟外，没有对学生采取任何课后补习和提高措施，一定程度上存在“有其名，无其实”的现象，而且教材和教学内容没有从当地的实际情况和需要出发，不能充分体现蒙古族文化的深层特点。学校更重视马头琴艺术等短期容易出成果的科目，没有对蒙语教学这样需要循序渐进的科目进行统筹规划。学校没有充分考虑学习主体，主要注重保证课时、提高教师教学能力。因此，可以创造语言环境，培养学生的听说能力，经常让他们听蒙古族歌曲，讲历史故事，或者在他们当中开展蒙古语演讲比赛，组织书法展览，进行“课前 5 分钟蒙语会话”、“每日学一句蒙语”等蒙语会话训练，调动学生学习应用本民族语言文字的浓厚兴趣。

（二）重成绩而轻素质

前郭县不健全的蒙语教育政策是造成 X 小学盲目追求学生蒙语成绩的主要原因。县教育局对蒙古族学生学习民语率和巩固率都有明确规定，每降一个百分点，就要从学校年终考核验收总分中扣

0.5 分；学习蒙语率达不到 70% 的学校的年终考核评定等级降一个档次。年终考核成绩对学校经费划拨、等级评定等都具有重要意义。在如此压力之下，X 小学的领导、教师只好舍弃逐步发展的计划，盲目追求学生的成绩。

（三）教师教学手段单一

X 小学目前只有 4 名蒙语教师，教师与学习蒙语的学生比例几乎达到是 1∶45。语言教学不像其他基础知识的讲授，老师应该尽量关注到每一位同学，而以 X 小学目前的师资来看，绝对做不到这点。而且这四位老师还要兼任其他与蒙语相关的任务，很难保证充足的备课时间，导致教学手段单一，无法调动学生积极性。

（四）对乡土教材重视不够

吉林省教委民字［1997］2 号《关于统一使用蒙古族中小学语文、数学科教材的通知》文件规定，“加授班蒙语文统一使用东北三省协作编写的九年义务教育蒙古语文教材”。《蒙语文》第一册，只要求学生学音标，没有一个蒙文字，很难提高学生的学习积极性，而且有蒙古族教师反映该教材的蒙古语标准音不规范，错别字较多。前郭县教育局应该积极组织蒙语教师本着科学性、趣味性和实用性的原则，根据本地区的历史、文化、经济实际情况编写乡土教材。在抓好文字教材的同时，还要注意音像教材。

（五）学校办学条件亟需改善

严格来说，X 小学的校舍在乡村一级小学中并不算差，有一间独立的蒙语教室，但是电化设备短缺、语言文字软件配置滞后等严重影响了学生的蒙语学习效果。

X 小学蒙语教室（下）及蒙文门牌（上）

（六）蒙语使用空间缺失

升学、杂居、通婚等因素，使许多蒙古族青年对民族语言一无所知，进而了解本民族文化风情的人寥寥无几。蒙语在当地的使用空间十分有限，缺乏社会生活上的必要性，使得蒙语教育“不切于民生日用，使生徒毕业者举其所学，与社会不相入”,[1] 蒙语教育得不到学生、家长的支持。由于在社会生活中的作用逐渐丧失，蒙语使用者的平均年龄升高，甚至出现代际断层现象，相当一部分青少年对本族语的濒危持无所谓态度。

（七）民族自卑感仍然存在

笔者在调查中发现，历史上遗留下来的民族偏见在当地仍然存在，蒙古族群众心理上的自卑感并未完全消除。刚开始进行接触

① 李兴华．民国教育史［M］．上海：上海教育出版社，1997：113．转引自翁乃群主编．村落视野下的农村教育：以西南四村为例［C］．北京：社会科学文献出版社，2009．1：12．

时，他们都要强调“我们现在和汉族基本一样，没有什么差别”，似乎只有这样说才会被认为与汉族平等，否则就有低人一等的感觉。这种自卑心理是历史，尤其是日本侵略者侵占东北留下的恶果。当初日本侵略者为了离间蒙、汉感情，对蒙古人说，蒙古人忠实可靠、勇敢，同时侮辱汉族人为诡计多端、狡诈，不可靠等等；对汉族人则说，汉族人聪明、文化高且勤奋，同时侮辱蒙古人为愚昧、落后、不开化等等。[①] 这种认识在当地仍然存在。笔者在查找某班的蒙古族学生成绩时，班主任竟说：“不用查了，蒙生成绩一般都较差，挺笨的。”[②] 但事实上的查阅结果是，当地蒙古族学生的平均成绩并不低于汉族学生的平均成绩。访谈中，也有汉族民众强调：“大家各有所长，我们文化比较好，没必要学他们的；他们体质方面好，所以电视上经常用雄赳赳、彪悍来形容蒙古族。”[③] 这些是当地民众在不自觉中反映出的内化的价值评判标准，如果不能尽早消除这种偏见，对于蒙古族民族自豪感的建立和民族文化的传承非常不利。

第五章　多重力量的交织

布尔迪厄“再生产”理论认为，社会或文化的再生产机制的运作都服务于在社会结构中占支配地位的利益，任何文化现象的出现或存续可以追寻社会中利益格局的变化。因此，社会文化变迁的过程受制于权力主导的再生产机制。“在当代，教育对文化的选择受多种因素影响”。[④] 教育的主要目的是文化传承，学校则是文化传

---

① 苏日嘎拉图．呼伦贝尔民族教育史略（上编）［M］．北京：民族出版社，2001.4：118－119.

② 摘自笔者与当地一位汉族班主任的对话，2009 年 1 月。

③ 摘自笔者与当地一位汉族群众的对话，2009 年 1 月。

④ 刘正发．凉山彝族家支文化传承的教育人类学研究——以云南省宁蒗彝族自治县金古忍石家支为个案：［D］．北京：中央民族大学，2007：226.

承的一个主要场所。文化在学校的传播是有选择的，这种有选择性的文化输出体现了不同权力之间的关系。前郭县X小学“加授蒙语”教育在适应制度变迁过程中所经历的变化，体现了多种力量在其中的建构作用。

一、国家力量的“在场”

在很大程度上，教育行为的具体运行是以明确的机构和职能安排为基础的。学校首先是作为国家行政机构来发挥作用的，无论在具体的社会生活中其作用的方式是正式的还是非正式的，始终受到了制度规定的制约。[①] 由政府宏观政策、命令和法律引入实行的强制性制度变迁力量，通过正式制度的形式决定并影响着学校行为。2001年2月修正后的《中华人民共和国民族区域自治法》将招生中对少数民族学生的优惠政策载入其中，使其上升为具有国家意志的法律规范。《中华人民共和国民族区域自治法》和《国务院实施〈中华人民共和国民族区域自治法〉若干规定》的实施，更使得作为民族区域自治地区的前郭县在经济发展等方面享有一定的自主权，为自治县县域经济发展注入了新的活力和动力。这种制度力量促使前郭县重视自身的民族特性。

此外，我国正处于社会转型时期，过渡时期经济社会中的不确定性因素不断增加，需要多元发展。尤其是2001年中国正式加入世界贸易组织，经济发展上需要特色，国家的这种需要必将辐射到地方。尤其是当前国际金融危机仍未见底，国家提出变灾难为机遇，加快经济结构调整，积极促进文化产业的发展。2009年7月22日，国务院总理温家宝主持召开国务院常务会议，讨论并原则通过《文化产业振兴规划》，对我国应对金融危机、加快文化产业

---

① 胡伟．制度变迁中的县级政府行为［M］．北京：中国社会科学出版社，2007.10.

发展、推动经济结构调整有着重要的意义。文化具有反向调节功能，面对经济下滑，文化产业有逆势而上的特点。由于受到国际金融危机的影响，国际文化市场的需求减少，以贴牌①为主的文化企业都受到了严重的冲击。为了振兴和发展我国文化产业就必须坚持走自主创新的道路，而民族元素是文化产业发展创新的重要源泉之一。在这种潮流下，前郭县积极发展旅游业，充分发挥作为吉林省唯一的蒙古族自治县的优势，依托查干湖大打蒙古文化牌，筹资建造了妙因寺、成吉思汗召等蒙古族文化建筑。

二、地方官员的“盘算”

教育现象离不开当地的社会环境，总是要嵌入它所依赖生存的那个社会中。不能单纯地把双语教育行为看作是制度安排的结果，而应看到这样的制度安排，无论是从原有制度中调整而成的，还是自上而下强制性的，都始终嵌入在具体的社会生活的结构之中。利益需求会形成一种诱致性的变迁力量，对各项选择起作用。

前郭县委、县政府在大力推进蒙汉双语教学的过程中也体现了一种利益盘算：借蒙语教育之名，行地方发展之实。对主导其事的地方政府来说，一方面，蒙语教学可以体现前郭县的民族特色，依托民族身份用足用好东北老工业基地振兴的机遇，争取国家和省里在公共服务体系建设、基础设施建设、科技教育、经济发展等方面的政策和资金支持，推进经济社会全面发展。另一方面，根据《民族区域自治法》，使用本民族语言在干部选拔、学生升学等方面具有一些优势，民族班、民族预科、定向招生、定向分配等对少数民族考生适当放宽录取标准和条件的政策也逐渐受到学生和家长的重视，所以希望可以通过蒙语学习提升当地的文化素质。此外，根据国家转变经济发展结构的主张，吉林省将有组织有计划地打造“吉

① 指接订单为国外公司加工产品赚钱，“拿一流的技术赚点廉价劳动力的钱”。

林八景”，[①] 前郭县正在努力将查干湖丰富的旅游资源转化为经济优势。一般人在旅游时都具有猎奇或学习心理，秀色可餐、增长见闻都可能会使旅游者感到“不虚此行”。如果能够在山清水秀的地方学习到一些不同于往日的传统，感受到一些独特的氛围，无疑更能使游客放松身心，而独特的语言文化还可以成为内外宣传的有效载体。挖掘“郭尔罗斯”独特的民族资源，打造“郭尔罗斯”、“查干湖”民族品牌，可以吸纳更多的国内外大企业、大集团、大财团到前郭投资兴业，推动前郭经济社会发展。[②]

基于上述考虑，包括蒙古语在内的蒙古文化资源就成了前郭县社会经济发展的重要文化资本，地方政府试图根据国家叙事的转变来做出自己的应对，从而实现将其转化为经济资本和象征资本的盘算。也正因为如此，地方政府真正关心的并不是蒙语学习的效果如何，而是它在旅游宣传、争取资金和升学倾斜上的作用。

三、地方精英的“呐喊”

在全球一体化的趋势下，世界各个民族间的文化差异在不断缩小，民族文化的独特性日益削弱，作为民族文化载体和民族文化认同首要标志的民族语言，在一些少数民族中，也面临着消失的危险。双语教育是保存与传承民族语言以及民族文化的重要手段，而语言文化的多样性如同生物多样性一样，是确保人类成功生存的关

---

① 前郭县的“查干湖冬捕景观”在2009年7月13日入选“吉林八景”。以郭尔罗斯全羊席、查干湖全鱼宴等为代表的特色餐饮文化，以郭尔罗斯婚俗表演、歌舞表演、篝火晚会等为代表的民族文艺，以祭敖包、祭湖醒网、查玛舞、那达慕为代表的民俗宗教以及妙因寺、郭尔罗斯博物馆、查干淖尔赛马场等建筑都是查干湖旅游的重要资源。查干湖景区除了冬季的“冰雪捕鱼节”外，还在夏季旅游黄金时间，举办“查干湖蒙古族民俗旅游节”，所以若要做大做强查干湖旅游产业，必须体现民族特色。

② 吉林省发展和改革委员会经济研究所编．前郭尔罗斯蒙古族自治县国民经济和社会发展第十一个五年规划纲要（2006年1月17日县第十五届人民代表大会第四次会议讨论通过），前郭县教育局内部资料。

键，减少语言文化的多样性，就会缩小人类可以利用的知识库，从而削弱人类的生存能力，也使人类五彩缤纷的生活方式和大千世界变得单调。

前郭县的蒙古族知识分子积极参与蒙古族文化的传承活动，借助旅游大潮的高涨和机遇，积极斡旋，促进民族传统文化的乘势恢复和重建。在访谈中，当地几位蒙古族知识分子表示，民族语言见证了历史，见证了一个民族的发展，即便交际功能有所削弱，但它还负担着传承和发扬本民族文化、增强民族认同感的重要功能。我们保护它，是对价值的珍视，意味着我们对于一个时代精神的认同。前郭县是吉林省唯一的蒙古族自治县，文化底蕴丰富，民俗风情浓郁，在“餐饮文化”、“婚礼习俗”、“狩猎游艺”、“宗教文化”等方面独具特色，是中华民族大文化中的瑰宝，应该挖掘整理和推广教育。

四、当地民众的“冷漠”

教育其实属于“推动型行为”，以推动经济发展为目的。根据布尔迪厄的文化再生产理论，人们为了使其所占的文化资源产生增值，获得更大的利润，必然要将这些文化资源置于社会交换场域中，使其在市场运作中转变成文化资本，进而转换成现实的经济资本，实现对资本的有效占有。根据前郭县“十一五”期间发展的区域布局，X 小学所在乡划归为长山镇属于工业经济区的重点镇，而不是隶属于西部乡镇所在的民族特色的综合经济区和旅游经济区之下的西部草原蒙古族民俗风情旅游区，[①] 蒙语很难在市场中进行转化，蒙古族文化在推动当地经济发展方面的作用并不大。至于前郭

① 前郭县按照发挥比较优势、加强薄弱环节、促进协调发展的要求，根据区位条件、产业基础和资源优势，培育壮大县域经济，构建工业经济区、综合经济区、旅游经济区、现代农业示范区等区域发展框架，形成各具特色、优势互补、相互促进、共同发展的县域发展格局。

县制定的大学本科学历的蒙古族毕业生仍执行计划分配政策和国家对少数民族在升学、升迁、提拔等方面的照顾，民众只要具有民族身份就可以享受相关的优惠，并不需要学习民族语言，这就使得承认或获得民族身份（而非学习民族语言）成为一种资源，所以当地会蒙语的人数远远少于承认蒙古族身份的人数。当地大部分民众反对进行蒙语教学的现象同样体现出了文化资源在转化为文化资本的过程中人们的利益考虑。

“在中国的社会制度与民族政策的环境下，近二十年来由于政府一直面临着西方国家对中国政府‘对少数民族实行同化政策’的舆论批评和外交压力，所以极力强调民族语言的平等地位和作为学校教育语言的重要性。”① 以至于“目前国内关于民族语言问题的讨论，在‘文化象征’这方面强调得多，对‘应用工具’这方面讲得相对较少。忽视了应用性功能这方面就可能对语言的认识偏向于感性而做出脱离实际的判断”。②

马克思曾经说过：“语言本身是社会的产物，另一方面也是社会的存在”。③ 在语言与社会的互动中，民族语言一方面体现和反映着社会结构的变异，另一方面为了适应社会发展的需要，又必然不断自我调适，从而呈现不断发展、变迁的态势。④ 在语言替换的过程中，语言的工具性往往会掩盖语言的其他特性。⑤ 市场化时代，必然促成人们对功利主义和选择主义的青睐，X 小学的蒙语教学中同样充斥着工具理性的影子，人们根据各自资本，进行着教育选择。国家与地方政府拥有政治资本，地方精英拥有文化资本，他们

① 马戎．民族社会学导论．北京：北京大学出版社，2005：157.

② 马戎．民族社会学导论．北京：北京大学出版社，2005：143.

③ 马克思．政治经济学批判基础．柏林，1985：390. 转引自张汝伦《语言和文化传统——〈人文精神还是科学主义〉读后》，《读书》1987（11）：5.

④ 肖丽萍、刘应捷．民族语言与市场经济互动探略．中南民族学院学报（哲学社会科学版），1995（2）：123.

⑤ 曹志耘．关于濒危汉语方言问题．语言教学与研究，2001（1）：11.

在各自的角色位置上发挥着自身的作用，推动“文化再生产”，以实现“文化的商品化”，换取市场与商人拥有经济资本，这个过程又促成了文化变迁这个主题。在这个场域中，民众的利益并没有很好的体现，但并不是说他们没有表达自己的利益诉求，恰恰相反，他们用自己的抵制、冷漠表达了他们的利益诉求。

从前面的分析可以看出，要想使前郭县的蒙古族教育达到好的效果，必须使政府、学校和当地群众（尤其是学生和家长）的利益诉求达到统一。政府在推广蒙语学习的过程中，不要仅仅关注它的经济、政治价值，而要真正关注民族文化的传承和发展，在蒙语的文化内涵上下功夫。何况，除促进经济发展外，使百姓脱离精神、文化贫困也是政府的主要责任之一。在推动蒙语教育的过程中，仅仅依靠政府的力量是不够的，要想真正体现“加授蒙语”的价值，必须调动学生、家长的积极性。蒙语教学只有与当地社会情况发展需要相结合，才能更好地发展。政府要进一步协调好蒙语教育与当地社会文化变迁的内在关系，将二者结合起来。要想在社会文化变迁的大背景下，促进蒙古族文化发展，同时存优择良，避免蒙古族以牺牲本民族特性为代价来追求现代化，就要充分发挥教育在社会变迁中的作用。

第六章　管窥之见：适应社会变迁，构建和谐教育

我们所处的时代为我们展示了波澜壮阔的社会文化变迁，我们要担起时代赋予的使命去面对这个社会，投身于这个社会，用自己所学的知识为社会生活的某一方面发展献言献策。改革开放的深化、振兴东北战略的实施及至当今经济全球化浪潮的推动，使得前郭县与外界的交流日益频繁，社会文化的各个层面正在发生外显或内隐的变迁，如何既融入现代化进程又能保存民族特色是一个值得深思的问题。

教育是社会文化变迁的动力，没有教育的推动，社会变迁就不可能在中国发生；同时，教育又是变迁的对象，没有教育方式的改变，社会变迁也不可能顺利达到预期目的。① 如何更好地开展双语教育，不仅仅是一个教育问题，也是一个复杂的社会问题。怎样解决这样一个对少数民族群众的切身利益有着重大影响的课题是一个值得政府、学校、家庭、社区共同思考的问题。在这个过程中，因为没有可以参照的范本，所以必须要依靠各方力量，突破各种局限，找到一条适合当地传统文化传承和发展的道路。根据文献查阅、调查研究和逻辑分析，笔者认为，要充分发挥民族文化的功能，应将其融入到地区社会经济的发展过程中，使二者相得益彰，共同进步。因为人生活在社会中，受到各种力量的影响，所以人们对于某种知识的追求，必定潜伏着某种力量在后面或者底层加以推动。以下是笔者对前郭县蒙语教育问题提出的几点解决思路，希望能为民族教育的和谐发展尽一点微薄之力。

一、调整政策，贴近民众生活

前郭县县委、县政府坚持对民族教育“重点扶持、优先发展”的战略方针，实行了“二优先”的倾斜政策（即民族学校用人优先、用钱优先），而且出台了很多民族照顾政策，但是笔者在调查中发现，大部分政策的甘露播撒不到普通百姓身上。以下是笔者就民族教育政策与几位家长进行的谈话摘录：

问：前郭县规定“自治县少数民族毕业生参加高考，用本民族语言文字答卷的少数民族考生加15分投档”②，高考相差一分可能就有几千人，如果您孩子学好蒙语，用蒙语答卷，不是可以甩掉很

① 胡伟．制度变迁中的县级政府行为．北京：中国社会科学出版社，2007.10.

② 《前郭尔罗斯蒙古族自治县民族教育条例》第十二条。

多人吗?

答：有那时间，看点别的，估计成绩不只增加15分。

问：县里有规定“自治县人民政府每年分配一批蒙古族本科及以上学历的毕业生”①，您对这项政策怎么看?

答：那也得先考上大学才行，咱这一年也没两个考上重点的。

所以前郭县在制定民族教育政策时，一定要深入调研，充分考虑普通百姓的需要。如果仍然采取与精英式教育一样完全依靠升学这个窄门的途径，无法调动大多数民众的兴趣，势必就要以牺牲地方性知识的传承为代价。

二、加强领导，健全管理机制

健全民族教育管理机制，加强培训教研人员的素质，将会蒙语、热爱蒙古语言文字工作的人员充实到教育行政管理部门、民族工作部门及教学研究部门之中，将有利于促进双语教育的发展。前郭县教育局现配备有蒙古族副局长负责民族教育工作，教育局下设民族教育科，专人负责具体工作；县教师进修学校配备了分管民族教育的蒙古族副校长，下设民教部；蒙古族学校都配备了懂业务、会管理的副校长和主任。从机制上说，前郭县目前的管理人员比较充足，但是严格地说，也只是搭起了“骨架”，缺少健康完整的“肌体”，在每一个内部“系统”中都有或多或少的“不健康”因素，仍存在一些像X小学主管蒙语教育的副校长那样不懂蒙古族文化的管理人员。要想使民族文化获得较好的传承，必须注意对各级管理人员的挑选、培训。

① 《前郭尔罗斯蒙古族自治县民族教育条例》第十八条。

三、各方配合，建立新型教学模式

民族传统文化的传承需要政府、社区、学校、家庭各个方面相互联系、相互配合。前郭县目前主要是在以汉语为基本传授语言的公办学校加开蒙古语言文化课程，并不存在传授民族语言、民族艺术、民族常识和传统文化等的社会教育形式。应该结合当地的特殊情况，有所突破，有所创新，建立以学校为主体，家庭、社区为两翼的新型教学模式。

教育规模的扩大、数量的增长并不会自动带来教育品质的改善，鉴于当地已经缺失蒙语环境，不应该一开始就全面铺开，将蒙语列入教学时间和教学资源极为紧张的正式课程中，强迫所有蒙古族学生学习。可以根据学校条件，开设有关民族语言的选修课，选择一些感兴趣，并且有能力兼顾蒙语学习的同学参加；组织有关民族文化的研究型课程和灵活多样的课外活动，像音乐、美术兴趣班那样以第二课堂的方式求真务实地传递民族语言文化，而不是强迫学生学习。

此外，可以利用社会教育方式来吸引一些对蒙语感兴趣、并且有条件的人来学习，比如一些很早就辍学的孩子，因为并不打算上大学，平时也不学习文化课，整天无所事事，甚至经常破坏当地的公共设施。政府可以通过社会教育方式教授他们一些蒙古语以及蒙古文化，并在结业后分配一些蒙语翻译或蒙语导游等实习工作，既可以起到传承文化的作用，又能间接解决很多学校、家庭的难题，甚至就此改变一些孩子的命运。此外，也可以将当地一些老人、家庭主妇等比较清闲的人组织起来，教授蒙语和蒙古族文化习俗，只要能够使他们的学习得到一点点应用价值，获得一点点利益，哪怕只是蒙语抄写，也能调动起他们的积极性，在学习中他们会逐渐地体会到民族文化的魅力和民族文化传承的重要性。在具体实行的过程中，可以充分调动一些懂蒙语的蒙古族老人的强烈认同感和自豪感，请他们参与举办一些集体性的社区活动。

四、制定规划，避免教育的不连续性

为了提高升学率，使一部分学生考入蒙古族高中或蒙古族师范学校，X 中学曾经开设过蒙语课，但只有一名学习蒙语的学生考入了蒙古族高中，却没考上大学，最后只好回到市场卖百货。很多家长不支持孩子学习蒙语时经常举这位同学的例子。现在县里认识到了教育不连续性的害处，先在小学开设蒙语课，再循序渐进的做法值得肯定，但是一定要制定好今后的发展规划，避免再次出现教育的不连续性。如果现在小学学习蒙语，初中不学，考入高中后再学，必然会造成学生蒙语成绩的下降。

五、增强师资，提高教学水平

“百年大计、教育为本，教育之计、教师为本”。前郭县蒙古族中小学从表面上看蒙语教师比较充足，但是考虑到语言学习的特殊性，蒙语教师在实际教学中的压力依然很大，能够因材施教、素质合格的教师仍然比较缺乏。尤其是前郭尔罗斯蒙古族师范学校成为吉林师大松原分院以后已经失去了培养蒙语教师的能力，吉林省现在每年将一些应届毕业生送到内蒙古蒙语授课的院校学习深造，补充师资队伍。前郭县应采取措施，在本地培养素质过硬的青年蒙语教师，既可以解决部分就业问题，又可以稳定教师队伍。此外，要注意对现有蒙语教师的培训，尤其要在教学手段的生动化、多样化方面集思广益。

六、间接推动，提高教学质量

面对当地蒙语环境缺失、蒙语教育刚刚起步的现状，前郭县在制定民族教育政策时不应急于求成，为学校、教师设置过多的硬性成绩指标，而要依靠奖励或举办蒙语诗歌朗诵、演讲等比赛，给学生们一个充分展示自我、认识自我的机会，调动教师和学生的积极性。

课堂教学也需要进一步改革，目前的教学内容和形式比较单一，特别是缺乏社会实践活动。民族教育应注重趣味性，要考虑到学习主体，培养学生学习应用蒙古族语言文化的浓厚兴趣，所以，县教育局要组织编写乡土教材，将本地的地理、历史及精彩的民间故事传说融入课本，让学生在潜移默化中接受教育。民语教学不能只停留在传统的“一根粉笔、一块黑板”的单一媒体上，学校要想办法购买蒙文软件，让现代化教育手段走进民语课堂。

七、结合旅游开发，培养蒙语服务人员

独特的区域优势和生态环境为前郭县旅游业发展提供了基础，县委县政府确立了将旅游作为第三产业龙头来抓的目标。千里松花江碧波荡漾，万顷查干湖风光秀丽。在前郭县的旅游规划中，中国第七大淡水湖——查干湖无疑占据着中心地位。2001 年 3 月前郭县聘请了北京大学专家编制完成了《前郭县旅游发展总体规划》和《查干湖旅游度假区总体规划暨中心区控制性详规》，形成了以查干湖为核心的集圣湖风光、草原特色、民俗风情及宗教文化为一体的旅游格局。①

为了使查干湖丰富的旅游资源真正转化为经济优势，前郭县在查干湖旅游区内适时开展了独具特色的节庆活动。在元旦和春节之间举办的“查干湖冰雪捕鱼旅游节”造就了世界奇观，吉林电视台拍摄的《查干湖冬捕》电视片于 2000 年在波兰召开的“国际民族

---

① 王国成．妙手添香气自华：前郭县旅游经济发展综述．吉林日报．2004 年 12 月 19 日。

电视节”上播放时，引起了轰动效应。查干湖冬捕的壮丽景象使生活在欧洲的人们惊呆了，他们从来没见过这么奇特、美好的自然生态环境，从未见过冰下出了这么多的大鱼，也从未见过这样振奋人心的捕鱼场面。因此，感到无比的新奇和激动！一致同意，让此片荣登“金榜”。[①] 据当地旅游服务人员介绍，查干湖冬捕保留的不仅是原始的捕捞方式，更是蒙古民族世代相传的对养育自己的天、地、湖、鱼的敬重，冬捕之前举行的祭湖仪式就是对蒙古族习俗的一种延续。而且，查干湖的鱼不是人工养殖的，而是靠季风把水草的草籽吹到湖里让鱼连吃草籽带吃水虫。这种古久的喂养、捕捞方式，保存了蒙古人质朴纯真的一面。前郭县自 2002 年以来还连续在夏季旅游黄金时间举办“查干湖蒙古族民俗旅游节”，规模越做越大，前郭县的名气也越来越大。

2008 年 11 月 5 日温家宝总理召开国务院常务会议，就进一步扩大内需，促进经济平稳较快增长进行了研究部署，确立了十项重大措施，决定增加中央投资 1000 亿元，以推进这十项措施的落实。1000 亿元中为教育事业总共安排的是 44 亿元，而安排给中等职业教育的是 10 亿元。如果能够抓住国家促进中等职业教育发展的机会，培养一批懂蒙古族语言文化的高素质旅游从业人员，既可以解决大量青少年的受教育问题，还可以保证前郭尔罗斯蒙古族风情旅游的“形神兼备”，为传统文化的传承做出实质性的贡献。通过职业教育或中专教育，将蒙古族传统文化中的一些内容，向年轻一代普及，可以使一部分传统文化在当前生活中焕发出全新的活力，重新找到对社会生活和经济发展的价值。而如果能够将民族教育与社会需要结合起来，相信也会得到学生家长的支持。笔者在访谈一位家长时，她就明确表示：“我不管说什么语言，发展什么教育，将

---

① 《查干湖旅游》编委会．查干湖旅游［M］．沈阳：辽宁民族出版社，2005. 2：75.

来孩子能找个工作，不愁吃、不愁穿就行。”①

八、挖掘蒙语学习的深层意义

笔者在调查中注意到，比“加授蒙语”教学稍早开展的蒙古族马头琴艺术普及教学②开展得十分顺利，X小学的学生积极参与、家长鼓励支持。前郭县中、小学马头琴表演队曾多次获奖并两次创造了马头琴齐奏人数最多的吉尼斯世界记录。同是蒙古族文化的传承，而且马头琴表演目前也没有为孩子的升学和就业带来实质性好处，为什么就受到学生家长的支持呢？因为家长普遍认为学习马头琴可以使孩子的思维、素质得到锻炼，所以我们有必要发掘蒙语的隐性价值，使家长认识到学习蒙古族语言文字和传统知识有利于培养青少年良好的生活修养和道德情操，还可以积累很多知识、培养发散思维，可以更加了解民族历史，建立民族自豪感，可以建立更加和谐的人与自然的关系，比如蒙古族语言中有很多形容马的词汇，体现了蒙古族对马匹和大自然的热爱与尊重，蒙古族也正因此在征战世界的过程中处于优势地位。

游牧生活艰苦动荡，即便具有吃苦的精神，在大自然面前，个人的力量也是极其渺小的。因而，蒙古民族非常珍视朋友的帮助，反过来也会倾尽全力去帮助别人，扶危济困，见义勇为，这在《蒙古秘史》中有多处记载。可以说如果没有朋友的帮助，成吉思汗难以逃脱厄运，如果不重视对朋友的报答，成吉思汗也难以受到多方的拥戴而终成大业。《蒙古秘史》不仅记录了一个民族兴起、强盛的历史，通篇也充满了对忠孝和情义的赞扬，而这些不仅仅是蒙古民族优秀的传统美德，同时也是一个民族赖以生存的精神食粮。随

① 摘自笔者与当地一位学生家长的对话，2009年1月。

② 据前郭县教育局领导介绍：为打好“民族牌”，弘扬和传承蒙古族文化艺术，2000年起，前郭县教育局开始在27所蒙古族学校开展马头琴教学活动。

着社会的发展，汉族和少数民族都经历了从多子女家庭向两个以下子女的小型家庭的过渡。缺少或没有同胞兄弟姐妹的家庭生活环境不利于幼儿的某些社会性情感和技能的形成。独生子女以自我为中心，不会替他人着想，在与同伴交往的过程中体现出了种种的不适应。① 蒙古族对朋友的重视是教育希望赋予下一代的道德规范，是幼儿社会化的基础。

费孝通先生在《教育是为了提高人的素质》一文中说："教育工作第一步是培养怎么做人，其次是做一个好公民。我们有几千年的文化传统。维护中国几千年的文化传统是不容易的。我们要通过教育来延续这种文化。提高人的素质是最基本的。不知道怎样当好人，就不会做个好公民。"② 情商教育在现行教育体制中毫无位置，教育的功利性极易导致学生成为自私的人。中国民族教育虽不发达，但却十分重视道德教育，如在家庭教育和社会教育中注重培养下一代的劳动观念。为了进行劳动教育，中国民族在各种宗教仪式和各种集会活动中往往都掺入劳动教育的内容，展现祖先们狩猎、农耕和与大自然作斗争的情形。③ X小学等民族语言教学单位应该根据社会发展和现代教育的需要，在蒙语教学中通过劳动工具词汇、故事等因势利导，引导学生树立劳动意识，培养学生动手和实践能力。

大自然赋予蒙古族一身豪气以及粗犷而质朴、含蓄而豁达、刚直而柔媚、深沉而直率的品格和人格力量，他们反对华而不实的作风，不喜欢那些说得多、做得少、净卖嘴皮子的人，把老说空话的人比喻为"辘轳摇得山响却找不到井的人"。此外，诚信也是蒙古

---

① 高慧．试论蒙古民族传统美德对促进幼儿社会性发展的启示．内蒙古师范大学学报（哲学社会科学版）．2006. 35（6）：268.

② 费孝通．教育是为了提高人的素质．载《费孝通文集》（第十六卷）．北京：群言出版社，2004。转引自钱民辉《费孝通的教育人类学思想初探》，中央民族大学学报（哲学社会科学版）2007，（4）．

③ 雷学华．民族教育的历史传统［M］．武汉：湖北教育出版社，1998. 8：171.

族的传统美德，蒙语有言“人好在于诚实，马好在于善使”、“碰大雪也别违诺言，遇大雨也别误时间”、“即使学不会学问，也要学会忠厚”①。蒙语中蕴含着蒙古民族的很多美德，所以蒙语教学必须在文化内涵上下功夫，避免完全商业化和庸俗化，如果仅仅为了经济发展而追求一些表面现象，那么蒙语学习就失去了本来应该具有的魅力。

九、重建自豪感，唤起“文化自觉”

从前郭县民族教育现状看，人们对民族文化传承的认识不够，对于文化转型、文化再生等传承问题缺少自觉意识，这种现象费孝通先生称之为缺少“文化自觉”。在双语教育中，文化整合和文化冲突同时并存，如果缺少文化自觉，就只能在冲突与碰撞中消失。

蒙古族具有悠久的历史和文化。在古老的草原上，蒙古人面对强敌如林的险恶处境，最终走上人类历史的前台，靠的是智慧和勇敢。蒙古民族崇尚自然，爱恋草原，在长期与大自然相处的过程中养成了豁达、开朗、豪放、直爽的性格，他们完全有资格拥有自己的民族自豪感。笔者在调查中发现，前郭县的一些中老年蒙古族还是比较重视民族源流的，他们怀念、敬仰本民族的英雄人物，把祖先的英勇善战引以为豪，所以要通过民族教育，重建青年一代的民族自豪感，使他们有意识地加强文化转型的自主能力，提升文化自觉。而要建立自豪感，不能仅以服饰、语言等碎片作为民族标志，还要从道德、团结、环保等方面进行挖掘，使人们深刻地体会到蒙古族慎终追远、民德归厚的优良传统。

任何文化都是变迁的，更何况前郭县的蒙古族处在强大的汉文化“包围”之下。如果仅以特色为名，企图保持那种纯之又纯的

① 王利俊．蒙古民族传统美德在社会主义荣辱观教育中的时代意义：中国·内蒙古第三届草原文化研讨会论文集《论草原文化》，2006：368，372.

"文化"，而与外界的交流减少，使其自身文化发展缓慢，跟不上现代化的进程，那么这样的文化始终是一个弱势的文化，不管怎样保护它，最终是会逐渐地消亡的。[①] 事实上，前郭县的蒙古族文化尽管向汉文化趋同，但并不是汉化。蒙古族文化和汉族文化双方都在进行调适，进而形成了渔猎文化、游牧文化、农耕文化相互碰撞、相互渗透、相互交融的郭尔罗斯文化。蒙古族文化为了适应变迁体现出的种种"调适"，从另一方面说明了它顽强的生命力。

双语教育发展面临的一个难题是少数民族语言功能的退化，使得开展双语教育者质疑双语教育在现代社会条件下的功能。事实上，本民族教育的特色，并不是一个固定不变的静止的绝对事物，而是一个具体的历史范畴，其具体内容是在立足于本民族文化的基点上，随着时代和社会的发展而变化、发展、丰富、完善，从而在更高层次上形成新的与其他民族不同的本民族文化教育特点。在保持特点的前提下发展，在发展中保持特色，实现特色和发展的双重本质飞跃。对其他民族文化教育积极因素的借鉴和吸收，是一个民族文化教育进步和发展的条件之一，无论是主体民族，还是少数民族，概莫能外。[②] 前郭县的蒙语教育也是在社会文化变迁进程中，传统与现代的碰撞、冲击的结果，这种碰撞与冲击在今后的教育中还会存在一段时间，进而融合与适应。

民族传统文化的继承、选择和创造，对于建立现代教育体系、促进民族地区的社会经济发展具有重大意义。前郭县县委书记阿汝汉认为，在推动家乡不断发展的诸多因素中，文化的影响是巨大的。双语教育、马头琴教育、舞蹈教育等都大大提高了前郭人的素质。下面就以阿汝汉所作的一首赞美前郭尔罗斯的歌词作为本文的结尾，希望此次笔者根据对前郭县 X 小学蒙语教育的调研，为当地

---

① 袁宇．苗族文化与教育的冲突与协同——宜宾市苗族文化与教育发展状况的调查：[D]．西南师范大学，2004：12.

② 王锡宏．中国少数民族教育本体理论研究．北京：民族出版社，1997. 10：202.

民族教育发展提出的一些不成熟的解决思路，能够为当地建设和谐教育、和谐社会贡献一份力量！

"一个美丽富饶的地方，迷恋着无数宾客醉饮。
草原沃野亲抚着莲花仙子，编织着美好家园山河绣锦。
大地孕育着宝藏喷洒黑金，牧歌伴着你欢唱万马腾奔。
啊！我的家乡前郭尔罗斯，你是我心中永远的母亲……"

参考文献

著作

［1］蔡志纯、洪用斌、王龙耿．蒙古族文化．北京：中国社会科学出版社，1993

［2］戴庆夏、滕星、关辛秋，等．中国少数民族双语教育概论．沈阳：辽宁民族出版社，1997.6

［3］费孝通．中华民族多元一体格局（修订本）．北京：中央民族大学出版社，1999：1

［4］费孝通．费孝通论文化与文化自觉．北京：群言出版社，2005

［5］费孝通．费孝通文集（第十六卷）．北京：群言出版社，2004

［6］冯增俊．教育人类学教程．北京：人民教育出版社，2005.8

［7］高金岭、谢登斌．文化学关照下的教育变革．桂林：广西师范大学出版社，2007

［8］雷学华．民族教育的历史传统．武汉：湖北教育出版社，1998.8

［9］刘加绪主编．前郭尔罗斯简史．沈阳：辽宁民族出版社，2005

［10］马戎．民族社会学导论．北京：北京大学出版社，2005

[11] 内蒙古社科院历史所蒙古族通史编写组．蒙古族通史上卷．北京：民族出版社，2000.8

[12] 苏日嘎拉图．呼伦贝尔民族教育史略（上编）．北京：民族出版社，2001.4

[13] 滕星．文化变迁与双语教育——凉山彝族社区教育人类学的田野工作与文本撰述［M］．北京：教育科学出版社，2001

[14] 王军．文化传承与教育选择——中国少数民族高等教育的人类学透视．北京：民族出版社，2002

[15] 王锡宏．中国少数民族教育本体理论研究．北京：民族出版社，1997.10

[16] 吴康宁．教育社会学．北京：人民教育出版社，1998

[17] 郑金洲．教育文化学．北京：人民教育出版社，2000

[18] 王利俊．蒙古民族传统美德在社会主义荣辱观教育中的时代意义．中国·内蒙古第三届草原文化研讨会论文集《论草原文化》，2006

[19] 翁乃群主编．村落视野下的农村教育：以西南四村为例．北京：社会科学文献出版社，2009.1

[20]《蒙古族大辞典》编委会编．蒙古族大辞典．呼和浩特：内蒙古人民出版社，2004

[21]《查干湖旅游》编委会．查干湖旅游．沈阳：辽宁民族出版社，2005.2

[22]［法］P. 布尔迪厄，J. C. 帕斯隆．再生产——一种教育系统理论的要点（邢克超译）．北京：商务印书馆，2002

期刊论文

[1] 包智明．定量方法在人类学调查研究中的应用．民族研究，2002（5）

[2] 曹志耘．关于濒危汉语方言问题．语言教学与研究，2001（1）

[3] 成尚荣．母语教育与民族文化认同．教育研究，2007（2）

［4］戴庆厦、关辛秋．中国少数民族双语教育的现状及发展趋势．黑龙江民族丛刊（季刊），1998（1）

［5］高慧．试论蒙古民族传统美德对促进幼儿社会性发展的启示．内蒙古师范大学学报（哲学社会科学版）．2006 年，35（6）

［6］梁斐．论全球化事业下的民族文化整合与发展．广西民族学院学报，2003（2）

［7］吕俊彪、周大鸣．实践、权力与文化的多样性阐释——人类学的后现代主义转向反思．广西民族大学学报（哲学社会科学版）．2009 年，31（4）

［8］吕屏、彭家威．产业开发场域下的传统工艺发展———当代社会背景下广西壮族绣球的传承与变迁．艺术百家．2008（3）

［9］马冬玲．作为知识生产的社会学——试论布迪厄的实践社会学及对妇女研究的意义．山西师大学报（社会科学版）．2009 年，36（4）

［10］马戎．新疆民族教育的发展与双语教育的实践．北京大学教育评论，2008，6（2）

［11］滕星．“中华民族多元一体格局”思想与中国少数民族双语教育．民族教育研究．1996（4）

［12］佟斯琴．论蒙古民族文化心理对蒙古族文学的影响．赤峰学院学报（汉文哲学社会科学版）．2009，30（1）

［13］张汝伦．语言和文化传统——《人文精神还是科学主义》读后．读书，1987（11）

［14］周竞红．简论历史上族际关系对蒙古族教育发展的影响．民族教育研究．1999，（3）

［15］肖丽萍、刘应捷．民族语言与市场经济互动探略．中南民族学院学报（哲学社会科学版），1995（2）

学位论文

［1］李丹．拉祜族小学双语教学的困境与对策研究——以云南澜沧拉枯族自治县为个案：［D］．重庆：西南大学，2008 年

［2］刘正发．凉山彝族家支文化传承的教育人类学研究——以云南省宁蒗彝族自治县金古忍石家支为个案：［D］．北京：中央民族大学，2007 年

［3］祁进玉．不同情景中的群体认同意识——基于三个土族社区的人类学对比研究：［D］．北京：中央民族大学，2006 年

［4］饶旭鹏．多民族杂居地区文化变迁研究：［D］．兰州：西北师范大学，2003 年

［5］苏德．多维视野下的双语教学发展观——内蒙古地区蒙古族中小学个案：［D］．北京：中央民族大学，2005 年

［6］孙东方．文化变迁与双语教育演变——东北地区达斡尔族个案研究：［D］．北京：中央民族大学，2005 年

［7］吴灵芝．建国以来中国共产党的民族政策对蒙古族文化变迁的影响：［D］内蒙古：内蒙古师范大学，2005 年

［8］薛晓辉．北方农牧交错带变迁对蒙古族经济文化类型的影响：［D］．北京：中央民族大学，2007 年

［9］杨清媚．在绅士与知识分子之间——费孝通社会思想中的乡土、民族国家与世界：［D］．北京：中央民族大学，2009 年

［10］俞永虎．延边朝鲜族中小学双语教育改革中存在的问题及解决对策：［D］．长春：东北师范大学，2006 年

［11］袁宇．苗族文化与教育的冲突与协同——宜宾市苗族文化与教育发展状况的调查：［D］．西南师范大学，2004 年

［12］张士尊．清代东北移民与社会变迁：1644—1911：［D］．长春：东北师范大学，2003 年

其他

［1］前郭尔罗斯蒙古族自治县志．沈阳：辽宁人民出版社，1993：821

［2］深化改革，强化管理，提高双语教育教学质量．前郭县教育局内部资料，2008 年 7 月

［3］吉林省发展和改革委员会经济研究所．前郭尔罗斯蒙古族

自治县国民经济和社会发展第十一个五年规划纲要（2006年1月17日县第十五届人民代表大会第四次会议讨论通过）［Z］．前郭县教育局内部资料

散杂居回族青少年民族认同的教育人类学分析

——以山东省青州市回族社区为例

贾英仙

绪　论

第一节　研究缘起和选题意义

在中国56个民族中，回族人口数量仅次于汉族、壮族和满族，居第四位。[①] 目前，它是我国散杂居程度最高的少数民族，其分布特点是“大分散，小聚居”。散杂居的分布状况决定了回族文化的传承必然受到所在地区其他民族文化的影响。

在现代社会中，由于回族散杂居地区受到多种文化的交互作用，使得回族传统文化的传承也受到多种文化影响。有研究人员深切地感受到回族的宗教信仰、礼仪规范、风俗习惯、价值观念等传统文化在强势文化影响下逐渐淡化，许多回族成员缺乏民族自豪感

---

① 杨圣敏、丁宏．中国民族志［M］．北京：中央民族大学出版社，2003.6：53.

和民族自尊心。[①] 换言之，当前散杂居地区回族民众的民族认同感在逐渐减弱。

民族认同作为民族意识的一个重要组成部分，是衡量一个民族是否稳定的重要标准，也是民族研究领域的重要课题。有人总结回族的民族意识、宗教信仰、民族风俗习惯等特征由聚居区向散杂居呈现逐渐淡化的趋势。[②] 聚居区的回族，人口数量占据优势，他们大多在地域上自成一个社区单元，往往与其他民族保持一定的距离。即使与其他民族有所接触，在范围和频率上也不广泛、不频繁，因此，聚居区回族的民族传统文化特色较为鲜明，民族意识较为强烈，民族个性较为显著，对民族间的差异问题有着较强的敏感性。散杂居回族则由于与其他民族交错居住，民族间日常交往比较广泛、频繁，民族传统文化已经出现一些融合与变异。由于处于两种不同的社会环境，回族民众在对本民族认同上出现了两种反差明显的态度：有人固守着本民族的宗教信仰、生活习惯，对民族间的差异性、知觉性较强；也有人忽略自己的民族传统文化特色，甚至有的已经消失，自身却没有表现出民族文化的失落感。[③]

在一次到回族散杂居地区的调查中，笔者发现当地的回族青少年普遍处于这样一种境地：一方面，他们在家庭、社区里接触的都是本民族的朋友，学习的是传统民族文化；另一方面在校园里，他们接触的多是汉族的同学，接受的是主体文化教育。正是这一特殊现象引发了笔者对当代散杂居地区少数民族青少年民族认同与民族教育问题的关注与思考。我们知道，青少年的人生观、价值观尚未成型，易受外界影响。如何使得回族传统文化与主体文化在同一个

① 马慧．回族传统文化背景下的回族幼儿教育——以呼和浩特回民区为例［D］．呼和浩特：内蒙古师范大学，2007.

② 汤晓纯．浅论妇女在散杂居回族认同中的作用——以山东省台儿庄区为例．第三届妇女发展与进步国际学术研讨会论文集，2006年12月。

③ 杨晓纯．浅论妇女在散杂居回族认同中的作用——以山东省台儿庄区为例．第三届妇女发展与进步国际学术研讨会论文集，2006年12月。

体身上共存却不相冲突？这些青少年毕业或步入社会之后所处的是现代文化环境，他们又如何在这样的大环境下保持自身民族的特点？诸如此类问题引起了笔者的研究兴趣。

文化人类学家认为：教育是人类社会文化的传承方式。每一个社会或民族都有自己文化传承的内容与方式，文化传承既是某一个社会或民族的群体行为，也是该社会或民族成员的个体行为。文化传承本质上不仅是一个文化过程，而且更是一个教育过程。在当代社会，学校教育是人类文化传承的主渠道，但是文化传承的其他方式，如家庭教育、社区教育等也必须受到应有的关注。

影响民族认同的最重要因素是民族教育。民族教育既是振兴民族经济、实现民族地区现代化的重要途径，也是民族文化传承的必要手段。青少年民族教育事业作为民族基础教育的重要组成部分，其进步与发展是民族教育获得全面发展的重要保证。回族青少年既要接受回族传统文化教育，主要是家庭教育和社区教育，也要接受现代学校教育。三种教育形式如何协调互补，共同承担起传承民族文化、促进民族发展的重任是本文关注的主要问题。

笔者选择散杂居地区回族青少年的民族认同问题作为研究内容，有其现实意义与学术价值。

一、现实意义

随着中国社会转型加速，散杂居少数民族在中国民族工作中的地位日渐突显。首先，散杂居少数民族成为民族关系的互动前沿。国家对散杂居少数民族事务的管理和服务的质量，成为影响中国民族关系与和谐社会建设的关键和主导环节。其次，散杂居少数民族人口有 3000 多万，约占我国少数民族总人口的三分之一。因此，散杂居民族工作，是整个民族工作的重要组成部分。做好散杂居民族工作，有利于保障散杂居少数民族的平等权利、民主权利，有利于散杂居少数民族的发展进步、安定团结，有利于全国各民族的发展进步、共同繁荣，也有利于整个国家的稳定。[①]

近些年来，现代化进程中的散杂居地区民族意识、民族认同受到新思想的影响，不断发生变化，散杂居少数民族发展也出现一些新问题。其表现之一就是部分散杂居地区的民族宗教事件不断增多。[②] 对此，国家应当给予足够的重视。相对于西北等地的“典型回族”地区，[③] 东部“非典型回族”地区[④]的散杂居回族受到的关注较少。随着经济发展和人口流动，势必会出现越来越庞大的城市散杂居少数民族群体，他们也应该得到更多的关注。

青州回族社区作为东部散杂居地区的代表，对其研究有助于对民族问题所呈现的新变化、新情况进行及时的总结和把握；有助于贯彻落实党的民族宗教政策，能够为进一步做好民族工作、构建和谐民族关系、共建和谐社会等方面发挥一定的借鉴作用。民族认同问题研究历来是学术界研究的热点和焦点，因此，研究山东青州回族青少年的民族认同现状及现代化进程中青州回族的文化传承状况，有着十分重要的现实意义。

二、学术价值

学术界对回族的研究由来已久，也已经取得相当的成就。就目前笔者查阅的资料看，以往研究主要集中于回族历史和文化方面，学者们关注较多的是回汉关系、回族文化传承或族群认同等；主要以回族整体民众为研究对象，与回族青少年有关的研究较少。当前

---

① 何宏珉．浅论我国散杂居民族的特点．黑龙江民族丛刊，2000（1）．

② 比如2009年6月广东省韶关市旭日玩具厂的汉、维吾尔民族冲突事件；2004年10月河南省中牟县南城岗爆发的回、汉民族冲突；2000年9月山东省阳信县河流镇辱教事件。

③ “典型回族”地区在本文中指代宁夏回族自治区等西部回族聚居区，这些地区的伊斯兰文化氛围浓厚。

④ “非典型回族”地区在本文中指代东部回族散杂居地区，这些地区的回族文化受其他文化影响明显。

已有部分学者开始关注回族内部的自我认同和族群问题，但是对其认识还是基本建立在西北的“典型回族”概念之上，有关资料多是关于文化变迁、回族社区和回族发展的研究，[①] 而忽视了散居在汉族中的“非典型回族”社区，有关山东回族文化研究的成果更是少之又少。

著名的社会学家、民族学家、人类学家费孝通先生早在 1988 年就提出了“中华民族多元一体格局”的理论。在这一理论的启发下，有学者提出了“多元一体化教育”理论，认为大力发展民族教育，积极传承少数民族优秀传统文化是多民族国家教育发展的必然要求。民族教育的主要方式包括正规的学校教育和民族传统教育。青少年作为接受民族教育的主体，是民族文化传承与发展的主力军。因此，对青少年民族认同的研究对于回族传统文化传承有重要意义。同时，当今社会，以汉族为主体的非伊斯兰民族对回族文化的了解依旧有限，甚至存在一些误解。作为回族的重要组成部分，散杂居回族的文化同样值得我们关注。研究少数民族文化，促进社会和谐也符合我们国家多民族共同发展的题中之义。

青州市是一个多民族聚居的地方，有回、满、蒙古、朝鲜、土家等 34 个少数民族。其中，回族人数最多，历史也相对悠久。山东是回族在东部的主要分布地区，而青州又是山东东部最大的回族聚居区。东部散杂居地区回族的发展既依附于国家和时代的变化，又有自己的民族地域特征。散杂居回族在固守传统文化的同时，也逐渐与主体文化融合，以顺应社会发展的潮流。青州回族在承袭民族传统文化，努力适应现代社会与主体文化的发展过程中，形成了独有的特点。因此，青州市以其回族绝对人口数少，但回族人口比例较高并且分布相对集中等特点，成为“非典型回族”问题研究的

---

① 相关文献包括：冯英《从回族文化看民族文化传统的传承特点》，马平《当代回族社会现代化进程的发展取向》、《群体意识与回族凝聚力》、《中国回族穆斯林的社会网络结构》，马明德《回族民俗文化及回族妇女的传承作用——以西宁城东地区为例》，丁俊《中伊合璧，文脉不绝——回族文化的核心理念探析》等。

绝佳选择地点。本文中，笔者通过对青州回族的相关调查，尝试对影响当代东部散杂居回族青少年民族认同的相关因素进行分析阐释。

第二节 相关概念的界定

一、青少年

在学术界尚未达成关于“青少年”定义的共识。按照公安部门的统计标准，青少年的年龄界限定在13周岁至25周岁之间。本文的调查对象“回族青少年”具体指生活在民族散杂地区、具有回族身份并且正在接受义务教育的一类人群。他们有以下的共同经历：自小接受的是回族传统教育，在家庭、社区接触的都是本民族的亲人、朋友，学习的是回族传统文化；在校园里，他们接触的多是汉族的同学，接受主体社会文化教育。

二、民族认同

认同，最初源于哲学中两事物相同时，“甲等于乙”的同一律公式。后来，美国心理学家埃里克森将“认同”引进心理学，认为认同的实质是对我和他关系的一种界定，适用于任何实体，包括个人和集体。认同本质上属于心理学范畴，人们经常以“认同意识”来表述认同。认同含有“与……一致”、“与……接近”的意思，它与“属性意识”、“自我意识”、“自识”等概念有关。认同产生于社会交往中，具有强烈的主观色彩。认同的媒介通常是地域、语言、风俗习惯、民族文化、职业、身份、国家制度等。

民族认同是指某一民族共同体的成员将自己和他人认同为同一

民族，对这一民族的物质文化和精神文化持亲近态度，是民族意识的集中体现。民族认同有广义和狭义之分。广义的民族认同是指某一主权民族国家的认同，即国民认同。狭义的民族认同是指一国之内的各个民族对各自文化的认同，即族群认同。民族认同具有较强的稳定性，它可能存在于民族成员的一生，一般不随时间和空间的改变而变化。但是社会的发展变迁，可能影响民族认同内容。①

本文涉及的“认同”主要是指狭义的民族认同并特指回族认同。

三、教育

教育作为一种社会现象，不仅是整个人类文化的组成部分，也是传递人类文化的唯一手段。②

在西方国家，教育一词是由拉丁语 Educate 而来，含有“引出”之意，意用引导的方法，使年轻一代身心得到发展。因此，教育学家一般认为，教育是一种培养人的社会活动，并将教育分为广义和狭义两种。广义的教育包括人们获得知识的各种途径，即一切增进人们的知识、技能、身心健康，影响人们的思想意识的活动，包括社会教育、学校教育、家庭教育；狭义的教育专指学校教育，是文化传递的集体行为。

从人类学的角度看，教育是人类社会文化的传承方式，是一个文化传递的过程，也是学习者的文化适应过程。而文化传承既是某一个社会或民族的群体行为，也是该社会或民族的个体行为，某一社会或民族的文化就是通过这种群体或个体的行为而得到代际的传承。因此，文化传承就其本质而言不仅是一个文化过程，更是一个

① 滕星．族群、文化与教育［M］．北京：民族出版社，2002. 10：334－335.
② 滕星．族群、文化与教育［M］．北京：民族出版社，2002. 10：363.

教育过程。[①] 在当代社会，学校教育是人类文化传承的主渠道，是狭义上的教育。除了学校教育外，文化传承还有其他方式，如各种形式的家庭教育、社会教育等。文化人类学家认为，每一个社会或民族都有自己文化传承的内容与方式。

本文涉及的“教育”专指民族教育，其内容包括家庭教育、社区教育和学校教育。

第三节 关于散杂居回族研究的文献概述

前车之鉴，后事之师。要想写出一篇好文章就需要借鉴前人的成果。在本文中，笔者主要参考的是散杂居少数民族、多元文化教育以及回族认同等主题的相关文献。

一、散杂居少数民族

在这一方面进行相关研究的有沈林、李红杰、杨侯第等，他们主要从国家宏观的角度来研究散杂居现象。[②]

我国的少数民族根据其分布特点，分为聚居少数民族和散杂居少数民族。聚居少数民族是指居住在民族自治地方（自治区、自治州、自治县）之内并实行区域自治的少数民族。与此相对应，散杂居少数民族则是指没有实行区域自治的少数民族。它包括两部分，即居住在民族自治地方之外的少数民族和居住在民族自治地方之内

① 哈经雄，滕星．民族教育学通论［M］．北京：教育科学出版社，2001.5：5.

② 这些研究者的主要文论包括：沈林、和佳、王云新．散杂居少数民族统计与分析；沈林、李红杰、金春子、杜宇．散杂居民族工作概论；杨侯第．五十年散杂居民族工作与民族政策；杨侯第．中国散杂居民族工作丛书等。

但没有实行区域自治的少数民族。①

民族散居化既是民族交往的产物，也是与其他民族接触和交往的重要形式，更是这种接触和交往的一个重要途径。随着社会的发展，散杂居少数民族呈现以下趋势和特点：那些原来聚居程度较高的民族呈现逐渐散居的态势，同时那些原来比较散居、甚至包括那些原来散居化程度较高的民族也呈现出继续散居化的态势。②

散杂居少数民族关系具有兼收并蓄和敏感性两大特点。

散杂居少数民族民族关系及文化生活兼收并蓄的特点，使得散杂居少数民族找到了一种适应方式，即散杂居少数民族在保持本民族文化特色和民族认同性的同时，又与其他民族接触并吸收其他民族文化的某些成分，从而更好地适应文化环境的变化。这种兼收并蓄的特点在社会文化生活中主要表现在社会规则和文化规范方面。

同时，散杂居民族关系又具有很强的敏感性。随着各民族的交流日益增多，民族传统文化继承和发展，使得我们的国家成为一个文化大花园。但是，民族间文化交往的频繁也造成文化之间的误解增多，甚至出现文化的轻视、文化歧视。③ 散杂居少数民族无论是在人口数量上还是在社会政治经济文化生活中都处于劣势，是易于受到伤害的“弱势群体”。在与主体民族的交往和互融的过程中，一方面，散杂居少数民族不断调适自己以求生存与发展；另一方面，散杂居民族在主观上又惧怕被“汉化”或者“同化”，在社会活动中极力维护和保存本民族的传统文化。他们往往会将社会生活中的一些“不愉快”、“不尊重”的事件看成是主体民族对其“不

① 沈林、和佳、王云新．散杂居少数民族统计与分析［M］．北京：民族出版社，2003.6：4.

② 沈林、李红杰、金春子、杜宇．散杂居民族工作概论［M］．北京：民族出版社，2001.3：18.

③ 沈林、李红杰、金春子、杜宇．散杂居民族工作概论［M］．北京：民族出版社，2001.3：194.

尊重”、“同化”和“伤害”。[①] 因此，应认真对待散杂居民族工作，这项工作的较好开展将有利于保障散杂居少数民族的平等权利和民主权利，促进全国各民族的发展进步、共同繁荣，维护散杂居民族地区的安定团结，最终将有利于整个国家的团结与稳定。

二、多元文化教育

我国少数民族教育的历史源远流长，但直至20世纪80年代后期，才形成一门系统的学科。目前，有关民族教育的专著和期刊已层出不穷，较有影响的是孙若穷的《中国少数民族教育学概论》[②]，哈经雄、滕星的《民族教育学通论》[③]，滕星的《教育人类学研究丛书》[④]、《族群、文化与教育》[⑤] 以及《文化变迁与双语教育——凉山彝族社区教育人类学的田野工作与文本撰述》[⑥]，王鉴、万明钢的《多元文化与比较研究》[⑦] 等。这些民族教育学专著代表了一批民族教育学的科研成果，深入探讨了民族教育的基本概念、特殊规律、研究任务和研究方法等基本问题，建构了我国少数民族教育的理论体系。其他在民族教育理论和多元文化教育方面进行相关探讨的还有苏红、刘丽丽等。[⑧]

这些学者的共同观点是多元文化教育的对象不仅包括少数民族

---

① 沈林、李红杰、金春子、杜宇．散杂居民族工作概论［M］．北京：民族出版社，2001. 3：93.

② 孙若穷．中国少数民族教育学概论．北京：中国劳动出版社［M］，1990. 10.

③ 哈经雄、滕星．民族教育学通论．北京：教育科学出版社［M］，2001. 5.

④ 滕星．教育人类学研究丛书［M］．北京：民族出版社，2009.

⑤ 滕星．族群、文化与教育［M］．北京：民族出版社，2002. 10.

⑥ 滕星．文化变迁与双语教育——凉山彝族社区教育人类学的田野工作与文本撰述［M］．北京：教育科学出版社，2001. 1.

⑦ 王鉴、万明钢．多元文化教育比较研究［M］．民族出版社，2006. 5.

⑧ 这些学者的主要文论包括滕星、苏红．多元文化社会与多元一体化教育；万明钢．论多元文化教育的发展与面临的困境；刘丽丽．多元文化背景下的我国民族教育。

成员，而且也包括汉族成员。少数民族教育与主体民族教育被共同纳入国家民族教育的整体范围中，少数民族不但要学习本民族传统优秀文化，也要学习主体民族文化和其他少数民族文化，以求得个人最大限度的发展；主体民族的民族成员除了学习本民族文化外，还要适当了解和学习各少数民族的传统优秀文化，增强民族大家庭意识。不同的民族文化都存在着民族的差异性。如果个体仅仅从自己单一的民族与文化去观察、认识和参与世界，他便不能充分地认识与观察自己的民族文化。只有通过其他民族或民族文化的视野来认识本民族的文化和行为时，他才能全面而深刻地理解本民族的文化。① 不同的民族文化都存在着民族的差异性。多元文化教育理念使得多元文化并存、各民族平等发展成为现实可能。②

王鉴、万明钢提出多元文化创造性地共存的观点，以消解文化相对主义与文化同化主义的不足。所谓多元文化创造性共存是指多种文化群体积极的和动态的共存，使不同文化群体以一种既能再生产其文化特征，又能与时俱进的方式组织起来，从而形成“立足本民族、面向民族——国家、放眼全球多元文化”的分层认同模式。③

三、回族认同

对回族认同问题进行相关研究的学者包括马宗保、周雪峰、马平、马佳、马慧、杨晓纯、马珊等。④

---

① 滕星、苏红．多元文化社会与多元一体化教育［J］．民族教育研究，1997（1）．

② 刘丽丽．多元文化背景下的我国民族教育［J］．理论前沿，2007（9）．

③ 王鉴、万明钢．多元文化与民族认同［J］．广西民族研究，2004（2）．

④ 这些学者的主要文论包括：马宗保．多元一体格局中的回汉民族关系；马珊．中国腹地杂居回族的民族认同——亳州谯城区回族社区的个案调查；马慧．回族传统文化背景下的回族幼儿教育——以呼和浩特回民区为例。

在现代社会中，由于多种文化的交错影响，回族传统文化的传承处于令人担忧的境地。回族成员可以深切感受到回族的宗教信仰、礼仪规范、风俗习惯和价值观念等传统文化在强势文化影响下逐渐淡化。许多回族成员因缺乏民族自豪感和民族自尊心而处于迷茫境地。当然，造成这种现象有回族成员所处环境的原因，也有其自身原因，但又从侧面反映了回族传统文化教育的不足。①

这些学者普遍认为，回族的当务之急是加快发展本民族特色鲜明的民族经济、民族文化、民族教育，这样才能跟上时代前进的步伐，才能永远立于世界民族强盛之林。回族还要发扬自身的优秀传统，克服自身的诸多弱点，同时更要以豁达的、开放的心态对待其他民族，与之相适应，更要以豁达的、开放的心态对待发展的社会。民族意识的增强反映了一个民族思想的发展。正确的民族意识，可以成为民族发展、进步的动力，有利于民族交往和民族团结，形成强大的民族凝聚力。回族需要两个民族凝聚力：一个良好的民族内部凝聚力和一个良好的民族外部凝聚力。换言之，回族的存在与发展离不开与其他民族的友好相处。同时，社会也应当给予回族的现代化发展一个宽松的社会环境。尤其在回族现代化过程中，应当给其充分思索的时间，以选择适合他们的可持续发展道路。

青州作为山东东部最大的回族聚居区，在回族研究方面也出现一些成果。青州市政协文史委员会编的《青州回族》一书，2003年由中央民族大学出版社出版。该书包括了青州回族概况、革命斗争、经济、文化教育、宗教信仰、历史和现代知名人士等内容，力图从不同的方面反映青州回族同胞在不同历史时期铸就的伟大成绩，同时起到存史鉴今、激励后人的作用。赵潜主编的《青州回族溯源》，2004 年由重庆出版社出版。该书围绕回族族源及民风民

① 马慧．回族传统文化背景下的回族幼儿教育——以呼和浩特回民区为例［D］．呼和浩特：内蒙古师范大学，2007. 6.

俗、文化教育、名人轶事等加以细致考察与论述，是族源考察、古籍搜集与民俗整理的重要成果，对青州回族认同的历史研究具有较大参考价值。

第四节　相关的人类学理论和研究方法

本文在对散杂居少数民族地区回族青少年的民族认同进行人类学分析的过程中，主要涉及下述理论：

一、族群认同理论

20 世纪 90 年代“族群”一词传入中国学术界。“族群”一词是英文 ethnic group 的汉语翻译。这一概念是西方人类学研究社会实体的一种范畴分类法。潘蛟认为：族群是人们在交往互动和参照对比过程中自认为和被认为具有共同起源或世系，从而具有某些共同文化特征的人群范畴。① 文化常常被当作是族群的区分标志，但是人们只是挑选那些能够反映其世系或族源的文化特征作为区分族群的文化标志，对于那些不能反映其族源共同文化的特征往往视而不见。族群认同是人们在交往互动和参照对比的过程中构建的一种关系，族群范畴会跟随与它交往互动和参照对比的对象的变换而伸缩。②

在概念上，族群与民族有一定区别。民族不仅是一种人群范畴，而且还是一种社会共同体。它一般是指那些具有自治要求，已被政治疆界化或正在追求政治疆界化的族群。③ 在本文中，笔者试

---

① 潘蛟．勃罗姆列伊的民族分类及其关联的问题［J］．民族研究，1995（4）．
② 庄孔韶．人类学通论［M］．太原：山西教育出版社，2003. 1：339.
③ 庄孔韶．人类学通论［M］．太原：山西教育出版社，2003. 1：340.

图通过人类学的族群理论解释回族青少年的民族认同观念。

巴特在《族群与边界》一文中指出：族别并不是由于缺乏流动、接触和了解造成的。相反，族界正是人们在互动和交往中引发出来的，是一个排斥和包容的社会过程，而族群也正是在这个社会过程中得以维持的。[①] 笔者认同这一观点，也认为族群认同是在与其他非本族人交往的过程中由于对比而出现的一种意识。如果没有文化比较，就无法发现自身特有的民族性与文化特点。许多回族同学在家乡的时候，未发觉自己的回族身份有什么特别之处，而到了家乡之外的大城市或异地环境，在与其他民族接触之后才有了民族意识和回族认同意识。由此，民族意识和认同并不是由于民族之间的隔离造成的，而是在不同民族的交往互动中生成的。

二、布尔迪厄的文化资本理论

布尔迪厄认为社会结构是再生产的。社会结构有一种复原自身的机制，通过再生产，社会成员实现了社会地位的家庭内代际传递。在布尔迪厄看来，社会再生产有两种形式：一是经济资本的再生产，即私人财产以继承遗产的方式在家庭内部从上一代传给下一代，这是一种直接再生产。二是文化资本的再生产，这种不是资本到资本的直接传递，而是在其中加入了媒介，即学校教育。教育使不同等级的后代获得了进入不同等级的机会和凭证，布尔迪厄称之为间接再生产。文化资本的再生产其实是一种社会化的结果，通过社会化，不同家庭背景的子女，继承他们父辈的文化资本，从而使社会成员之间的差异代际传递。文化资本的再生产有两个关键的阶段：其一是早期社会化，主要依靠学前的家庭教育，这里面既有父母对子女的有意识的传导，也有子女对父母的无意识的效仿，这是

① ［挪］巴特．族群与边界［J］．广西民族学院学报（哲学社会科学版），1999（1）．

一种潜移默化的教育，如果子女获得了上辈人的“惯习”（habitus），可以说基本上实现了这一阶段的文化资本再生产的目的。其二是学校教育，这也是布尔迪厄的学术旨趣所在，他在《国家精英：名牌高校的集体荣誉感》一书中指出，学校是今日“支配和支配合法化的基础之一”，因此必须把教育社会学理解为知识社会学和权力社会学的一部分，而且不是次要的部分。①

民族文化代际之间的传承实质是一种文化再生产，各民族如此，回族亦不例外。散杂居回族青少年接受民族传统知识的主要途径是家庭教育与社区教育。他们在生活早期中接受父母、亲人、邻里的回族文化教导，入学之后接受主体文化教育。因此，他们是多元文化的传承者。

三、基本人格理论

文化与人格学派的基本观点是文化塑造了各民族的基本人格，基本人格又决定了民族文化的命运，各民族文化的差异正是由基本人格的差异造成的。该学派主要代表卡迪纳主张文化因素对于个人的心理发展起着主要作用，特别是生命的头几年，对于个人人格的形成是极为关键的时期。儿童的养育方式和其他训练都深深地影响着儿童，给他的个性留下终生烙印。

由于文化因素是导致民族差异的主要原因，因此，教育在少数民族儿童人格的发展过程中发挥着相当重要的作用。从受教育者个体角度而言，每一个人深受其所处的社会文化环境影响，尤其受该社会文化环境中的教育模式的影响。这也说明文化对教育的影响主要体现在教育思想和价值观念上。通常而言，一个民族或一个社会的教育思想和教育价值观念，其实都是其传统文化观念在教育领域

---

① 李全生．布尔迪厄的文化资本理论［J］．东方论坛，2003（1）．

的体现。[①] 回族青少年自小接受回族传统教育，这种教育所传递的认知模式与价值取向已经深刻影响他们的思想。所以，即使他们曾经接受过主体文化的教育，在成年以后的社会交往中，主要表现出的还是符合回族文化的人生观、价值观。来自同一教育环境中的个体除了个性方面的差异外，往往表现出因同一教育环境而产生的同质特点。这使得接受同一教育模式的个体相遇时容易产生交流上的共鸣。[②] 这也是回族民众比较团结的原因之一。

四、多元一体化教育理论

教育人类学（Educational Anthropology）是应用人类学的概念、原理和方法来研究教育的一门介于教育学与人类学之间的新兴边缘学科。它是用人类学特别是文化人类学和哲学人类学的概念、理论、观点和方法，描述、解释教育现象的应用性学科，旨在揭示教育、人与社会文化三者之间的相互影响和作用。

滕星教授通过多年对国内外民族教育理论和多元文化教育理论的潜心研究与分析，认为在一个多民族国家应实施“多元一体化教育”，并据此提出了“多元一体化教育”的理论构想。该理论构想形成的依据是：在一个多民族国家中，无论是主体民族还是少数民族，都有其独特的传统文化。在人类漫长的历史发展过程中，由于各民族自我文化传递和各民族间文化的相互交流，各民族在文化上形成了“你中有我”、“我中有你”的特点。不仅主体民族文化吸收了各少数民族文化，而且各少数民族文化也打上了主体民族文化的烙印，形成了在一个多民族国家大家庭中，多种民族文化并存并共同组成代表某一多民族国家的“共同文化群体”，即形成如费孝

① 王军．教育民族学［M］．北京：中央民族大学出版社，2007.6：29.
② 王军．教育民族学［M］．北京：中央民族大学出版社，2007.6：29.

通教授所说的文化上的“多元一体格局”。①

在多元文化教育理念下，少数民族教育与主体民族教育被共同纳入国家民族教育的整体范围中，又由于不同的民族文化之间存在差异性，因此，要实现各民族之间的相互了解，不仅少数民族学生要学习和掌握主体民族的文化知识，而且主体民族学生也要学习和掌握少数民族的文化知识，从而使多元文化并存、各民族平等发展成为现实可能。② 现在仍有一部分回族民众对其他民族文化持保守态度，这不利于自身的发展。笔者认为，回族文化应该持一种开放的心态，主动学习他者文化，借鉴他者优秀的成果。俗话说“他山之石，可以攻玉”，善于学习是提升自身的捷径，对人如此，对一个民族亦然。

五、主要研究方法

在文章中，笔者主要使用了描述性研究与解释性研究相结合、抽样调查和个案研究、典型调查相结合的田野调查方法。

1. 访谈法

在调查初期，笔者使用问卷收集数据的同时也兼做访谈，在回族小学、初中共访谈回族家长20位。经过深入分析，笔者发掘出一些有价值的对象，对其进行深入访谈。如为了让本研究更加深入细致，笔者根据研究内容和调查进度，选取不同身份、不同年龄、不同职业和背景的人群进行深入访谈，包括在校青少年、教师、商人、教育部门负责人、宗教人士等，以期得到更全面、丰富的资料和信息。

---

① 哈经雄、滕星．民族教育学通论［M］．北京：教育科学出版社，2001.5：580－581.

② 刘丽丽．多元文化背景下的我国民族教育［J］．理论前沿，2007（9）．

2. 文献法

在实际调查的同时，笔者也注重文献的搜集、整理，尤其是当地政府或统计部门的未公布的资料。关于民族认同这一专题，前人已做过大量的研究，但研究角度都不尽相同。因此，笔者首先大量搜集并阅读各类相关材料和研究成果，包括图书文献、电子文献和统计资料，以此作为调查研究的基础和依据，同时也可以从前人的研究中得到一定的启示。

3. 参与观察法

参与观察法是做实地调查研究的基本方法。笔者深入回族家庭、清真寺、学校，尽可能参与到观察对象中去，做近距离考察，尽量得到更多第一手资料，以便更为准确地进行分析和研究。

4. 问卷分析法

从整体上了解回族青少年的家长在教育青少年时持有的教育观念和教育内容与回族传统文化传承之间的关系，从而描述出回族青少年家庭教育中传统文化传承现状。笔者从青州市回族小学、中学中各选择一个班级，向100名回族学生发放问卷。最后通过问卷结果分析青少年对民族知识的了解与民族认同状况。

第一章　走进青州回族社区

回族的分布特点是“大分散，小集中”。全国绝大多数县市都有回族分布。在中国东部沿海各省市中，山东回族人口首屈一指，回族人口仅占山东总人口的0.6%，但却占了山东省所有少数民族总人口的90%以上。

青州地处山东半岛腹心地带。作为中国古九州之一，青州有着悠久的历史和文化，自古为中国北方的名城重镇。青州市也是山东省少数民族聚居人口较多的城市，除汉族外，还居住着回、满、蒙古、朝鲜等34个少数民族，是我国东部沿海地区较为典型的民族散杂居地区。全市总面积为1569平方公里，辖17个镇、1个回族乡，总人口约90万人，其中少数民族人口为2.57万人，约占全市人口的2.85%。[①] 其中，回族人口最多，占少数民族总人数的85%以上。

青州市是山东省东部回族人口最多的县市。据2008年青州市民族宗教局调查数据显示，回族22119人，姓氏20多个。青州回族人口分布相对集中。回族民众遵照“聚寺而居”的民族传统习俗，以城里清真寺、东关清真寺、云河清真寺、坡子清真寺、草庙清真寺等五个清真寺为中心，主要居住在王府、昭德、益都、云门山等地区。

王府街道办事处地处城区中心，是青州市委、市政府所在地。总面积15.3平方公里，辖22个社区居委会，总人口6.9万人，其中回族4000余人，占该办事处人口总数的5.7%，主要分布在东升、工农、民主、刘家、东门等5个社区居委会，聚居在城区中心的东门大街、参府街、南营街、偶园街及城西的刘家社区等地，主要有赵、丁、刘、杨、马、张、法、沙等大姓。昭德街道办事处位于青州市城区东南部，面积12.5平方公里，辖25个社区，5164户，人口5.3万人，耕地面积1348亩，其中回族人口1.5万人。昭德街道办事处是青州回族主要聚居地，回族占该社区人口总数的25%以上，主要分布在昭德、南营、后坡、夏钦园、东关、徐桥、海岱等九个社区居委会，聚居于昭德街、夏钦园街、东后坡街、粮食市街、徐侨街、北阁街和青龙街等地，主要有丁、马、赵、脱、沙、刘、杨、张、查、李等十几个大姓。益都街道办事处位于城区北部，面积14.5平方公里，人口50990人，其中满族2600余人，回族300余人，下辖18个社区居委会。该处的回族主要集中在草庙社区，现有106户，人口317人，约占全社区总人口的30%。云门山街道办事处位于青州市区南部，总面积37.1平方公里，辖30个行政村，1.9万人，其中，民族村9个，回族群众2800人，占全

① 青州市民族宗教局．青州市民族工作调研报告．2008年10月．

乡人口总数的14.7%。

1988年、1994年、1999年、2005年，青州市四次被国务院授予"全国民族团结进步模范集体"的荣誉称号（山东省获此殊荣的仅此一家）。在长期的相处和交往中，青州回族与汉族及其他少数民族在文化上相互交流、相互吸收、融洽相处，共同创造着青州的繁荣与文明。

第一节　青州回族溯源

回族聚居青州至今已有700余年，最早来青州的穆斯林可以追溯到唐朝。那时，青州地区非常繁华，许多阿拉伯人、波斯人、大食人通过陆地和海上的"丝绸之路"，来青州开展贸易活动，被称为"蕃客"。唐朝设置有"青州押两蕃使司"，专门管理蕃客事务，但那时的蕃客流动性较大，在青州定居的不多。

自元朝开始，青州才形成稳定的回族聚居地，这一点可以从青州东关真教寺的碑文记载得以印证："青州回回礼拜寺自大元大德六年（1302）元朝伯颜后裔所立"。在蒙古对金、宋的征伐中，有众多的色目人参加。色目人主要由西域地区的少数民族组成，大多信奉伊斯兰教。因为青州是山东军政重镇、贸易通衢和交通枢纽，故元朝派军队在此驻扎，随官兵驻扎的还有穆斯林官员及其眷属。从此，青州成为回族民众定居的场所。

从历史资料记载看，青州回族的来源主要有以下几部分：

一是众多的穆斯林官员及其眷属徙居青州。元朝，实施种族歧视政策，分为四等人：蒙古人第一，色目人次之，汉人第三，南人第四。地方最高长官"达鲁花赤"由蒙古人担任，后来也允许色目人担任。1261年，忽必烈下诏，明确规定"各路以蒙古人充达鲁花赤，汉人充总管，回回人充同知，永为定制。”① 作为元朝重镇的益都路，政府机构和官员队伍中拥有大量的回回、畏吾儿等穆斯林官员，如曾任益都路行省大都督的撒吉思、山东宣慰使的岳林铁穆尔、益都路总管的谙都拉等均为穆斯林。这些官员大都带有家眷、奴婢和仆从，从而成为青州回族的重要族源。

二是军队屯田青州，回回兵随地入社，定居繁衍。蒙古征服金、宋过程中，有许多阿拉伯人、波斯人参加。这些信奉伊斯兰教的将士组成强悍的“探马赤军”，在统一战争中，发挥了重要作用。屯驻青州的就是元朝名将阔阔不花率领的最精锐的探马赤军五部。战争结束后，忽必烈下令，“探马赤军随地入社与编民等”。② 大批信奉伊斯兰教的回回兵士与当地其他民族通婚、定居，并保持穆斯林的生活习俗。1282 年，元朝将探马赤军中的战斗英雄、伤残者和无编制的勇士一并集中到益都，官府负责建房立村，拨给土地，发放耕牛农具，永久定居，共有 347 户，1000 余人。同时，元朝还设立益都牧场，牧马人多为钦察汗国的穆斯林。穆斯林军士屯驻青州，繁衍生息，成为青州回族的又一来源。

三是元朝灭亡后，“都人南迁”，许多回回官员及其眷属迁徙青州。1368 年，朱元璋建立明朝，攻占元大都（今北京），蒙古人退回漠北。明王朝担心滞留大都的色目人策应接济蒙古人，下令“北人南迁”，把包括回回人在内的许多色目人迁徙到山东居住，如青州回族中的赵、杨、马等姓，均为北京迁居青州。赵姓、杨姓回族是元朝咸阳王赛典赤·瞻思丁的后裔。赛典赤·瞻思丁及其先祖可麻拉丁是伊斯兰先知穆罕默德圣裔。成吉思汗西征时，以币帛聘请可麻拉丁来到中国，封为云中郡公。赛典赤·瞻思丁封咸阳王，其子那苏剌丁封为延安王，那速剌丁长子伯颜官至中书平章政事（丞

① 元史·世祖．转引自赵潜．青州回族溯源［M］．重庆：重庆出版社，2004. 12：6.

② 元史·世祖．转引自赵潜．青州回族溯源［M］．重庆：重庆出版社，2004. 12：9.

相），青州赵氏是其后裔；那速剌丁第九子，是青州杨姓回族的先祖。

四是明朝开国有功的回回将领及其族人因受封赏徙居青州。朱元璋的开国功臣有许多是回族人，如名将常遇春、胡大海、丁德兴、沐英、蓝玉等。青州丁姓回族是丁德兴的后裔，查姓回族的始祖查胜是常遇春部下的战将。

此外，有些青州汉族群众改信伊斯兰教而加入回族。也有许多汉族与回族通婚联姻，为尊重回族的生活习俗，而加入回族。①

第二节　青州回族的文化特点

民族文化的保持需要一个聚居的环境。山东的藏族与高原的藏族、山东的蒙古族与草原的蒙古族除了族称相同之外已经没有太多相似性，因为他们已经远离了藏族和蒙古族的“文化聚居区”。而山东的回族与宁夏、甘南的回族相比，回族文化传统的保持毫不逊色。齐鲁大地，以儒家文化为代表的主体文化影响强大，但是青州回族依旧保持着自己独特的民族文化，沿袭着千百年来由伊斯兰教规演变而来的回族传统习俗及其宗教生活。青州回族保持自己文化特色主要表现在“聚寺而居”的居住格局和伊斯兰文化系统保存相对完整两方面。

一、“聚寺而居”的居住格局

民族关系总是以特定的人文地理环境为基础，民族居住格局作为民族间社会交往的客观条件，反过来又会影响民族关系。一个特定区域（如某一省级行政区）内的民族构成（不论是单一民族还

① 赵潜．青州回族溯源［M］．重庆：重庆出版社，2004.12：5－30.

是多民族)、人口比例及各民族居住空间的组合状况(是相对隔离居住还是明显交错居住),可反映民族凝聚程度、民族间交流合作的空间条件和相应的发展动力。① 在民族关系的社会学框架中,民族居住格局不仅被视为研究和评估民族关系的重要变量,而且它本身也是民族关系的基本内容。

元朝时,回族先民们即定居于青州,代代繁衍生息,至今已形成稳定的居住区域。这些稳定的居住区域,并不是孤立地生活在同一地理环境中,而是以一个或几个村子,一条或几条街道为共同的居住区域,在这一区域中必定有一个或几个清真寺。有了共同的居住区域,才有可能形成以清真寺为核心的社区文化。

青州的回族历经几个世纪,人口的分布情况没有脱离其历史传统,仍然呈现“大分散,小聚居”的格局。青州回族社区现在主要有五个清真寺,包括城里清真寺、东关清真寺、云河清真寺、坡子清真寺、草庙清真寺。在王府、昭德、益都的草庙社区、云门山办事处等各有大大小小的清真寺。其中,比较典型的是城里清真寺和东关清真寺。以这些清真寺为中心,回族主要集中在城区的南营、参府、卫里、东门、夏钦园、昭德、后坡、粮食等街道;郊区主要在云峡河、郭家桥、坡子、西十里、黄峪、夏庄等村。

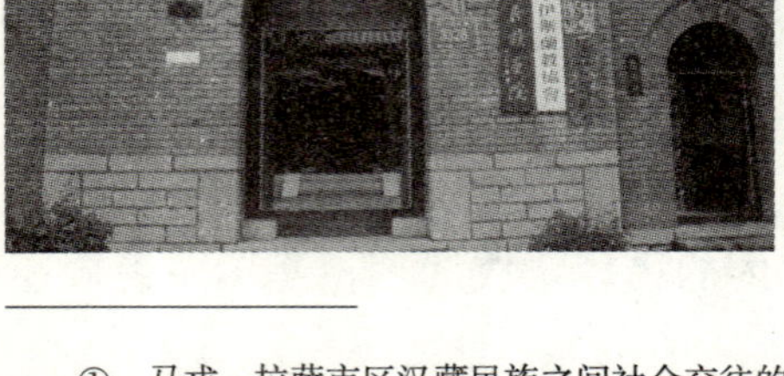

城里清真寺(如下图所示②),始建于明朝,因其位于青州旧城内,所以被称为“城里清真寺”。明嘉靖二十五年(1546 年),青州地区热心伊斯兰教的一批乡老募集资金,购置陶家巷陶姓宅基地,在其旧址基础之上扩建

① 马戎.拉萨市区汉藏民族之间社会交往的条件[J].社会学研究,1990(3).

② 笔者 2009 年 5 月拍摄于青州回族社区.

而成，其大门建在南营街中段路东。寺东侧为荒僻之城墙根，人烟稀少，故当时仅有西门。西大门木质结构，高阔六七米。正中悬挂的“清真教堂”匾额系抗战前青岛市长马祥福题写。清康熙四十九年（1710），为符合一般清真寺大门向东的特点，又在寺东正式建大门楼和仪门及影壁。大门楼高十余米，气势恢弘，正中上方有当时青州知府关中张连登题写之“清真寺”横额石匾。寺内原有瓦房52间，草房17间，建筑面积1467.43平方米，历史上历经数次修缮，饱经磨难。改革开放后，在政府相关政策落实下，清真寺的规模才稳定下来。① 现在，城里清真寺总体面积5035.7平方米，已成为青州市重点文物保护单位。

东关真教寺（如右图所示②）落成的年代要早于城里清真寺。根据寺内二门墙壁上的碑记记载：“清真回回礼拜寺自大元大德六年（1302年）元朝伯颜后裔所立”。据说青州回族被朱元璋称为“真正的回族”，并亲书“真教寺”三字赐予青州东关清真寺。因此，有学者将青州真教寺、定州真教寺、杭州真教寺并称为三大真教寺。真教寺建成以来屡次遭受破坏。东关真教寺占地面积6000多平方米，主体建筑有大门、二门、礼拜殿、望月楼等。真教寺现在已经成为潍坊地区乃至整个山东地区伊斯兰教的重要活动中心。③

聚寺而居，一方面使得回族与其他民族保持了一定的空间界限，成功地为穆斯林群体提供了无形而又坚实的文化屏障；另一方

① 赵潜．青州回族溯源［M］．重庆：重庆出版社，2004.：111.

② 笔者2009年5月拍摄于青州回族社区．

③ 赵潜．青州回族溯源［M］．重庆：重庆出版社，2004：117.

面也为回族文化形成一个相对稳定的覆盖范围。回族人所传承的以伊斯兰教信仰为内核的传统文化，是内地回族日常生活的精神纽带，“聚寺而居”的格局则保证了回族传统文化传承的地理空间。

二、伊斯兰文化系统保存相对完整

青州回族社区的伊斯兰文化系统保存相对完整，主要体现在回族民众的风俗习惯各方面，如衣、食、住、行、婚姻、宗教信仰、思想观念、民族教育等方面。[①] 服饰、清真标志等都是回族的典型符号，这些象征符号是意义浓缩了的表达方式，是增强回族认同的“神圣符号”。

在服饰习俗上，部分老年妇女，在平时头戴盖头，展现出民族特色（如下图所示[②]）。多数回族人只是在重要的民族节日和重大的宗教活动仪式时，按一定的服饰规定，头戴盖头或回回帽，身穿节日盛装。回族人通过这一区别来增强民族认同感，并显示与周围

其他民族的不同。在葬礼、走坟等重大场合，回族尤为重视自己的民族装扮。服装虽然简单，但却是集体与社会记忆、民族意识与认同的重要载体。服装也是一种“语言”，可以包含很多社会内容，回族的民族传统服饰负载着浓厚的宗教意义。在散杂居地区，这种传统的宗教意义更多地转化成了生活中的一种认同。

---

① 马佳. 山东青州回族文化变迁研究［D］. 西北民族大学，2008.

② 笔者2009年5月拍摄于青州回族社区.

在饮食习俗上，青州回族主食以面食为主。回族人的饮食讲究科学和卫生，色、香、味三者俱佳。面食业是回族的强项，仅加工饼的品种就有几十种，如单饼、麻汁油饼、旋饼、芝麻锅饼、葱花饼、糖饼、蒸饼、油酥火烧、发面饼、烧饼、牛肉馅饼等，清香可口；另有拉面、刀切面、江米糕、刀切糕、炸糖糕、粽子，等等，老少咸宜。回族肉食以牛羊肉为主，并在加工、制作、吃法上有独到的技术。油香是回族和其他信仰伊斯兰教的少数民族传统的、特有的食品，每逢伊斯兰教的重大节日，过世亲人的“冥记”、周年，结婚生子之日，都做油香分赠亲友。回族饮食禁忌主要有：禁食猪肉、自死物、血液、非念诵真主之名的牲禽。

在居住习俗上，青州回族的基本建筑特色同当地汉族无异，不论是瓦房小院、复式两层楼，还是楼房，虽然回族家庭的摆设都和汉族没什么两样，但是每家每户的住房大门上都有清真言的标志“都哇”（一般是圣训或者古兰经格言）。有的是贴上去的，有的是瓷砖拼成的，有的是专门去买的木质或铁质的“都哇”，挂在大门或者窗户的上面。还有的是中阿结合，写着“奉普慈特慈真主之尊

名”（如上图所示①）。青州回族有爱好绘画、书法的优良传统，所以很多家庭中都用国画或者装裱好的书法做装饰品。

在语言上，青州回族地处深受儒家文化浸染的山东地区，语言中不仅包含有汉语、阿拉伯语、波斯语的成分，而且还杂糅了汉语、阿拉伯语、波斯语而形成的独特词汇。回族在日常生活中会借用少量的波斯语或阿拉伯语词汇。这些词汇一般都是宗教用语，有的是日常用语，也有的是回族民众为了区分汉语自己创造的一些方言。

伊斯兰教学者、宗教人士在宣讲、传授伊斯兰教义的过程中，将大量的阿拉伯语、波斯语引入本民族语中，从而成为回族的常用语，这些主要是阿拉伯语、波斯语的音译。这些词语不仅是宗教词汇，而且还有经济、文化、生活等各方面的词语。这些外来词语已成为回族所操汉语中的组成部分，如：乜贴（心意），多斯提（朋友）、满拉（清真寺念经的学生）、色俩目（问候），等等，这样的词语还有很多。由于受到伊斯兰教的影响，回族创造了一些供回族人使用的专用词，从而反映了回族人特有的风俗文化。如“汤瓶”和“吊桶（罐）”等，还有“口唤”、“无常”等词也只有回族专用。这些语言词汇带有明显的民族特征和地域特征，蕴涵着特殊的民族文化。这些语言由于回族民众长期使用而被公认，即所谓的“回回话”。“回回话”是回族使用却不同于汉语的惯用语，不仅在民族内部交流起来使人感到亲切、方便，而且加强了民族认同心理和内聚力。在人们日常用语大部分是汉语的情况下，展示这有限的“回回话”成为保持民族认同的一种手段。

在人生礼仪上，回族民众取经名、结婚、丧葬等各方面无不体现穆斯林民族的传统特征。

青州回族有取经名的习俗。与伊斯兰教密切相关的经名，同样反映积淀于其中的民族心理，也是区别于汉族人姓名的独特之处。

---

① 笔者 2009 年 5 月拍摄于青州回族社区.

孩子出生的第一天，家长就邀请阿訇在孩子耳边给孩子做“嘟瓦尔”（念清真言），起经名（多取伊斯兰教发展史上流芳后世之人，故回族男性经名以穆罕默德、阿丹、努哈、尤素夫、哈赛、易卜拉欣等居多，女性多取阿依沙、法图麦、索非亚等），这可看作回族儿童来到人世间所接受的启蒙教育的第一课。如此，孩子从出生的那一刻起，就已经步入了由回族文化所设定的“社会化”的过程。在这个过程中，他（她）们将被“濡化”（Enculturate）① 成为其社会所要求的合格的社会角色。

回族的婚姻是入世的、现实的，传统的规定双方须都是回族。回族年轻人的婚姻要经过“相亲”、“订亲”、“下礼”、“结婚”四部曲。结婚程序方面，现在很多年轻人结婚逐渐取消了部分宗教仪式，只保留了阿訇写“依扎布”（结婚证明）的习惯。在宴请亲友时也不禁酒，一般都说去喝“喜酒”。青州回族的民间婚俗仪式，在婚姻条件、仪式和禁忌上基本与伊斯兰教教法中对婚姻的要求是一致的。伴随着回汉通婚及族内婚的同时存在，回族的婚礼兼有伊斯兰教和汉族文化的特色。婚礼的隆重、神圣在二者相辅相成中体现。

回族穆斯林提倡“厚养薄葬”。父母在世时应好好奉养，生活上关心体贴，精神上孝敬安慰，使其安度晚年。当父母去世后主张速葬、薄葬、土葬，做到入土为安，节俭办丧事。青州回族的丧葬方式承袭了伊斯兰教的土葬法，丧事一般两天，最多不超过三天。如遇三天的情况也是中午十二点前发丧。提倡速葬、快葬，最好是早亡午葬，晚亡晨葬，早使亡人入土为安。

回族的宗教节日和纪念日很多，青州回族穆斯林庆祝的主要节日有：圣纪节、盖德尔夜、开斋节、宰牲节。

封斋在“文化大革命”以前是比较普遍的宗教活动，从小孩到

---

① 濡化，表示在特定文化中个体或群体继承和延续传统的过程，即文化的习得与传承。此概念最早由美国文化人类学家赫斯科维茨（Melville J · Herskovits）提出。

老人都在斋月里封斋。目前斋月里封斋的人数非常少，而且大部分是老人。现在青州回族民众平时宗教活动不多，但也保留了一些，例如在重大节日或宗教活动时，在清真寺随“乜贴”，经常给一些生活困难或身体有残疾的回族群众“散”东西。由此看来，信仰对人们的影响没有完全消失。现在的伊斯兰教文化更多体现在青州回族人的潜意识、语言和生活习俗之中。例如，青州回族经常挂在嘴边的一句话是“为主的赐们”，有“请真主保佑”或是一种希望家人、朋友平安、幸福的由衷的感叹的意思，将真主称为“为主的”，说明包含一种亲近的宗教感情在里面。

思想观念上，回族的思想观念自古以来同时受到伊斯兰教和儒家文化的影响。伊斯兰教教育穆斯林要“顺从”，顺从自然规律和社会形势，因此回族的思想观念偏于保守，他们有“男尊女卑”的思想，族内认同和排外意识强烈。改革开放以后，特别是 80 年代以来，青州回族的思想观念发生了许多变化。比如，传统中男尊女卑的意识逐渐发生变化，青州大部分回族家庭不会超过两个子女，有的家庭没有男孩。现在女孩子的成长和教育受到父母更多的重视。妇女在职业选择上也拥有和男子一样的自主权。

在民族教育方面，青州回族一直有尊重知识，重视教育的优良传统。历史上名人辈出，有的文采昭著，有的武功盖世，许多人科考及第，有状元、进士、举人。从清末民初到今天，青州回族教育经历了一个由经堂教育、初期的寺内教育为主，再到社会学校教育（普通教育）的变迁过程。现在，复兴的经堂教育对回族儿童的启蒙教育的作用以及其广泛的社会教育功能，已经超出了宗教教育的范围，应该作为回族教育的重要组成形式而受到应有关注。

第二章　教育对回族青少年民族认同的作用与影响

回族散居于全国各地，但仍以西北地区为主。宁夏、甘肃、青海等地区的回族具有较强的民族凝聚力，伊斯兰教信仰渗入到他们社会生活和风俗习惯的各个方面。相比之下，散居于东部经济发达地区的回族，虽然也是聚族而居，但宗教氛围略显淡薄。青州回族生活在经济发达地区和主体民族社会之中，几百年来能够坚守着本民族传统文化，究其原因，教育是一个重要因素。

著名哲学家、人类学家兰德曼认为，文化与教育虽然不是一件事，但却无法分割，因为教育具有文化传承功能。文化的传承包含两个方面的意思：从纵向角度看，文化可以历经时间变迁而世代继承，这是一个人类传递前人文化或文化产物的过程。从横向角度看，文化可以跨越空间阻碍得以广泛传播，这种传播发生于某一群体内部和各群体之中。教育是文化传承的基本途径。教育活动就是教育者将文化知识传授给受教育者的过程。①

回族教育有广义和狭义之分，“广义的回族教育，泛指一切增进回族知识、技能、体质以及形成或改变人们思想意识的活动”。“狭义的回族教育，则单指回族学校教育，即通过学校对回族学生的身心施加有目的、有计划、有组织的影响，以便将其培养成为一定社会或一定阶级服务的人的活动；基本上可分为宗教教育和普通教育”。② 因而，回族的先民一直面临两种教育体制，一是以伊斯兰文化为核心的家庭教育，一是为本民族生存与发展而主动或被动接受的主体文化的通识教育。与中国其他民族的教育相比，回族教育具有自己的特点。

首先，从历史上看，回族教育是我国学校教育的组成部分，如白寿彝教授曾指出“回族教育应包含传统的家庭教育、手工业的师徒传授、经堂教育、新式学校教育基本形式”③。其次，回族教育具有自己完整的体系。回族经堂教育是中国古代体系完整、水平较

---

① 王军．教育民族学［M］．北京：中央民族大学出版社，2007.6：26－27.

② 中国回族教育史论集．济南：山东大学出版社，1991.9：2.

③ 白寿彝．回族人物志（清代）．题记［M］．银川：宁夏人民出版社，1992.

高的一种教育制度，其内容循序渐进，涉及语言学、修辞学、教义学、教法学、“圣训”学、哲学、文学等众多学科，是伊斯兰教教育体系在中国的具体体现。第三，回族教育包含多种语言。回族教育以阿拉伯文、波斯文教材为主，以汉语为辅，并发展出了独特的教学语言“经堂语”以及用阿拉伯字母拼写的“小经”文字。同时，回族开创了中国的阿拉伯语教育，并实现了从经堂到高等教育的对接，回族学者开创了现代中国大学中的阿拉伯语专业，① 这是回族教育对整个中国教育史作出的独特贡献。

在现代化背景下，回族青少年自小就接受回族的传统教育，无论从内容和形式，还是从缘起和发展的角度分析，无不受着伊斯兰文化的影响和制约。同时，为了适应现代社会的发展，回族青少年还要学习主体文化。因此，回族青少年教育具有与普通义务教育不同的特色。回族青少年教育的目的应该由两方面组成：一方面接受回族传统文化教育，成为一名回族成员，使回族文化能够延绵不断、生生不息地得到发展；另一方面，他们要接受主体文化教育，获取生存技能，以适应社会发展。

之所以如此强调文化传承的重要性，是因为一个民族的成员只有了解了本民族的文化，才会热爱它。回族青少年如果乐于学习本民族文化，会增强他们对本民族的认同感。笔者认为，回族青少年的家庭教育、社区教育和学校教育都应该承担起回族传统文化传承的重任，此三种教育是促进青少年民族认同的主要途径。

第一节　回族家庭教育对民族文化的传承作用

著名人类学家许烺光认为，“家庭，就其体现着集中的、有时

① 周传斌．薪火相传的回族教育［M］．兰州：宁夏人民出版社，2008.9：9.

也是广泛的人间关系而言，是一切文化的基础学校”①。家庭，这个中国社会的初始群体，对于中国人来讲最重要。家庭及其与社会之间的广阔地带——宗族，培育出了中国人以情境为中心和相互依赖的行为模式。孩子们的民族、宗教观念主要来源于家庭教育，尤其在民族文化传递方面，家庭在孩子的社会化教育过程中仍发挥着重要作用。

对于回族传统文化的传承来说，家庭教育可谓是产生最早的教育形态。家庭作为社会的最小单位，承担着养育和教育下一代的功能，而回族家庭，还承担着教育下一代“回族化”的任务，即使回族青少年成为一名真正的穆斯林。在漫长的历史时期内，回族家庭教育是回族传统文化传承的重要途径和主要方式，家庭是回族民族文化传承的动力根源。

家庭教育具有塑造孩子基本人格和影响个体社会化的重要作用。历史上，回族的家庭教育是回族文化保存、传递的起点和基础，是最基本的传递组织和渠道。又由于伊斯兰文化在回族文化上更多地表现为宗教文化，这就决定了回族文化传递具有强制性的特点。② 家庭对孩子的影响主要通过长辈的言传身教得以实现并在母亲的谆谆教导中被强化。家长在日常生活中从饮食习惯、人生礼仪等方面将回族民众的信仰、价值观和行为规范传递给子女。长辈们通过日常生活中自己的身体力行，给予后辈以潜移默化的影响和教育。

随着现代生活节奏的加快，家长工作繁忙，家庭教育日益缺失。青州市回族社区的家庭教育也呈现弱化趋势，特别是在传统文化教育方面，这在很大程度上影响了孩子文化传承的原动力。在调查中笔者发现，回族青少年对于本民族持什么认同态度很大程度上

① 转引自何星亮．中国人类学民族学百年重要著作提要［M］．北京：知识产权出版社，2009.2：85.

② 雷韵．回族家庭教育中的矛盾［C］．中央民族大学民族学与社会学学院，2007.

受长辈的影响，家长对于传统与现代文化的认知程度影响着孩子自学或是在家庭、清真寺学习传统文化的自信心和兴趣。

笔者选择青州市云门山路回民小学四年级和东关回中初二年级各发放50份问卷。云门山路回民小学始建于1914年，1993年迁入现址，有31个教学班，在校生2041人，其中回族学生占总人数的60%，教职工87人。东关回中现在有学生1700多人，22个班，其中初一8个班，初二8个班，初三6个班。回族学生约占总人数的30%以上。100份问卷全部回收且有效。

一、家长的态度直接影响青少年民族认同的程度

当今回族青少年与汉族青少年一样都要接受主体文化的义务教育。学校教授的民族知识很少，所以回族青少年要了解本民族文化主要依靠家庭教育。作为教育对象的学生从来不是一个抽象的人或是一张“白板”。入学前儿童就在语言、心理、价值取向等方面形成了明显的民族文化特征。进入学校后，儿童几乎是一个完全意义上的民族成员。通过问卷统计，40%的青少年回答自己所知道的民族知识来自父母，24%回答来自（外）祖父母，8%回答来自经堂学习，仅有7%回答来自老师或课堂学习。同时，民族散杂居分布格局更加突出家庭教育对回族青少年民族认同的影响作用。

在家庭教育中，有学者特别强调了回族妇女对文化传承的重要作用。回族通常是内部通婚，散杂居回族妇女在宗教信仰、生活习俗及共同族源认同的基础上，因其性别和无可替代的繁衍、教育后代的特殊作用而在文化传承中起到重要作用。这些都印证了血缘及家庭是族群认同的主要依据。[①] 笔者在调查中了解到，当地回族妇女不仅对自己的民族身份认同感较强并且希望后代能够延续这种

---

① 杨晓纯．浅论妇女在散杂居回族认同中的作用——以山东省台儿庄区为例．第三届妇女发展与进步国际学术研讨会论文集，2006年12月。

认同。

回族青少年能否成为一名真正的穆斯林，很大程度上取决于家长对其的影响和要求。笔者在访谈中发现家长在对本民族认同上有两种态度极为显著：固守与淡化，这两种态度进而影响到青少年的民族认同程度。从笔者的调查结果中可以看出90%的家长希望自己的孩子成为一名穆斯林，但是其中又可以区分出两种不同态度，32%的家长会严格要求并加强教育，处于主动的地位；58%的家长会采取潜移默化的影响，让孩子顺其自然地成为穆斯林。只有少数家长对此无所谓。可以看出，期望孩子成为一名穆斯林是广大回族家长的心愿，因此，也可以说明他们希望回族的传统文化能像“基因”一样世世代代传承下去，这就为回族传统文化的传承创造了良好的人文环境。

至于民族文化传播的最佳途径，下面是比较典型的几种观点。

——您认为民族知识与传统文化的最佳传播途径是什么？

——家庭直接传授最好。其次民族宗教管理部门搞文化传播的社会活动。还有民间民族文化研究会搞一些活动。①

——还是学校教育，通过课堂讲解、正规课程学习，比如《民族团结教育》系统地科学地学习传授。经堂教育和家庭教育容易以偏概全，当然也不可否定，是文化传承的方式之一。②

——还是要寺管会出面，从娃娃们开始教育，重视节假日，平时多印发一些传单。现在宣传力度还是不够。③

---

① 受访者：YRG，男，回族。采访时间：2009年6月2日。地点：青州市民族宗教局办公室。

② 受访者：ZZQ，男，回族。采访时间：2009年5月31日。地点：青州市教育局招生办公室。

③ 受访者：WYS，男，回族。采访时间：2009年6月1日。地点：青州市东关回中教导处。

——还是办教育。通过清真寺多向教民宣传，办学习班。[1]

家长的民族认同感与其民族身份有很大关系。在被调查的回族青少年家庭中，有82%的家庭父母双方都是回族，18%是由回族和其他民族配偶构成的家庭，其中母亲为汉族的占12%。族际通婚虽然有一定好处，但是从回族传统文化传承方面讲，这样家庭中的青少年的回族传统文化教育机会必然会少于父母双方都是回族的家庭，而且有时会造成一些民族意识和归属感上的分歧。

家长的民族认同感与他们所从事的职业性质也有很大关系。职业角色是个人在社会中扮演的极其重要的角色，它错综复杂，往往能比家庭角色更能影响个人的态度、行为及价值观取向。因此，回族居民的职业差别对其族群认同感会产生影响。通过与回族青少年家长访谈，笔者发现：在企事业单位、政府机关任职，与汉族居民共事的回族家长，在民族认同感方面，明显低于那些个体经营、与回族共事的回族家长。

青少年尚未形成自己的人生观、价值观，因此他们的许多观念都受到家长和长辈的深刻影响，这些先前形成的观念往往会影响他们以后的思想。

二、回族家庭教育的传承作用

父母是孩子的第一任教师，回族家长对民族传统文化的了解程度必然会影响回族青少年的民族认同态度。因此，家长对民族文化的了解程度可以作为衡量教育内容深度的指标。由于回族分布极广，各地地理、经济、人文环境的不同，致使各地区的回族对伊斯兰教的信仰程度不同。相对于个人来说，也会因为家长对其要求程度和生活环境的影响而形成不同的信仰程度。毋庸置疑，了解本民

① 受访者：FYB，男，回族。采访时间：2009年6月4日。地点：青州市真教寺。

族文化是民族认同的前提条件。

通过对20位家长的深入访谈，笔者将家长对民族文化的了解程度划分为四个等级：很了解、一般了解、了解很少和不了解。在问及这个问题时，约70%的家长回答"一般了解"，25%的家长则回答"了解很少"，从中可以看出散杂居回族成员整体对回族传统文化的了解程度不高。这必然在对青少年进行传统文化教育时有所局限。针对青少年的问卷回答也印证了这一点，他们所了解的有关民族知识仅限于饮食与服饰等物质文化方面。但是也有为数不多的家长对回族文化很了解，甚至克服精神与体力的阻碍，一直钻研学习民族文化。

——您的民族成分？年龄？受教育程度？家庭人数？配偶的民族成分？家庭成员正在受教育人口数？教育占家庭开支比例？

——回族，66岁，学历中专。全家5口人，夫妻、儿子、儿媳，孙女。儿子随我姓杨。老头也是回族。还有个孙女在东关回中读初二。

——您家里有人会说阿拉伯语吗？

——我会说一点阿拉伯语，正在学，你看这是我们的课本。阿拉伯语初级教材。我2008年8月份就开始学了。

——您认为学校是否有必要开展回族传统文化教育？

——应该啊。

——您是否会有意识地向子女传授民族知识？

——有。伊斯兰教应该遵守。伊斯兰知识内容包含很全面，比如尊重父母、团结同事啊。

——您的长辈是否曾向自己传授过民族知识？

——父母教过，包括念诵清真言，作证言；礼拜，一日五拜；封斋；回汉不通婚，现在回汉也通婚喽，受时代影响。

——您是否愿意参加民族活动？

——现在参加学习阿拉伯语言，每日拜功，斋月封斋。

——您认为民族知识与传统文化的最佳传播途径是什么?

——另外开办一所民族学校，阿语学校。

——您对跨族通婚的看法?

——不赞同。有些人结婚之后对回族的民族习惯不尊重，容易引起家庭矛盾。

——您是否知道国家/地方对少数民族有哪些政策倾斜?

——国家领导人重视民族教育。学生考大学，有加分，上一个档次。民族教师有补贴。民族过节有拨款。国家对少数民族比较重视。①

被调查的家长中类似杨老师这样热心本民族文化的人只是少数，多数回族青少年家长只了解一些民族常识，也多是知其然而不知其所以然。

要让孩子了解民族文化，亲身体验也是一种很好的教育方式。至于回族，就是带孩子去清真寺参观或者参加一些民族节日活动。回族民众很多时候似乎忘却了清真寺这一古老而神圣的殿堂。调查显示，仅70%的家长在重大民族活动时才带孩子去清真寺。而被调查的青少年中仅有37%参加过礼拜，55%没有参加过。现在青州回族社区的清真寺在假期里举办暑期学习班，约有24%的青少年参加过清真寺举办的学习班。关于暑期学习班，下文会详细介绍，在此不作赘述。

民族服饰等传统物品是承载民族文化的物质实体，一个家庭的民族传统物品可以反映家庭的民族文化氛围。在对回族家庭民族文化环境的调查中，有关回族的艺术品、服饰、书籍、音像制品等都有并且数量较多的约占10%；基本都有，但数量不多的约占50%；有一些必备服饰，其他没有的约占37%。

① 受访者：YFY，女，回族。采访时间：2009年6月1日。地点：青州市夏钦园街家中。

家庭教育内容的广度可以通过语言、历史、家庭氛围等方面衡量。

语言是一个民族进行内部交流的工具，也是反映一个民族精神文化的符号，是体现民族特色的最直接方式。回族先民在与其他民族交流的过程中逐渐接受汉语作为本民族语言，但是阿拉伯语对于回族群众依旧有着特殊的意义。比如，在清真寺做礼拜时要求使用阿拉伯语念《古兰经》。回族民众日常生活里，也常用一些阿拉伯语，如色俩目、伊布里斯等。在问及家长“如果清真寺在节假日开办简单的阿拉伯语课以及经文课，您会送孩子去吗?”50%的家长回答“会送孩子去，作为回族成员应该学更多的伊斯兰教知识”；30%的家长回答“不会送孩子去，因为在家里可以学会”。由此可见，多数家长希望孩子学一些阿拉伯语，因此，无论是回族学校还是清真寺都有必要开设阿拉伯语课来满足回族家长的愿望。其余的家长则回答“看情况再定”或者“没有必要学”。不过，就笔者所访谈的青少年，几乎没有人会说超过两句的清真言。①

关于回族历史知识的学习，家长可以通过给孩子讲有关伊斯兰文化故事、英雄故事、风俗习惯等方式实现传承。就这个问题，多数家长的回答是：会给孩子讲，但是不经常。也有家长提出，随着青少年学业的加重，家长与孩子交流的时间都没有。

综合上述内容，我们可以发现，调查中有82%的回族家庭父母双方都是回族，这为青少年传承回族文化创造了良好的基础。90%的家长希望孩子能成为虔诚的穆斯林。但大多数家长对回族传统文化的了解较少，并且他们的民族自豪感也不强，这在某种程度上限制了家长对青少年的传统文化教育。有关回族家庭传统文化教育的调查似乎不是很乐观，大部分家长不能经常给孩子讲述回族历史、

---

① 清真言，又称证信，音译为萨哈达，是作为穆斯林必须诵读的一段文字。中文含义：万物非主，唯有真主，穆罕默德是真主的使者。念清真言并且相信清真言所包含的意义是成为穆斯林的条件。

传统故事等，也很少带孩子去清真寺。回族青少年受到传统文化教育的机会越来越少，只有60%的青少年能在家中受到数量有限的回族传统物品的熏陶。

分析以上现象，笔者认为回族青少年的民族认同很大程度上受家长和长辈态度的影响。有些回族家长自身的民族文化知识并不充分，甚至有些家长已经不在意回族传统，必定会忽略对孩子的民族文化教育。

不过，令人欣慰的情形也是存在的。在笔者的问卷中有一道题目："你还想学习本民族的哪些知识或习俗？"他们的回答主要包括礼仪与语言方面。这说明回族青少年表现出对本民族文化的好奇与热爱，这无疑是他们探求民族文化的动力。

第二节 社区教育对青少年民族认同的影响

如果把伊斯兰文化看作回族穆斯林维持民族认同的内力，那么清真寺就是构建民族认同的物质外壳。清真寺是穆斯林聚众礼拜、处理教务和进行宗教教育的场所，与穆斯林的社会活动和家庭生活都有着非常密切的关系。

一直以来，我国民族散杂居地区的清真寺，在保障穆斯林宗教信仰、促进民族间的相互了解、相互支持方面，起了十分重要的作用。清真寺不仅是穆斯林举行重大节日庆典的场所，也是加强内部民族认同的感情交流场所，[①] 这是清真寺的主要社会功能。在下文中，笔者将在分析清真寺暑期学习班的基础上，着重探讨清真寺的教育职能。

---

① 王树理．关于散杂居地区清真寺的调查与思考．交流与探讨，2001.

一、民族教育新模式——清真寺暑期学习班

经堂教育是青州回族较早的一种教育方式，是伊斯兰教在寺内以讲经教学为主要内容，与宗教活动融为一体，宣传伊斯兰教教义、教规教法，培养宗教接班人的教育。青州回族经堂教育发展的时间比较早，以东关真教寺和城里清真寺为中心。很多学者将经堂教育的性质定为“宗教教育”。而笔者认为，经堂教育对回族青少年的启蒙教育作用以及其广泛的社会教育功能，已经超出了宗教教育的范围，应该作为回族教育历史过程中的一个阶段或者一种形式。尽管经堂教育还不具备全民族的性质，其数量对于整个回回民族来讲微乎其微，但它的作用却不容低估。经堂教育是回族一种自我凝聚方式，巩固了回族以伊斯兰教文化为核心的意识形态，也促进了回族由伊斯兰教延伸而来的风俗习惯的形成与发展。回族出于社会流动的考虑，自己兴办寺内教育，加强对回族的教化，这在很大层面上加强了回族的民族认同和对主体文化以及国家意识的认同。

下图为清真寺暑期班合影。①

① 图片由青州市清真寺提供。

在现代化和城镇化的冲击下，青州回族的清真寺教育职能和民族传统文化传承方式出现了一些新的变化，其中之一就是经堂教育的新形式——暑期学习班。历史上形成的回族居住模式决定了伊斯兰文化的保存、传承和回族文化的形成、发展在很大程度上必须依靠清真寺教育来进行。随着时代的发展与变化，现在清真寺成为社区教育的一部分，同时成为回族文化传承的主力军。现今的清真寺暑期学习班的教育内容多样化，除教授阿拉伯语以及一些民族传统文化知识外，还有音乐、武术、英语、学校作业辅导等。正是由于有这部分的传统文化知识的传授，才能使回族民族文化脉络更为纯正与明朗，也由此不断建构和强化着青州回族青少年的民族认同。

青州市清真寺青少年暑期学习班最早出现于1996年，在云河清真寺和东关真教寺同时举办。目前在这两所清真寺中都已办了12期。其后其他清真寺相继效仿，坡子清真寺于2003年出现了暑期学习班的雏形，2005年起正式创办；城里清真寺在多年之前曾经有过暑期学习班，但是没有持续下来，在2007年又重新开办；草庙清真寺开办时间不详，且学生数量少、上课时间短、影响范围小、持续时间不固定，因此统计数据有所缺乏。

据真教寺的法阿訇介绍，在2001年左右，真教寺寺管会中的“教委会”的几位成员研究决定，成立这样一种民族传统暑期学习班，主要出于以下几点考虑：一是清真寺长期以来受到周边社区群众的支持，所以阿訇们想为周围群众做一些力所能及的事情；二是长期以来一部分回族青少年对本民族文化持一种淡漠的态度，用法阿訇本人的话讲就是“偏离了穆斯林人生正确的方向”，因此他们希望通过这样一种方式向青少年普及一些最基本的回族传统文化知识。①

青州回族社区清真寺暑期学习班具有以下几个特点：

第一，清真寺的暑期学习班完全免费。这一点对于很多社区群

① 受访者：FYB，男，回族。采访时间：2009年6月4日。地点：青州市真教寺。

众，特别是农村地区的群众来说非常具有吸引力。时下盛行各种各样的补习班，但是价格昂贵，对于普通家庭来说是一笔不小的额外开支。清真寺的暑期班是阿訇们义务举办，不收任何费用，青少年在这里既学习了民族知识又补习了学校课程，一举两得。

第二，清真寺暑期学习班能够承诺保证教学的质量。清真寺暑期学习班的课程安排紧凑，通常情况下，周一至周六每天都有课程，部分清真寺专门从外面聘请老师辅导学生的假期作业，如补习英语等。

第三，清真寺为青少年提供了比较优越的条件。据笔者观察，在暑期开课过程中，清真寺不但为学生提供免费的文具，还有专人每天为学生提供饮用水。暑期学习班一般都在清真寺的配殿设置教室，通风和采光条件较好。同时，寺里准备了多台电风扇，让孩子们凉凉爽爽地学习。下图为清真寺女生合影。①

① 图片由青州市清真寺提供。

清真寺教育职能的复苏逐渐成为对学校民族传统知识教育的一种补充，它的内容包括教导学生民族历史习俗、讲授宗教经典故事、基本阿拉伯语并且辅导学校功课。由于现在还处于起步阶段，因此各个清真寺基本上都是自己编写教材、聘请老师，相互之间没有形成统一的课程标准。学生在清真寺可学习更多的回族民族文化知识，同时也提升了清真寺在社区中的地位。

笔者分析，以青少年为对象的清真寺暑期学习班的出现，并非偶然产生的新鲜事物，而是有其特殊的时代背景，可以归纳为以下几点：

其一，历史上回族有重视教育的优良传统。清真寺作为体现伊斯兰文化的重要场所，一直发挥着传播民族文化的作用。伊斯兰教教义中就有劝导人们追求知识的内容，穆罕默德曾经说过“追求知识是穆斯林男女的天职”，所以清真寺开办暑期学习班具有一定的宗教文化基础，便于学习班的开办以及相关教学活动的展开。

其二，暑假期间青少年时间充裕、比较自由，许多家长因工作繁忙不能照顾子女，而学生自由活动存在一定的安全隐患。因此，很多家长都希望能把孩子送至一个比较安全固定的辅导班中学习。清真寺暑期班的出现就适应了这一社会需要。

其三，现代回族青少年对本民族文化了解很少，穆斯林群众希望子女多接受传统文化教育。清真寺暑期学习班一定程度上填补了回族家庭教育和学校教育缺失的内容。

当然，我们不能忘记教育者的积极作用。清真寺工作者具备爱心、责任心和耐心等优秀素质，与青少年关系融洽，使青少年乐于接受这种教育方式。和谐的氛围也利于青少年学习和接受回族传统知识。在这里，青少年学习到系统的传统知识和历史文化，甚至优秀的道德品质和良好的生活习俗。由此培养出来的学生必定具备爱心和责任心，能传承民族文化，弘扬民族精神。因此，以清真寺暑期学习班为主要形式的社区教育成为回族民族文化传承的主力军。

但是，仅靠清真寺无法完成回族民族文化传承和增强民族认同的重任，清真寺教育有其不足与局限，还需要家庭教育、学校教育、社会教育的补充。青州市回族民族文化的传承与发展必须依靠家庭、社区、学校、社会共同的力量，相互促进，以保证回族优良的传统文化得以传承与发展，并为现代化建设与社会和谐发挥积极作用。

二、代际之间的文化共享——共同的社区活动

美国著名的人类学者本尼迪克特曾写道："个体生活历史首先是适应由他的社区代代相传下来的生活模式和标准。从他出生之时起，他生于其中的风俗就在塑造着他的经验和行为。到他能说话时，他就成了自己文化的小小创造物，而当他长大成人并能参与这种文化的活动时，其文化的习惯就是他的习惯，其文化的信仰就是他的信仰，其文化的不可能性亦就是他的不可能性。"①

回族青少年接受的社区民族教育形式除了暑期学习班外，还有一种比较重要的形式——共同的社区活动。这里所指的社区活动主要包括重大节日、婚礼、葬礼等需要社区穆斯林协作完成的事情。社区居民在适应变化的社会场景并与主体民族和主体文化进行互动的过程中，用自己独特的方式来表述和维持族群认同。他们都有现有的或历史的本族群共享的、维持族群边界的认同观念和象征符号。②

在社区活动中，与青少年关系比较密切的包括婚丧嫁娶等民俗活动与宗教节日等。

有关回族葬礼的习俗在前文中已有介绍，在此不再重述。死者安葬后七日内每早由孝子去墓地"走坟"，这对当地回族来说是非

---

① ［美］露丝·本尼迪克特．文化模式（何锡章、黄欢译）［M］北京：华夏出版社，1987：2.

② 马珊．中国腹地杂居回族的民族认同——亳州谯城区回族社区的个案调查［D］．北京：中央民族大学，2005.

常严肃的事情。一般有条件的家庭都要请阿訇到坟上念经、走坟，没条件的或天气不好，可以请阿訇到家里或在清真寺念经。此外，家中发生如子孙结婚、添丁、考上大学等喜事去走坟，称为“走喜坟”，或者遇事不顺、心情不安的时候，都可以去给老人走坟，意思大致为没忘记老人，请老人安息并祈求保佑。

葬礼和走坟是青州回族最重视的仪式，它们映射出回族的生死观念和对“两世吉庆”的理解。通过葬礼和“走坟”，家族的集体记忆得到强化，家族内部的认同再次被唤醒、再次被凝聚。子孙在阿訇的诵经声中和故去的长辈进行对话，也使自己的精神得到净化和升华。

青州回族的宗教节日中以开斋节、古尔邦节的庆祝活动较为隆重，大多在清真寺内举行。节日里，回族群众身着盛装，男戴白帽，女顶盖头，相互恭贺，互致“色俩目”。尽管大多数回族已经不知道宗教节日的具体含义，日常也不念经、不礼拜、不把斋，但是每逢古尔邦节和开斋节，他们还是会给清真寺散乜贴，在自己家中或到清真寺里庆祝一番。这些人绝大多数都是平时参加礼拜的老年人。宗教节日在青州回族社区变成了象征性的节日和符号。在节日中，青少年也会随着家长或长辈参加社区活动。青少年就是在参与社区活动的过程中，才更加深刻地了解民族文化的内涵，包括所遵守的规则与禁忌。社区活动也让他们明白自己有责任做一名名副其实的穆斯林。

第三节　学校教育对民族认同的作用

几乎所有回族家长都意识到了学校教育的重要性，调查中，有50%以上的家长认为学校教育与回族文化教育同样重要。回族家长同样在乎孩子的学习成绩。现代化学校教育之所以越来越深入人心，除了国家政策的影响外，还包括两点原因：第一，义务教育的科学性和现代性更能满足回族青少年身心全面发展的需要。随着回族民众生活水平的提高，对教育的要求也逐渐提高，家庭教育和经堂教育已经不能满足孩子全面发展的需求。现代学校教育建立在现代教育学和心理学基础之上，更符合青少年身心发展规律，为青少年身心发展打好基础。第二，反映了回族家长的文化选择。回族在历史上就与汉族和其他少数民族杂居，要想获得生存和发展，就必须学习汉族文化。青州市回族学校所选用的教材与教学内容与其他学校无异，这也是适应社会发展的需要。

但笔者认为，当地民族学校除培养高素质人才、保证青少年身心全面发展外，还应该担负一定的传承回族传统文化的任务。很多家长也认为学校有加强民族传统文化教育的责任。很多回族家长希望学校增加一部分回族传统文化教育内容，并且希望孩子能够多学一些民族文化。在问及家长“您认为回族学校有没有必要对孩子进行回族传统文化教育”时，认为“非常有必要”和“有必要”的家长约占90%。

——您认为学校是否有必要开展民族文化知识教育？

——这个很矛盾。作为民族学校应该开设。但是现在考试制度之下，开不了啊，占用学习时间。①

——您认为学校是否有必要开展民族文化知识教育？

——当然有必要。我们青州是民族常识教育试点县，连续三届获得民族进步先进集体。

——您认为民族知识、传统文化的最佳传播途径是什么？

——还是学校教育，通过课堂讲解、正规课程学习，比如“民族团结教育”系统地科学地传授。经堂教育和家庭教育容易以偏概

① 受访者：WYS，男，回族。采访时间：2009年6月1日。地点：东关回中教导处。

全，当然也不可否认，是文化传承的方式之一。[1]

由此可见，绝大多数回族家长希望回族学校能够加设民族传统文化的教育内容，让青少年了解更多的回族传统文化。但是实际情况却不容乐观，54%的青少年回答学校没有教过民族知识，41%的回答有。

在民族地区，民族常识不能纳入正规课程的更深层次的原因是现行教育体制下，单独开设民族教育课程不切实际。目前的学校教育，都以升学率为主要目标，甚至义务教育阶段也是如此。开设民族教育课程会占用很多学习时间，尤其是初中生面临中考，时间就是效率，就是升学率，所以学校的考虑会更为实际。

从云门回小 Y 校长那里笔者了解到：学校学生的生源主要是附近的东关、东后坡、昭德、夏钦园、徐桥、南营、乐园等几个社区。学校有六个年级，除了汉族和回族学生，还有满族、蒙古族等民族的学生。回族学生与汉族学生没有太大区别，而且学生不在学校就餐，生活习惯的不同体现不明显。关于礼拜的问题，回族学生很少参加礼拜，斋月里封斋的更少。

云门回小的 L 老师对笔者说：学校教学按照教学大纲进行，课程一点都没有涉及民族教育。现在回族、汉族除了生活习惯，没有太大区别，回汉通婚也比较自由。只是个别情况，回族女子要嫁给汉族男子，家长会考虑一下。

青少年在学校里接触的多是汉族同学，他们的关系如何？笔者做了有关回族青少年与汉族同学关系互动的调查。笔者所调查的回族学生承认自己的玩伴多是本民族的同学。问卷统计有18%的同学认为学校同学中有不尊重回族文化的现象，76%回答没有。

回族青少年接受学校教育，不但学习到很多知识，他们也了解

---

① 受访者：ZZQ，男，回族。采访时间：2009年5月31日。地点：青州市教育局招生办公室。

了回族之外的更多的国内外多民族的文化。一般来说，学校教育对民族认同会造成两种结果，即加强或削弱青少年的民族认同感。

对一部分回族青少年而言，不同文化之间的差异使他们认识到自己身份的特殊性，比如信仰、习俗、禁忌等与其他民族的同学是不同的，这种文化对比巩固了他们的民族意识。这可以用巴特的族群理论解释。他在《族群与边界》一文中指出：族别并不是由于缺乏流动、接触和了解造成的。相反，族界正是人们在互动和交往中引发出来的，是一个排斥和包容的社会过程，而族群正是在这个社会过程中得以维持的。① 笔者也认同这种解释，如果没有文化比较就无法发现自己的特点。许多回族同学在家乡的时候，未发现自己的民族身份的特殊性，恰恰是他们到了家乡之外的大城市或异地环境，才产生回族认同意识，并会刻意强调自己的民族身份。受访者之一读初二的 YSS 说自己对非清真的食品等有一种天然的排斥，这可以看做在民族习惯的影响下产生的一种生理反应。

同时，对另一部分回族青少年，学校教育却弱化了他们的民族认同感。一般这一部分回族青少年的家庭民族文化氛围不浓厚，这是一个很关键的前提条件。当然，民族认同弱化的程度还与教育程度高低有关。义务教育大部分在非民族学校中进行，即使是回族学校，除了回族学生数量较多之外，其他并无差异。受教育程度越高，意味着回族青少年与汉族学生接触越多、频率越高。为了发展需要，他们要与汉族同学生活、学习在一起，于是，他们自愿或被迫放弃一些本民族习惯。加之有些回族青少年家庭民族文化氛围不浓厚，甚至他们在日常生活中都体会不到民族界限，其民族认同感自然受到影响。

学校教育涉及文化体系的问题。随着民族和民族间交往的不断

---

① ［挪］巴特．族群与边界［J］．广西民族学院学报（哲学社会科学版），1999（1）．

扩大，相互的文化接触和文化交流逐渐导致文化的相互吸纳和融合。[①] 笔者比较同意青州市满族中学Z校长的观点：不论是民族学校还是非民族学校都应该开设民族教育课程，都需要加强民族教育，这一观点也符合“多元文化教育”的理念。

第三章　关于散杂居回族青少年民族认同现状的教育人类学思考

第一节　对回族青少年三种教育形式的重新审视

在现代化背景下，回族青少年教育也具有与普通义务教育不同的特色。他们自小就要接受回族的传统教育，无论是教育的内容和形式，还是缘起和发展，都受伊斯兰文化的影响和制约。同时，为了适应现代社会的发展，他们还要学习主体文化。因此，回族青少年教育的目的也由两方面组成，一方面从出生起就接受回族传统文化教育，成为一名回族成员，使回族文化能够延绵不断、生生不息地得到发展；另一方面，他们要接受主体文化教育，获取生存技能，以便更好地适应社会发展。在回族青少年传承回族传统文化方面，笔者认为，家庭教育、社区教育和学校教育应该共同承担这一重任。

① 王军．教育民族学［M］．北京：中央民族大学出版社，2007.6：7－8.

一、回族家庭教育是文化传承的首要方式，需要进一步完善其文化传承功能

回族家庭教育一方面是一种通识教育，具有民族家庭教育共同的功能；另一方面，又有其突出的宗教性、民族性，所以，回族家庭教育又有特殊的功能。回族家庭教育之所以成为回族传统文化传承的主要途径，是基于以下原因：首先，回族传统文化是回族人在长期的生活中形成的，其传承也是在生活中进行。回族传统文化渗透在每一个回族成员日常的衣食住行、言谈举止、人际交往、伦理道德以及价值观念中，而这些内容在家庭生活中无处不在。一个人的生活不外乎家庭生活和社会生活，对于回族青少年，家庭是他们最基本的生活场所。家庭除了具有生育功能外，还有教育功能，即教育下一代，继承本民族文化。在家庭中，回族文化的继承和传递可以通过随时随地的生活教育来实现，回族家庭便成为回族文化保存、传递的起点和基础，又是最基本的传递组织和渠道。其次，回族家庭教育中教育者和受教育者即家长和孩子，均具有血缘关系与师承性关系，从而决定了其情感的亲近性和良好的教育效果。在这种一对一的教育过程中，回族家长所了解的回族传统文化，如宗教信仰、行为习惯、语言特点、价值观念、情绪情感等极易通过潜移默化的方式“传授”给孩子。家长的榜样示范和积极引导，如言语和行为的表示等，都将为此时处于可塑阶段的孩子积极模仿、学习、认同、实践而逐渐内化成孩子自己的生活技能。

因此，回族家庭教育应该进一步完善，发挥其应有功能。无论在过去、现在还是将来，回族家庭教育都是回族传统文化传承的主要途径，是其它任何方式所代替不了的。通过笔者调查可以看出，虽然绝大多数家长希望自己的孩子以后成为比较虔诚的穆斯林，但是目前的回族家庭在发挥传统文化教育功能方面并不理想，主要存在以下几个问题：1. 大部分回族家长对于回族传统文化教育和主

体文化教育二者关系的认识处于矛盾之中。对主体文化教育会不会淡化回族传统文化教育这一问题，表示担忧和不担忧者各占一半，因此处理好二者关系至关重要。要通过各方面途径正确宣传回族传统文化与主体文化学习的关系，避免出现厚此薄彼的极端现象，使家长既要充分认识保护和传承回族传统文化的意义，又要了解主体文化教育的重要性。2. 多数回族民众对传统文化了解不多，民族自豪感不强，这从根本上影响了对青少年的传统文化教育。回族严格的饮食禁忌造成回族成员在与其他民族交往中的不便，有时会影响到青少年民族感情。而很多家长却觉得“无所谓，与其他民族没什么不同之处”，这种近乎“民族大同”的感觉看似有利于民族团结，实质却不利于培养青少年的民族情感。因此，回族传统文化的教育不单是认识和行为上的教育，也是民族情感上的感染，是知情意行的统一。没有民族情感的民族，其民族文化的前途是无法想象的。另外，回族家长也需要从各种途径中学习民族传统文化，提高民族自豪感。3. 家庭中传统文化教育大多是“禁忌”的，这种方式的教育很难使青少年对其产生学习兴趣。金科玉律式的教育虽然有利于培养青少年的传统行为规范，但是在束缚和禁止状态下的教育毕竟是乏味和被动的。只有以娓娓动听的故事和赏心悦目的艺术来教育和感染孩子，才是最佳的教育。因此，回族家长应该抽取一些时间从回族文化典籍中寻找一些民俗故事等内容，使传统文化传承变得生动而有意义。4. 家长应该经常带孩子去清真寺参与一些传统文化活动，使青少年有机会在实践中汲取传统文化的营养，传承传统文化。调查结果显示，大多数回族人只是在一年中的两三个传统节日时才去清真寺参与相关活动。清真寺是回族传统文化的象征，本身具有多方面的教育功能和社会功能，因此，家长们应多带孩子去清真寺，让他们在活动和场景中感受其强大的感染力。5. 回族传统文化教育不仅仅存在于亲子之间的言语互动，也存在于物质环境中。家庭中有关民族特色的装饰品、服饰、书籍和音像制品，对于营造良好的民族文化氛围有着重要的意义。回族青少年可以在潜移默化中受到传统文化影响和熏陶，达到教育效果。因此，回族家长应该重视传统文化的物质环境的创设，让子女在家庭中时刻感受到影响。

二、社区教育是文化传承的支柱，要再现以清真寺为中心的社区教育的文化传承功能

清真寺是伊斯兰教的宗教活动中心和回族穆斯林礼拜的场所，回族群众的许多社会活动都在清真寺开展，其中，清真寺举办的经堂教育应继续保留免费教育的传统，为广大回族青少年提供学习传统文化的机会。一直以来，传统的经堂教育备受广大穆斯林的拥护，在回族传统文化的传承中发挥着不可替代的作用。如今，回族文化受到多方面冲击，经堂教育更应该坚持实行免费教育来宣传回族传统文化。目前，经堂教育以暑期学习班的形式兼授民族知识与部分学校课程，这体现出不同文化的交流、碰撞与吸收。这也说明经堂教育具备开放的心态，主动适应现代社会的要求。

除了清真寺的经堂教育外，清真寺和以清真寺为中心的社区本身也构成了强大的传统文化教育资源。清真寺对于回族青少年来说不仅具有巨大的艺术鉴赏力，也具有强大的传统文化感染力，因此，回族家长应该经常带孩子到清真寺参加活动或者参观，以直观形象的方式对孩子进行文化熏陶。

另外，共同的社区活动也是培养青少年民族认同感的重要途径，因此，在庆祝主要民族节日或举行大型社区活动的时候，可以鼓励青少年参加，让他们感受民族文化的氛围。

综上所述，清真寺和以清真寺为中心的社区教育是回族青少年传承传统文化必不可少的途径，其显性和隐性的教育功能都对回族青少年产生较大影响，使他们时刻感受到活生生的传统文化。

三、学校是回族青少年了解其他民族文化的重要场所，要发挥其促进民族团结教育的作用

民族学校作为社会公共教育机构，必须从维护国家利益的角度做好民族工作，其中比较可行的措施包括加强民族团结教育和校本教材[①]开发。

在学校德育工作上，要加强民族团结教育，促进各民族文化之间的友好交流。为使我国各民族学生从小养成爱国主义和民族团结的观念，应该全面推进中小学校民族团结教育活动的开展。学校可以通过民族传统文化的传播、对民族历史传说的追忆以及一些传统民俗的文化传承等方式，来增强民族认同感和凝聚力。[②]

美国著名的多元文化教育研究专家詹姆斯·A·班克斯指出："学校教育的一个主要目标是帮助学生获得知识、技能和态度去有效地理解并掌握国家普遍文化、自己族群的亚文化和其他族群的亚文化。"[③] 加强民族团结教育不应仅提一些大而空的口号，更需要向学生传授一些基本的民族知识，尤其是关于当地主要民族的常识。具体到散杂居少数民族，可以开设地方性校本课程。

在民族地区校本课程的开发方面，应体现多元文化教育的理念，反映民族地区文化多元的社会现实，关注学生的日常生活世界，充分挖掘各种民族文化资源，让学生获得一定质和量的民族文化知识，使学生尊重和理解民族文化的多样性和差异性，公正、客观、科学地看待主体文化与非主体文化之间的关系，培养学生跨文

---

① "校本教材"主要是指带有地方特色的本土教材，如潍坊市教育科学研究院编《潍坊历史与文化》。

② 陈育梅、滕菲菲．族群认同理论及其对教育的启示［J］．怀化学院学报，2006（5）。

③ 李定仁、罗儒国．西北民族地区校本课程开发的伦理思考．西北师大学报（社会科学版），2005（1）。

化沟通和交流的能力。

同时，开发校本课程要注意避免一些问题，如功利主义倾向，即不能照搬主体民族的开发模式；权威主义倾向，即要对学生需求进行评估并且使教师和居民参与进来，绝不能由课程专家或校长决定校本课程。

民族地区校本课程的有效开发在一定程度上弥补了国家课程重一元、轻多元，注重公共知识、忽视本土知识的缺陷，体现了课程的民族性、多元性，它是实施多元文化教育的有效途径，有助于推动民族地区教育的发展，体现出我国教育多元化发展的趋势，有利于“中华民族多元一体教育”格局的形成。

总之，回族家庭教育、社区教育、学校教育必须形成合力，才能共同促进回族传统文化传承。这是回族发展的需要，也是国家发展的需要，同时也符合多元文化教育理念。

第二节　多元文化教育是最佳出路

多元文化教育是全球化时代下的一个基本教育理念，从某种意义上说是多元文化主义的意识形态在教育领域的映射，它构建于民主的价值与理念，旨在寻求多元文化社会中各种文化之间的相互交流，以增进理解、减少冲突。这一理念目前已为世界各国广泛接受。

有多位学者从不同的角度对“多元文化教育”进行了定义，其中有代表性的是日本异文化教育学学会会长江渊一公界定的概念：在多民族国家中，对具有多种多样的文化和民族背景的青少年，特别是少数民族与移民等处境较差的社会集团的子女提供平等的教育机会，并在尊重他们的民族及文化特征的基础上实施的教育。①

① 王军．教育民族学［M］．北京：中央民族大学出版社，2007.6：316.

我国著名的社会学家、民族学家、人类学家费孝通先生在1988年提出了“中华民族多元一体格局”的理论。在这一理论的启发下，滕星提出“多元一体化教育”理论，指出：“一个多民族国家的教育，在担负人类共同文化成果传递功能的同时，同时也要担负起传递本国各少数民族优秀传统文化的功能”。[①] 该理论构想形成的依据是：在一个多民族国家中，无论是主体民族还是少数民族，都有其独特的传统文化。在人类历史发展过程中，由于各民族自身文化传递和各民族间文化的相互交流，各民族在文化上形成了“你中有我”、“我中有你”的特点，不仅主体民族文化吸收了各少数民族文化，而且各少数民族文化中也打上了主体民族文化的烙印，形成了在一个多民族国家大家庭中，多种民族文化并存并共同组成代表某一多民族国家的“共同文化群体”，即形成如费孝通教授所说的文化上的“多元一体格局”。[②]

显然，这一理论适用于我国的少数民族教育。少数民族需要学习主体文化，以适应现代社会的发展。美国学者沃尔特曾指出：“没有接受本族文化教育的学生固然可能产生疏远感和无根感，但缺少主体文化教育的学生将会失去许多经济、政治和社会性的机会。”[③] 随着经济发展和人口流动，回族青少年不可能终生局限于当地小社区，由于学业、工作、生活需要，他们以后必定要步入当代社会。只有学习主体文化，才能了解社会的发展，跟随时代的节奏。同时，少数民族也应保存自己的文化特征，尤其保持本民族文化中的精华，形成更积极的自我形象。对主体社会的成员来说，他们也要学习少数民族和群体不同的文化和风俗习惯，这是尊重和理解少数民族和群体的必要条件。随着不同社会群体间的交流和互动，族际间的共享成分会越来越多，主体民族与少数民族文化应加

---

① 哈经雄，滕星．民族教育学通论［M］．北京：教育科学出版社，2001.5：7.

② 哈经雄，滕星．民族教育学通论［M］．北京：教育科学出版社，2001.5：6.

③ 李定仁、罗儒国．西北民族地区校本课程开发的伦理思考［J］．西北师大学报（社会科学版），2005（1）.

强共享和交流，相得益彰。

多元文化教育的理念更多是弘扬各少数民族的优秀文化，使各民族学生能够养成对不同民族文化的理解与尊重，吸收和学习各民族的优秀文化，使各民族能够得到共同发展。它强调在多民族社会及多元文化社会中的教育公平，关注弱势群体的受教育权及弱势文化的发展和传承权利，促进不同文化间的交流与理解，进而促进社会的和谐发展。通过笔者的田野调查，访谈中的很多人，包括教师、阿訇、家长、政府部门都认可这种教育理念，比如青州市满族中学Z校长就向笔者讲过：不论是民族学校还是汉族学校，都应该开设民族教育课程，都需要加强民族教育。

综上所述，在学校教育及其课程体系中应该充分考虑到各民族文化的多样性，通过实施多元文化教育，帮助青少年理解和尊重不同民族的文化，促使他们健康成长。

结　语

在今天文化多元的背景下，一些少数民族传统文化的传承发展遭遇主体文化的冲击，作为负载民族未来发展希望的青少年首当其冲，他们正面临着文化选择的困惑。在主体文化强烈影响下，少数民族教育逐渐认同主体文化的教育模式，淡化民族自身的特殊属性，这一问题在本文对山东省青州市回族社区青少年民族认同的研究中可见一斑。因此，怎样处理好两种文化甚至多种文化的关系，使少数民族青少年在不同文化模式并存的教育中得到全面发展，并能够很好地传承少数民族的传统文化、构建民族认同，不仅是回族青少年教育面临的问题，也是各少数民族教育面临的问题。

在本文中，笔者以山东省青州市回族社区为调查点，主要研究影响当地回族青少年民族认同的三种主要教育形式——家庭教育、社区教育和学校教育。在收集田野调查资料的基础上力求客观、准确地描述当代回族青少年民族认同现状，并借鉴相关教育人类学理论进行粗浅分析。笔者通过对回族青少年教育中主体文化与民族文化双重文化背景的重新审视，得出结论：在散杂居少数民族地区实行多元文化教育是最佳出路。

事物的发展规律是在矛盾中不断完善，回族青少年教育也是如此。本文仅是笔者一家之言，要更好地解决青少年民族认同问题，还需要更深入的调查研究。加强对少数民族青少年民族认同的关注，一方面可以促进少数民族文化的传承与发展，另一方面也是对世界民族文化多样性的保护。

笔者的研究仅仅是对这一现象的初步探索，由于研究时间、文献资料以及研究水平等方面的局限，文中难免有不足或遗憾。笔者在文中提出的有关传统民族教育的建议尚需在实践中检验。同时，文中的一些个人观点也需要各方面专家和学者的指正。最后，笔者希望本文是引玉之砖，以后会有更多的专家学者和社会各界人士关注少数民族文化传承和少数民族青少年教育，大家合力共创各民族文化繁荣、民族教育蓬勃发展的大好局面。

参考文献

著作

[1] 哈经雄、滕星．民族教育学通论［M］．北京：教育科学出版社，2001. 5

[2] 黄淑聘、龚佩华．人类学理论方法研究［M］．广州：广东高等教育出版社，1996

[3] 良警宇．牛街：一个城市回族社区的变迁［M］．北京：中央民族大学出版社，2006. 5

[4] 林耀华．民族学通论［M］．北京：中央民族大学出版社，2005. 8

[5] 潘守永、雷亮中．米德与心理人类学的成长．选自庄孔韶．人类学经典导读［M］．北京：中国人民大学出版社，2008. 1

[6] 沈林、和佳、王云新．散杂居少数民族统计与分析［M］．

北京：民族出版社，2003.6

[7] 夏建忠．文化人类学理论学派——文化研究的历史[M]．北京：中国人民大学出版社，1997.7

[8] 杨圣敏、丁宏．中国民族志［M］．北京：中央民族大学出版社，2003.6

[9] 张海洋、良警宇．散杂居民族调查：现状与需求［M］．北京：中央民族大学出版社，2006.8

[10] 庄孔韶．人类学通论［M］．太原：山西教育出版社，2003.1

[11] ［香港］罗慧燕．教育与社会发展——中国贵州省的一个个案研究［M］．北京：民族出版社，2009.6

学位论文

[1] 黄柳英．民族乡散杂居少数民族儿童受教育权利保障研究——以广西南丹县里湖瑶族乡为个案［D］．成都：西南民族大学，2007.6

[2] 马慧．回族传统文化背景下的回族幼儿教育——以呼和浩特回民区为例［D］．呼和浩特：内蒙古师范大学，2007.6

[3] 徐秀明．涂尔干与布迪厄几种教育社会学观点比较研究［D］．长春：东北师范大学，2008.5

[4] 许燕．散杂居回汉民族关系调查与研究——以洛阳瀍河回族区为例［D］．北京：中央民族大学，2007.5

[5] 于衍学．散杂居少数民族权益保障问题研究［D］．兰州：西北民族大学.2006.5

期刊论文

[1] 阿娜．浅谈多元文化教育理念下我国民族教育的改革［J］．民族教育研究，2007

[2] 查婧．家庭对文化资本的影响［J］．太原师范学院学报（社会科学版），2007.5

[3] 邓行．少数民族流动人口权益保护初探［J］．中南民族

大学学报（人文社会科学版），2002.5

[4] 丁宏．文化、性别与回族社会［J］．西北民族研究，2008

[5] 费孝通．跨文化的“席明纳”．读书，1997.10

[6] 费孝通．中华民族的多元一体格局［J］．北京大学学报，1989

[7] 冯英．从回族文化看民族文化传统的传承特点［J］．民族文化理论与实践，

[8] 黄凤祥、谭传位．我国的散杂居少数民族概况［J］．民族团结，1997

[9] 蒋贞慧．试论回汉通婚的原因及特点［J］．商洛学院学报，2006.9

[10] 李定仁、罗儒国．西北民族地区校本课程开发的伦理思考［J］．西北师大学报（社会科学版），2005.1

[11] 李全生．布迪厄的文化资本理论［J］．东方论坛，2003

[12] 李淑兰、王永亮．回族教育“两难选择”的当代抉择［J］．回族研究，2003.2

[13] 刘丽丽．多元文化背景下的我国民族教育［J］．理论前沿，2007.9

[14] 刘明新、师丽华．散杂居少数民族教育现状与思考——以山东省青州市回、满族教育为例［J］．民族教育研究，2008.5

[15] 马殿立．从文化移入谈云南散杂居回族的民族认同［J］．昭通师范高等专科学校校报，2007.4

[16] 马桂芬．多元文化中的回族妇女——临夏回族妇女发展观的田野调查［J］．甘肃社会科学，2008.5

[17] 马明德．回族民俗文化及回族妇女的传承作用——以西宁城东区为例［J］．青海民族研究，2008.7

[18] 马平．中国回族穆斯林的社会网络结构［J］．回族研究，2008.1

[19] 马茜、肖亮中. 文化中断与少数民族教育——兼谈对少数民族教育的理性态度 [J]. 陕西师范大学学报（哲学社会科学版），2002.1

[20] 钱民辉. 民族教育散疑三议 [J]. 西北民族研究，2004.3

[21] 施小彦. 我国散杂居少数民族政策有哪些 [J]. 四川统一战线，2002.3

[22] 孙秋云. 费孝通“中华民族多元文化一体格局”理论之我见 [J]. 中南民族大学学报（人文社会科学版），2006.3

[23] 汤夺先. 论城市少数民族的居住格局与民族关系——以兰州城市回族为例 [J]. 新疆大学学报（社会科学版），2004.9

[24] 汤夺先. 论城市少数民族流动权益保障 [J]. 西北第二民族学院学报（哲学社会科学版），2008.5

[25] 滕星、苏红. 多元文化社会与多元一体化教育 [J]. 民族教育研究，1997.1

[26] 万明钢、白亮. 西方多元文化教育与我国少数民族教育之比较 [J]. 民族研究，2008.6

[27] 万明钢. 论多元文化教育的发展与面临的困境 [J]. 西北师大学报（社会科学版），2007.1

[28] 汪霞. 城市少数民族权益保障研究综述 [J]. 武汉科技学院学报，2006.7

[29] 王嘉毅、王利. 西部地区农村基础教育课程改革面临的问题与对策 [J]. 西北师大学报（社会科学版），2007.3

[30] 王鉴，万明钢. 多元文化与民族认同 [J]. 广西民族研究，2004.2

[31] 王鉴. 试论中华民族多元文化与一体教育观的形成与发展 [J]. 广西民族研究，2002.4

[32] 王迴澜. 回族农村青年婴嫁流动趋势——以山东三个回族村庄为例 [J]. 青年研究，2008.3

［33］王树理．大运河与我国回族散杂居格局的形成［J］．回族研究，2001

［34］王树理．关于散杂居地区清真寺的调查与思考［J］．交流与探讨，2001

［35］王玉玲．论我国少数民族教育的多样化构建［J］．民族教育研究，2005.5

［36］徐杰舜、韦小鹏．“中华民族多元一体格局”理论研究评述［J］．民族研究.2008.2

［37］杨军．现状与对策：西北少数民族基础教育均衡发展研究［J］．西北师大学报（社会科学版），2006.9

［38］杨晓纯．浅论妇女在散杂居回族认同中的作用——以山东省台儿庄区为例［J］．第三届妇女发展与进步国际学术探讨会论文集，2006.12

［39］杨晓纯．散杂居回族宗教信仰现状调查——来自山东省台儿庄区的实证研究［J］．西北民族研究，2008.4

［40］余葶．试论回族文化的神圣性与世俗性的良性互动[J]．回族研究，2002（1）

［41］张成、米寿江．南京回族社区的消失与回族文化传承的思考［J］．回族研究，2006.4

［42］张鸿雁、白友涛．大城市回族社区的社会文化功能——南京市七家湾回族社区研究［J］．民族研究，2004.4

［43］赵红．“回族民俗文化”地方课程开发的思考［J］．宁夏大学学报，2008.11

［44］周传斌、马雪峰．都市回族社会结构的范式问题探讨——以北京回族社区的结构变迁为例［J］．回族研究，2004.3

［45］朱伟珏．“资本”的一种非经济学解读——布迪厄“文化资本”的概念［J］．社会科学，2005.6

［46］张慧真．教育与民族认同：贵州石门坎花苗族群认同的建构［J］．广西民族学院学报，2002.7

官方资料

《青州市民族教育工作情况》，青州市教育局，2008. 6. 2

《中共青州市委青州市人民政府关于进一步加强民族工作的意见》，2009. 5. 27

《青州市少数民族成分及人口数统计表》，青州市民宗局，2008. 10. 20

社会变迁背景下的福州农村畲族教育

——以福州北部沧村为例

兰建华

第一章　绪　论

本研究以福州沧村畲族教育为研究对象，基于人类学田野工作(field work)，在横向上描述畲族教育的现状、遇到的问题，在纵向上探讨教育的发展历史与变化，尝试为村落的教育发展与文化变迁描绘一个微观的个案图景，进而试图在宏观上基于教育人类学的理论，深入分析教育发展与文化变迁的互动。在绪论中，笔者将交代研究的选题缘由及意义、相关研究现状、研究对象与方法。

第一节　选题缘由及意义

选择研究福州农村地区畲族教育的主题，主要是源于对畲族的关注与思考。作为一名在畲族村寨出生随后接受现代教育而成长的畲族学子，笔者十分关注畲族的社会发展与文化变迁，常思考自身所接受的教育及其所产生的影响，进而试图探寻几代畲族人所受教育的演进及其社会文化传承、变迁与文化认同的发展变化过程，特别是当代社会背景下的畲族地区发展。

文化多元是当代社会的突出特征之一，随着全球化的不断推进，社会的各方面都发生着剧烈变化，多元文化的碰撞、涵化无处不在，特别是散杂居区的少数民族文化，在与主流文化碰撞、涵化的过程中面临着一系列新的情况和问题，正经受前所未有的冲击，福州地区畲族也正处于这种发展的状态。

福州市是全国畲族人口较多的一个地区，根据全国第五次人口普查，福州市畲族人口 48152 人，占福建省畲族总人口的 1/8，畲族也是福州市 36 个少数民族成分中人口最多的一个民族。目前福州共有 2 个畲族乡，3 个民族中学，并在多个普通中学设立民族班。畲族在福州地区迁徙活动的汉文献记载始于唐代，历经迁徙、定居、发展，千年风雨沧桑，呈现现今“大分散、小聚居”的分布方式和社会文化现状。特别是改革开放 30 多年来，福州地区进入了新的历史发展时期，经济的快速发展及区域发展的不平衡，促使劳动力人口流动加快，民族人口分布也更为分散，福州地区畲族社会发生了很大的变化。伊里亚斯在《文明的进程》[①] 中，拆分出了文化与文明两个概念，认为文化是民族的自我与特色，是民族之间差异性的表现，文明则是人类的普遍行为和成就，是民族趋同性的表现。在社会发展变迁过程中，畲族文化的发展具有其独特性，但与同一背景下的中国广大少数民族农村却也具有相同的特点，面临类似的问题。基于这一思考，笔者选择福州农村畲族教育作为一个切入点进行思考，分析随着福州地区畲族的发展演变，教育发生了怎样的变化？畲族的文化现状如何？教育在其间起到了多大的作用？是怎样发挥作用的？

选择研究福州农村地区畲族教育的主题，也与笔者的学习经历有着密切的关系。2003 年，我考入了中央民族大学民族学与生态

---

① ［德］诺伯特·埃利亚斯著，王佩莉、袁志英译．文明的进程［M］．北京：三联书店出版社，1998.4.

学双学位专业，本科毕业后我到内蒙古西部支教一年，支教结束后又回到中央民族大学学习教育人类学专业。本科阶段的民族学专业的学习即引发了笔者对畲族的关注与思考，而教育人类学的学习更让笔者认识到教育在文化变迁中的重要作用。在当代社会背景下，畲族文化发展趋同于现代文明的形势将更为明显，而教育将是研究这种发展趋势的重要突破口。教育既是社会变迁中易受影响的因素，也是对社会变迁影响最大的因素，教育与社会文化相互作用，对文化的变迁起到关键作用。

教育一直以来都是人类学研究文化的热点课题之一，史上众多的人类学家在民族志研究中都对田野点的教育问题予以了极大的关怀，本尼迪克特认为教育有“传递、转变、改造”三大文化功能。玛格丽特·米德在《萨摩亚人的成年——为西方文明所作的原始人类的青年心理研究》[①] 中，通过对萨摩亚青年人的研究反思同一时期的美国社会，在其《代沟》[②] 一书中，通过分析美国社会文化变迁历程，从两代人的教育变迁、文化传递模式变化出发，对文化进行分类。布尔迪厄对法国的教育更是进行了深入的分析，并著有《继承人》[③]、《再生产》[④]、《国家精英》[⑤] 等著作。在对教育的研究中，由人类学和教育学相互交叉而形成了一门新的分支学科——教育人类学。国外的教育人类学主要于20世纪50、60年代由人类学与教育学相互借用与影响而形成，经过近60年的发展，形成了以德奥为代表的哲学教育人类学派和以美国为代表的文化教育人类学派。纵观中国人类学历史，20世纪80年代教育人类学才开始得到

---

① ［美］米德著，周晓虹译．萨摩亚人的成年［M］．北京：商务印书馆，2008.

② ［美］米德著，曾胡译．代沟［M］．北京：光明日报出版社，1988.

③ ［法］P. 布尔迪厄 J. C. 帕斯隆著，邢克超译．继承人［M］．北京：商务印书馆，2004.

④ ［法］P. 布尔迪厄 J. C. 帕斯隆著，邢克超译．再生产［M］．北京：商务印书馆，2004.

⑤ ［法］P. 布尔迪厄著，杨亚平译．国家精英［M］．北京：商务印书馆，2005.

发展，目前尚处于实践摸索阶段。随着中国少数民族地区的发展需要，教育人类学逐渐从非学术化到初步学术化，[①] 越来越多的专家学者涉足该领域，并努力地发展该领域的理论与实践。因此，从学科角度看，沧村的教育发展研究对于教育人类学的发展与实践都具有一定的理论实践与现实意义。

畲族是福州地区主要的少数民族之一，国内学者特别是厦门大学人类学研究所的学者多关注生活于闽东（福州、宁德等地）的畲族，也发表了大量的专著或论文，但大都集中在社会变迁、民族关系以及民族权益等方面，对该地区的教育现状研究较少。同时该地区也正处于急速发展时期，社会发展变迁必然也对社会各方面因素造成影响。政府的开发、移民等政策，主观或客观地加速畲族人口流动，随之而来的中小学合并、学校寄宿制等教育演变也使得畲族教育面临种种问题。因此，对该地区的教育进行研究具有一定现实意义。

第二节 相关研究回顾

本文的相关研究回顾主要基于两个层面进行，一是关注畲族的民族研究，其中涉及各类专著、史志、论文、调查报告等，二是分析目前有关畲族教育的研究文献。

一、畲族研究

关于畲族的研究，笔者以时间顺序，大致归纳为三个阶段：1956 年前畲族未识别为一个民族时，零星见于各种史志、调查报

① 王军著，滕星主编.《教育人类学研究丛书》主编序言.文化传承与教育选择［M］.北京：民族出版社，2002.

告的关于畲族先民的研究、描述及为配合民族识别工作而开展的调查；1956 年后至 1980 年代，身份明确、目的分明的民族社会历史调查与传统文化调查；1980 年代至今，成体系、观点较为鲜明、涉及范围广、著作量大的畲族研究繁荣时期。

畲族未识别为一个民族前，关于畲族先民的描述数量较少。这一阶段的社会文化研究多为对畲族先民奇风异俗的描述。1886 年，美国基督教传教士武林吉（Franklinohlinger）发表的题为《访福州附近的狗头族人或称山民》①（A Visit to the Dogheaded Barbarians or Hill People near Foochow）的论文提及了福州郊区少数民族的狗图腾崇拜。1906 年浮云的《畲客风俗》② 记述了浙西南畲民与汉人物物交换、以物易物的场景。1923 年胡先骕的《浙江温州处州间土民畲客述略》③ 简略描述了温州、处州畲民的生产生活。1924 年发表于东方杂志的沈作乾的《畲民调查记》④ 较为详细地记录了浙江丽水一带畲民的居住区域、畲民生活、畲民风俗、畲民性情、畲民思想、畲汉相处情形、畲民由来等内容。1926 年刊于《北京大学研究所国学门周刊》的董作宾的“说‘畲’”⑤ 和“畲语十八名”以及 1927 年刊于《中山大学语言历史学研究所集刊》的“福建畲民考略”⑥ 均将畲族先民作为少数民族进行了论述。1933 年由中央研究院出版（德文版）的由史图博、李化民合著的《浙江景宁敕木

---

① F. Ohlinger. A Visit to the “Dogheaded Barbarians” or Hill People near Foochow. The Chinese Recorder and Missionary Journal 17 (July 1886): 265 – 68. 转引自 Chungshee Hsien Liu. The Dog – Ancestor Story of the Aboriginal Tribes of Southern China. The Journal of the Royal Anthropological Institute of Great Britain and Ireland. Vol. 62, (Jul. – Dec., 1932), pp. 361 – 368.

② 甘肃省古籍文献整理编译中心编，田兆元辑主编．华东少数民族文献［M］．学苑出版社，2010.

③ 胡先骕．浙江温州处州间土民畲客述略［J］．科学，1923 年，第 7 卷第 3 期．

④ 沈作乾．畲民调查记［J］．东方杂志，1924，21（7）．

⑤ 董作宾．说畲［J］．北京大学研究所国学门周刊，1926 年，第 2 卷，第 14 期．

⑥ 董作斌．福建畲民考略［J］．中山大学语言历史学研究所集刊，1927，1（2）．

山畲民调查记》① 对敕木山进行了基本基于田野调查法的调研，涉及的内容较多。1933 年何子星发表于东方杂志的《畲民问题》②，对浙江畲族的经济、文化、社会等方面进行了描述。1941 年管长墉发表于《福建文化》的“福建之畲民”③ 较为全面、系统地描述了福建畲族的经济、文化现状。此后，1944 年傅衣凌也在《福建文化》上发表了“福建畲姓考”④。可以说，这些文章对畲族研究做了很好的积淀，对后来的畲族研究具有重要的参考价值。

民族识别工作推进了畲族研究，随着一系列报告的写成，也引发了关于畲族族源、语言、文化等各方面的讨论。民族识别工作中，先后派调查小组于 1953 和 1955 年赴闽、浙、粤等地畲族村落进行调查研究。1953 年，以施联朱为组长，黄淑娉、陈凤贤等为组员的调查小组，先后在浙江景宁东弄、福建罗源八井、漳平山羊隔等畲村进行了民族识别调查，这两次调查为 1956 年畲族被认定为单一少数民族提供了主要依据。1982 年和 1986 年，又开展了对畲族传统文化的调查，通过历次调查研究获得了大量的、丰富的第一手资料，发表了大量的调查报告和科研论著，如出版了《畲族简史》⑤、《畲族史稿》⑥、《畲族社会历史调查》⑦ 等畲族史专著以及部分县市志书等。1980 年代，施联朱撰写了《畲族风俗志》⑧（1988）等著作其主编的《畲族社会历史调查》⑨（1986）、《畲族

① ［德］史图博、李化民．浙江景宁敕木山畲民调查记［M］．武汉：中南民族学院重印，1984.

② 何子星．畲民问题［J］．东方杂志，1933，33（13）.

③ 管长墉．福建之畲民［J］．福建文化，1941（1）.

④ 傅衣凌．福建畲姓考［J］．福建文化，1944（1）.

⑤ 施联朱、蒋炳钊、陈元煦、陈佳荣著．畲族简史［M］．福州：福建人民出版社，1980.

⑥ 蒋炳钊．畲族史稿［M］．厦门：厦门大学出版社，1988.

⑦ 福建省编辑组．畲族社会历史调查［M］．福州：福建人民出版社，1986.

⑧ 施联朱编．畲族风俗志［M］．北京：中央民族学院出版社，1989.

⑨ 中国少数民族社会历史调查资料丛刊福建省编辑组编．畲族社会历史调查［M］．福州：福建人民出版，1986.

研究论文集》[①]（1987）等著作，以及蒋炳钊的《畲族史稿》[②]（1988）等，对畲族研究做了很大补充，特别值得一提的是中南民族学院翻译并重印了史图博与李化民所著《浙江景宁敕木山畲民调查记》[③]（1984）。因此，这段时间的畲族研究关注点更广、更深入，为畲族研究打下坚实的基础。

改革开放后，畲族研究集中在以下七个方面：一是畲族识别调查与畲族社会历史调查以及综合研究；二是关于畲族的来源与迁徙的研究；三是畲族人民的反抗斗争与革命斗争；四是畲族与其他族群的关系研究；五是对畲族文化，包括物质文化、社会组织和有关习俗、音乐歌舞与民间文学、民间信仰、畲族文化遗产保护等的研究；六是畲族语言的研究；七是当代畲族社会经济发展的研究。这些研究涉及各类专著、史志、论文、调查报告，范围广，数量多，几乎囊括了所有的畲族研究成果，可以说是较全面地反映了畲族研究的进展情况。朱洪、姜永兴出版的《广东畲族研究》[④]（1991）；施联朱、雷文先主编的《畲族历史与文化》[⑤]（1995）；雷弯山所著《思维之光——畲族文化研究》[⑥]（1997）对敕木山进行了延续性的跟踪研究，同时分经济、道德、语言等进行论述；雷恒春等主编的《中国民族文化大观·畲族编》[⑦]（1999）；中国少数民族现状与发展调查研究丛书《福安市畲族卷》[⑧]（1999）；汪毅夫、蓝炯熹、郭

---

① 施联朱主编．畲族研究论文集［C］．北京：民族出版社，1987.

② 蒋炳钊．畲族史稿［M］．厦门：厦门大学出版社，1988.

③［德］史图博、李化民．浙江景宁敕木山畲民调查记［M］．武汉：中南民族学院重印，1984.

④ 朱洪．广东畲族研究［M］．广州：中山大学出版社，1991.

⑤ 施联朱、雷文先．畲族历史与文化［M］．北京：中央民族学院出版社，1995.

⑥ 雷弯山．思维之光［M］．天津：天津人民出版社，1997.

⑦《中国民族文化大观·畲族编》编委会编．中国民族文化大观·畲族编［M］．北京：民族出版社，1999.

⑧ 龙远蔚、万红、侯红蕊、白滨撰著．福安市畲族卷［M］．北京：民族出版社，1999. 9.

志超主编的畲族研究书系[①]（2002），包括：蓝炯熹的《畲民家族文化》、雷弯山的《畲族风情》、吴永章的《畲族与瑶苗比较研究》、谢重光的《畲族与客家福佬关系史略》、游文良的《畲族语言》、蓝雪霏的《畲族音乐文化》等六部专著，可以说是新世纪研究畲族社会、文化艺术等方面的较全面、深刻之作；同时代出版的还有施联朱的《中国民族百科全书·畲族》[②]（2002）、《施联朱民族研究文集》[③]（2003）；蓝炯熹的《猴墩茶人》[④]（2003）；石奕龙、张实主编的《畲族：福建罗源县八井村调查》[⑤]（2005）等等。这些著作让畲族研究更为专业化，也回归民族学重视个案研究的特点。

二、畲族教育研究

当前关于畲族教育研究的著述，大都以教育学的视角进行现状描述和理论思考。著述主题主要有以下三类：对畲族教育历史的回顾；就畲族学校教育发展本身进行探讨分析；从关注学校教育中畲族学生的心理及文化适应等具体问题出发进行的探讨。

畲族教育史回顾

冯云的《畲族教育的回顾与展望》[⑥]（2003），简要描述了全国畲族教育发展的大致情况，但没有进行细致深入的分析。黄新宪的研究多为文献梳理，其《清代和民国时期畲族教育变迁史略》[⑦]

---

① 六部著作均由福建人民出版社于2002年6月出版。

② 张山主编．中国民族百科全书．苗瑶畲土家高山族卷［M］．长春：东北妇女儿童出版社，2002.

③ 施联朱著．施联朱民族研究文集［M］．北京：民族出版社，2003.

④ 蓝炯熹著．猴墩茶人［M］．昆明：云南人民出版社、云南大学出版，2003.

⑤ 石奕龙、张实主编．畲族——福建罗源县八井村调查［M］．云南：云南大学出版社，2005.

⑥ 冯云．畲族教育的回顾与展望［A］．畲族文化研究（下册），2007.

⑦ 黄新宪．清代和民国时期畲族教育变迁史略［J］．教育评论．1998.

(1998) 主要以梳理文献资料的方式介绍清代和民国时期的畲族教育发展脉络。《建国以来畲族教育与畲族社区的变迁》① (1998) 一文，分析了新中国成立以来畲族社区的变迁过程与畲族教育。颜禾《闽东少数民族教育的地域特色》② (1996) 在考察与调研的基础上，总结闽东畲族教育的民族性、倾斜性、集中性、自助性、实用性等五大地域特色。郭少榕《闽东畲族教育历史发展述略》③、《福建省少数民族教育探略》④ 等著作都对畲族的教育发展历史给予了极大的关注。吕若卉、叶哲铭的《蓝宝成与畲族近代教育及畲汉通婚》⑤ 描述了近代浙西南山区畲民蓝宝成热心教育，培养出一大批畲、汉学生，有效地提高了畲民的受教育水平，打破了“畲汉向不通婚”的陋习，提升了畲民的社会地位。

学校教育发展研究

关于畲族学校教育发展的研究著述，大多见于《福建民族》杂志及部分县市的民族教育期刊杂志。连江县华侨中学的《创办寄宿制少数民族班，推动民族教育发展》⑥ 以及雷先根的《办好寄宿制小学，走山区教育的出路》⑦，论述了创办寄宿制少数民族班的经验及意义，给予寄宿形式的民族班或民族学校极大的关注。林秀珠的《谁是民族文化的守望者》⑧ 以八井畲族村落教育为对象，基于每个民族都有其特定的代代相传的文化生活方式的论点，认为现在

---

① 黄新宪．建国以来畲族族教育与畲族社区的变迁［J］．江西教育科研，1998 (5)：51－54.

② 颜禾．闽东少数民族教育的地域特色［J］．教育评论．1996 (4)．

③ 郭少榕．闽东畲族教育历史发展述略［J］．中外教育，1997 (1)．

④ 郭少榕．福建省少数民族教育探略［J］．教育评论，1993 (3)．

⑤ 吕若卉、叶哲铭．蓝宝成与畲族近代教育及畲汉通婚［J］．丽水学院学报，第32卷，2010 (6)．

⑥ 连江华侨中学．创办寄宿制少数民族班，推动民族教育发展［J］．福建民族，2006 (2)．

⑦ 雷先根．办好寄宿制小学，走山区教育的出路［J］．福建民族，1999 (2)．

⑧ 林秀珠．谁是民族文化的守望者——八井畲族村落教育考察思考［J］．文教资料．2009 年 1 月号中旬刊。

少数民族文化"边缘化"的现象越来越严重，并深入思考"谁是民族文化的守望者"。蓝存安《为了民族教育的和谐发展》①（2007）一文关注发展和谐的民族教育，他认为挣脱应试教育的羁绊、全面实施素质教育是构建和发展和谐的民族教育的关键，正确处理教育教学关系、发展民族团结是构建和发展和谐的民族教育的基本保证，坚持课程改革方向、弘扬民族文化精神是构建和发展和谐的民族教育的重要内容。蓝希瑜、蓝方铭、王金菊的《赣南畲族教育颓废及其对策分析》②（2006），分析了20世纪60年代后赣南畲族教育转向颓废的现象，建议从发扬民族传统、构建新型资教体系，重塑学习"榜样"、改善教育环境，加强民族研究、开创特色之路，促进族群交流、实现双向共赢等方面构建和谐的畲族教育。傅福权《构建畲乡特色的民族教育体系》③（2004）以上杭庐丰畲族乡教育的发展现状为例，就如何构建畲乡特色的民族教育体系作探讨。郭少榕《闽东畲族教育的现实与超越》④（1997）认为，应从根本上改变闽东教育和经济的落后局面，在面向21世纪的现代化进程中，缩小畲族与汉族之间在经济文化上的差异，促进各民族真正意义上的平等，并对此提出了具体建议。

对畲族学生及其适应学校教育的研究

刘建闽《畲族文化：民族中学语文课的课程资源》⑤（2004）认为，顺昌民族中学生源与地理位置与畲族文化血肉相连，学生易于、乐于接受畲族文化，因此，主张将"畲族文化"作为语文课程资源开发、利用和落实《语文课程标准》的切入点。陈雪凌、徐铭

---

① 蓝存安．为了民族教育的和谐发展［J］．福建民族，2007（3）．

② 蓝希瑜、蓝方铭、王金菊．赣南畲族教育颓废及其对策分析［J］．韶关学院学报·社会科学．2006（5）．

③ 傅福权．构建畲乡特色的民族教育体系［J］．福建民族．2004（6）．

④ 郭少榕．闽东畲族教育的现实与超越［J］．教育评论．1997（1）．

⑤ 刘建闽．畲族文化：民族中学语文课的课程资源［J］．福建民族，2004（4）．

《福安市畲族中小学智力调查》[①] 采用随机抽样检查的方法，对福安市畲族中小学生的学习成绩进行调查。2003 年，福建师范大学钱锦彬的硕士论文《畲族中小学生心理健康状况的调查研究》[②] 和白丽英的硕士论文《畲族家庭环境状况及其对中学生心理健康的影响》[③]，探讨了畲族中小学生心理健康状况问题。前者侧重于整体研究，后者则从家庭环境状况入手，认为在家庭基本因素中，家庭经济状况对于畲族中学生心理健康影响最大。刘建闽《浅谈对畲族中学生自信心的培养》[④] 等文章也对畲族教育进行了相关研究，但侧重点多从教育学本位对畲族教育进行思考。刘希标等的《景宁县畲族小学生自我意识与行为状况》[⑤] 认为，学校教育工作更应关注畲族和农村孩子的心理健康，以进一步提高畲族和农村学生的心理素质。

总之，关于畲族教育方面的研究文献大都基于教育学的视角进行，或关注教育现象本身，或探讨教育发展情况，在畲族民族教育与文化变迁与传承之间的关系探讨上，留下了继续探讨的空间。

第三节 理论与方法

人类学关注文化、关注教育的过程中，通常会基于涵化、濡化的理论对文化的变迁与传承进行论述；博尔诺夫对教育进行深入研究后提出了教育不连续性的概念；而滕星基于多年的民族教育研

① 陈雪凌，徐铭．福安市畲族中小学智力调查［J］．福建医药杂志，2000（1）．

② 钱锦彬．畲族中小学生心理健康状况的调查研究［D］．福建师范大学硕士论文 2003.

③ 白丽英．畲族家庭环境状况及其对中学生心理健康的影响［D］．福建师范大学硕士论文，2003

④ 刘建闽．浅谈对畲族中学生自信心的培养［J］．福建民族，1999（2）．

⑤ 刘希标等．景宁县畲族小学生自我意识与行为状况［J］．中国学校卫生，第 29 卷第 2 期，2008 年 2 月。

究，对多民族国家教育提出了多元文化整合教育的理论观点。

一、相关理论概述

1. 涵化、濡化

人类学家称一个社会的文化传递过程为“濡化”（enculturation）。[①]“濡化”一词最早由美国著名人类学家赫斯科维茨（M J·Herskovits）提出。濡化的核心是“文化获得和传承机制，文化濡化本质是学习和教育，其过程是个人或社会群体中年轻一代获得文化教养过程和文化传承过程，这种过程是通过濡化来达成并保持的，表现出很多行为都存在上一代趋同于下一代，并且表现出一定的连贯性和延续性”。[②]与重视文化传递过程的“濡化”相对应，“涵化”（acculturation）作为文化变迁的一种主要形式，更重视文化的变迁。关于“涵化”，三位美国人类学家的界说较具代表性。1936年，人类学家赫斯科维茨（M J·Herskovits）和R. 雷德菲尔德、R. 林顿两人合著的《涵化研究备忘录》中对“涵化”下了定义，认为：“涵化”指的是“由个体所组成的而具有不同文化的民族间发生持续的直接接触，从而导致一方或双方原有文化形式发生变迁的现象”；[③] 1953年，R. 比尔斯在克娄伯主编的经典性著作《今日人类学》中发表了《涵化》一文，也对涵化进行了与赫斯科维茨相似的定义。W. A. 哈维兰编写的《人类学》中认为：“涵化有许多可变因素，包括文化差别程度；接触的环境、强度、频率以及友好程度；接触的代理人的相对地位；何者处于服从地位，流动

① 李亦园．人类的视野［M］．上海文艺出版社．1996：33.

② ［美］马维·哈里斯著，许苏明编译．人·文化·生境［M］．太原：山西人民教育出版社，1989：7.

③ M. J. Herskovits：Acculturation：the Study of Cultural Contact. Cloucester，Mass.：Peter Smith，1938. 转引自宇晓．瑶族的汉式姓氏和字辈制度［J］．贵州民族研究．1995（4）．

的性质是双方相互的还是单方面的。”①

2. 非连续性教育理论

非连续性教育理论是德国著名教育人类学家博尔诺夫提出的，他详细论述了非连续性教育的成因，同时提出非连续性教育的形式及其应用。他认为教育过程是连续性和非连续性的统一，他通过论述非连续性教育的危机、告诫和号召、遭遇、唤醒四种形式应用，对其理论进行了较为详细地介绍。博尔诺夫认为，危机是人生的一个组成部分，包括政治危机、经济危机、社会危机、人的疾病危机和成熟危机等，危机对人生具有积极意义，危机往往与人生的新起点相联系。教育工作者应该启发和引导青少年战胜危机。他把使人生的连续性中断、使人发生转折、产生强烈震动的特殊经验作为遭遇的主要研究对象，认为教育工作者应该为学生应对遭遇做好准备，主要是做好心理准备。博尔诺夫认为在教育的过程中，需要经常借助外部的推动力，主要是指教育工作者的干预，通过告诫和号召等形式来激励受教育者。关于唤醒，博尔诺夫认为人的心灵深处存在着一种所谓的“本源性”的道德意识，通过唤醒的形式可以使一个人的生命升华、心灵解放。②

3. 多元文化整合教育理论

滕星教授通过多年对国内外民族教育理论和多元文化教育理论的潜心研究与分析，提出了在一个多民族国家中实施“多元文化整合教育”的“多元文化整合教育理论”，也称为“多元一体化教育理论”。③ 认为一个多民族国家的教育，在担负人类共同文化成果

---

① R. Beals: " Acculturation, " in Anthropology Today, edited by A. L. K roeber. Chicago: The University of Chicago Press, 1953。[美] 哈维兰著，王铭铭等译. 当代人类学 [M]. 上海人民出版社. 1987。均转引自宇晓. 瑶族的汉式姓氏和字辈制度 [J]. 贵州民族研究. 1995 (4).

② 博尔诺夫著，李其龙译. 教育人类学 [M]. 上海：华东师范大学出版社，2001. 5.

③ 徐杰舜. 在田野中追寻教育的文化性格——人类学学者访谈之二十七 [J]. 广西民族学院学报（哲学社会科学版），2004 (2).

传递功能的同时，不仅要担负传递本国主流民族优秀传统文化的功能，而且同时也要担负起传递本国各少数民族优秀传统文化的功能。“多元文化整合教育”对象不仅包括少数民族成员，而且也包括主体民族成员。“多元文化整合教育”的内容，除了包括主体民族文化外，还要含有少数民族文化的内容。少数民族不但要学习本民族传统优秀文化，而且也要学习主体民族文化，以提高少数民族年轻一代适应主体文化社会的能力，求得个人最大限度的发展。主体民族成员除了学习本民族文化外，还应学习少数民族文化。“多元文化整合教育”的目的是：继承各民族优秀文化遗产，加强各民族间的文化交流，促进多民族大家庭在经济上共同发展，在文化上共同繁荣，在政治上各民族相互尊重、平等、友好与和睦相处，最终实现各民族大团结。①

对沧村的教育分析中，笔者无意生搬硬套关于教育与文化的相关理论，而上述论及的理论为我们探讨文化与教育奠定了良好的基础与思索方向。涵化与濡化理论为研究沧村教育对文化传承与变迁的影响理清了思路。非连续性教育给予沧村的受教育者以希望，在受教育过程中的“遭遇”与非连续性事件在有力的引导下，能对受教育者产生良好的影响。多元文化整合教育理论则给予沧村教育以一个理想的方向，指引沧村教育朝着更为和谐的方向发展。

二、研究方法与内容

本研究主要采用田野民族志的方法，以当地畲族中小学生、畲族教师以及畲族社区的个别畲族人为报道人进行深入访谈；同时注重文献的搜集、整理。

1. 文献研究：整理收集关于畲族的相关文献材料，为研究奠定历史背景。收集官方部门的统计数据，尤其是当地政府或统计部

① 哈经雄、滕星．民族教育学通论［M］．北京：教育科学出版社，2001.5：580.

门未公布的资料进行分析，通过历时性的比较，掌握最新的畲村发展现状。

2. 田野研究：田野研究以参与观察与深度访谈为主。访谈对象有畲族中小学生、畲族教师、畲族本土研究专家学者以及畲族社区的个别畲族人，访谈围绕访谈对象的受教育历程、对教育现状的评价以及对畲族传统文化的认识和认可等内容进行。研究中注重结合主位与客位的不同视角进行分析和讨论，并结合共时性与历时性的对比，在对福州地区畲族社会变迁情况的回顾、民族传统文化的情况论述以及畲族教育历史追溯的基础上，把握福州地区畲族的文化传承、变迁及几代畲族人的教育状况，结合人类学、教育学、心理学、教育人类学等学科理论，深层次挖掘教育与文化传承之间的关联，从而提炼观点，分析问题。

笔者认为，在社会变迁的背景下，畲族社会结构发生的巨大变化导致了畲族教育的演进，而这种教育演进在很大程度上影响了畲族的文化传承与变迁，进而对畲族的文化认同产生影响。在这个过程中，畲族教育的构成情况、历时性的发展演变等都直接影响着文化的传承，而畲族社区的演变则为文化变迁、文化认同的嬗变提供了社会基础，家庭教育构成比例的减少则加重了文化认同嬗变的过程。社会变迁的过程中，通过经济发展的力量影响教育，而教育发展是与社会变迁、经济发展互动的结果，是适应社会环境、自然环境的结果，笔者期望在教育发展过程中，沧村教育的结果能使受教育者在适应社会发展的同时又不失民族性。

第二章　沧村的历史与现状

沧村，并不是一个独立的行政村，而是福州市区北部一个畲族乡若干畲族村落的地域整合概念。之所以将其命名为沧村，一是笔者出于人类学研究的惯例而定，如中国人类学前辈的田野点一样，费孝通先生的江村、云南三村，林耀华先生的黄村、义序；二是沧村整个区域内人口相对较少且分布十分零散，而地域内畲族村民拥有一定的血缘联系，并维持着共同的互动和文化；三是历史上沧村有一个相对封闭独立的学区教育体系，以中心校－点校的形式将分布于大山中星星点点的畲族村落连接在一起。同广大的畲族村落一样，沧村经历了迁入、定居、发展的历史过程，在这一历程中，村民的生产生活、生计方式乃至衣着服饰都发生了巨大的变化。追溯沧村的历史、描绘沧村的现状，能让我们更好地理解沧村教育发展、社会变迁的社会背景，为主题的深入讨论做铺垫。

第一节　沧村的历史区划

沧村位于福州市区北部的小沧畲族乡，距市区约40公里，地处北纬26°19′49″－26°25′29″，东经119°16′18″－119°21′41″之间。距福州市区约40公里，距连江县城约60公里，是全省最早成立的少数民族乡（1984年6月）。

乡境内有一溪流穿过，溪流从古田县东部、罗源县西部流入，南往连江县潘渡、敖江、浦口，汇入东海。村落虽小，却有沧海之称，故得名。未通公路前是宁德、罗源、古田等地进入福州市区的陆路、水路的重要驿站，历史上其社会经济、人口也曾有过繁荣时期，旧时尖头小船是水路交通的主要运输工具。

小沧畲族乡政府

沧村所属的小沧畲族乡，在历史上建制发生了多次变化，人口、社会等也有一定的变迁。据《福州市畲族志》记载，在清代及其以前，沧村属连江县太平乡安仁里和名闻乡安定里。民国初，属溪港自治区。民国 18 年（1929）设第四区小沧乡。民国 24 年，设小沧联保，属第一区署。民国 29 年，归第二区署蓼溪蒲乡，设小沧、龙潭、中逢、七里 4 个保。民国 33 年，从蓼沿乡析出，重设小沧乡，下设小沧、中逢、龙潭、沙州、高岳、泮水、蒲边 7 个保，共 62 甲 1406 户 4428 人。这是小沧历史上境域最大的时期，延续到民国 38 年 8 月。中华人民共和国成立，废除保甲制度后，设小沧乡，划为第四区，后改潘渡区。1958 年合并于潘渡乡，成立潘渡公社。1960 年与潘渡分开，成立小沧人民公社。1984 年 6 月，建立小沧畲族乡，辖小沧、七里、东风、樟后等 4 个行政村。1992 年，省重点工程山仔水利枢纽工程在小沧乡境内开工建设后，由于淹没区行政管辖变动，增设了利洋行政村。现今小沧乡共辖小沧、七里、东风、樟后、利洋等 5 个行政村。

沧村的变迁，可以看成是福州地区农村畲族社会变迁的一个缩影。小沧畲族乡属于边远山区，又是少数民族区和革命老区，畲族村民散居于距离行政中心较远的深山中。区域内畲族发展变迁的阶段大致可以分为四个阶段：第一阶段为中华人民共和国成立前，畲族人民生产自给自足，由于交通闭塞、山林险峻等原因，与外界接触较少，是国家权力较少触及的区域。第二个阶段是中华人民共和国成立后至改革开放前，畲族人民开始积极参与政治活动，享受国家政策并能与国家行政政策互动，实行合作社、公分制等，这一阶段生产力、经济水平依然低下。据 1980 年小沧人民公社决算，全社（今全乡）总收入仅 40 万元，农民人均收入 54. 4 元，占全县人均数（114 元）的 47. 7%。第三个阶段是改革开放至 21 世纪前，在政府的一系列扶持措施和畲族人民的努力下，生产生活快速发展，积极参与经济建设活动，畲族人民的生产生活和经济结构都发生巨大变化。1990 年全乡工农业总产值 624 万元，农民人均收入 612 元，占全县人均数（799 元）的 76. 6%。据 2000 年统计资料显示，全乡工农业总产值达 2815 万元，比 1990 年增长 3. 8 倍，其中工业总产值达2000万元，跃居第一位。农民人均纯收入3210元，占全县人均数3819元的84.1%。[1] 第四个阶段是21世纪开始后，随着小沧下游的塘坂水库电站建成投产，并成为福州市区饮用水的第二水源，小沧全境皆属于一级水源和生态环境保护区。由于相关保护措施的限制，畲族人民的生产生活受到了极大挑战，而久居于山岭中的畲族人民也逐渐适应国家经济发展，更多地谋求向外发展，开始出现人口大量外流，外出经商、务工等现象。

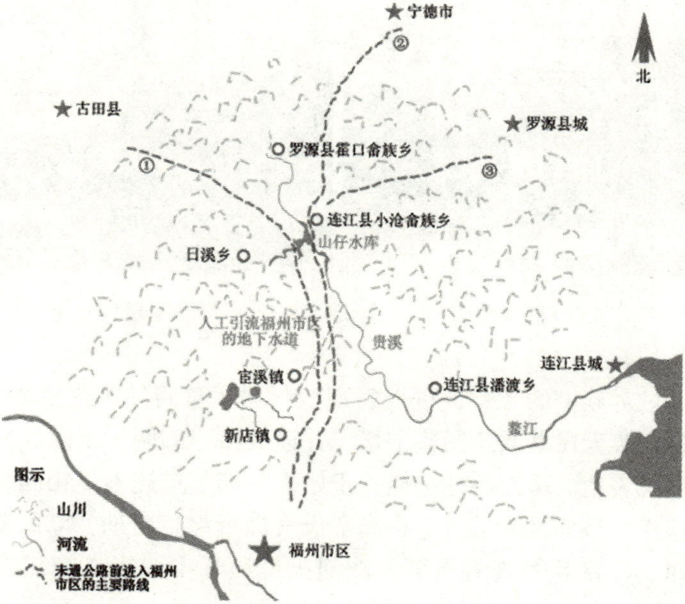

小沧畲族乡水系、交通示意图

① 乡政府2009年上报县政府报告中提及。

第二节 沧村畲族的源流

沧村畲民主要分布于七里、利洋、东风三个行政村，由雷姓与蓝姓两大支系组成，雷姓和蓝姓是畲族姓氏中比较典型、人口较多的姓氏。其中雷姓支系分布于七里、利洋、东风三个自然村，蓝姓支系分布于大岗自然村。

东风村村口

七里村

通过对族谱的考察，可以发现沧村村民都将始祖追溯到盘瓠，这也是畲族人民共同的民族记忆，并以族谱、族图、山歌、故事传说等形式表达。虽然各地畲族关于始祖的细节描述不尽相同，但都沿革这样一条体例来进行。在高辛氏（即帝喾）时期，刘氏皇后耳内疼痛，旨召名医查看，御医从刘氏皇后耳中取出之物化身盘瓠（即畲族的始祖）。这时期，国家遇到番王作乱，高辛帝便下诏求贤，提出能斩番王头者将以三公主嫁予为妻。盘瓠揭榜后即往敌国，斩首回国献给高辛帝。高辛帝因他是犬而想悔婚，盘瓠作人语说："将我放在金钟内，七昼夜可变成人。"盘瓠入钟六天，公主怕他饿死，打开金钟。见他身已成人形，但头未变。于是盘瓠与公主结婚。婚后，公主随盘瓠入居深山，以狩猎和山耕为生。生三子一女，长子姓盘名能，次子姓蓝名光辉，三子姓雷名巨佑，女儿嫁给钟智深，关于始祖的描述在畲族族图中常以图文并茂的形式展现，而畲族村落也会在三月三祭祖的节日展示并讲述始祖盘瓠的传奇故事。

修订于道光三十年（1850）的《七里雷氏族谱》记录了七里村、利洋村的雷姓畲族的迁徙发展历程。在描述族源时，也会追溯至祖先盘瓠，而后迁徙的路径大致是从广东凤凰山往北一路迁徙，最终迁入沧村并定居。有比较清晰的时间记忆是在正德年间（1506—1521），即族谱记载的第35世先祖，此时雷姓畲族定居于连江县北峰菜岭，而后这一支系经透堡迁到了梅洋岭（今沧村境内），35世时经历了两次迁徙，最终定居在梅洋岭梅洋。第36世时，雷姓中又有一支迁往掌濑（今利洋村），其余一直定居七里村。族谱记载的七里村生活的第40世畲族的先祖生于康熙乙未年（1715），卒于乾隆四五年（1780）。第43世土焕公，生于嘉庆十五年（1810），卒于光绪七年（1881）。据报道人讲述[①]，如今村中依然保存着一座名为“探花府”的古宅，是由土焕公的举字辈儿子所建，由此可推测探花府大约建于19世纪中晚期。

七里村的探花府古宅

现今大岗留有一幅图文并茂的祖图，修于咸丰十年（1860），落款为“咸丰拾年岁次庚申五月吉日本乡族长蓝贤等重修图序铁卷

① 2010年8月，于小沧乡政府与报道人访谈中提及。

董事世宗、九保、同忠”，也大致记录了大岗蓝姓畲族的迁徙历程，祖图记录：

大隋开皇五年五月十□日给 盘蓝雷三姓 定立大船三号出于海洋后 盘姓一船不知何方去向 唯独蓝雷两姓洋中 直到福建兴化连邑马鼻上山 吾祖迁马鼻南洋居住 安业以后又分支派移连邑尖沧大邱兰 其中久远族繁□券纪后于

□□九年间 吾始祖文贵公又迁移大岗地□立业安居迄今十余世矣 虽有图序长远年湮破坏不可胜纪 故予本乡伯叔兄弟侄等鸠集捐题喜拾重修图版铁券公请福省七桥官路先生高严灿丹青铁券□□载正予 厚期□子□孙□□世守匆相替也 是以为图谱之序①

由此可见，大岗蓝姓畲族有明确记忆的片段是在马鼻南洋定居，随后又迁移到如今沧村的区域内，至1860年重修祖图已在沧村生活了10余世。沧村畲族迁徙的路线与畲族的迁徙历程是相符的，从广东附近迁到福建，并逐步迁入福建东北部的山区，且不断的向人烟稀少的地区迁徙。

基于对沧村畲族族谱、祖图的分析，畲民在明清时才开始逐渐在沧村区域内定居、发展。唐以后连江县才有了明确的建制文献记录，到明清时期，畲村所在的地理区域已经有了明确的行政区划建制，归属名闻乡、太平乡，也即国家权力已经能够涉及，但沧村处于偏僻山区，交通闭塞，基本上还能过着远离国家权力的生活，不断的逃离国家权力的制约或许也正是畲民不断迁徙的原因。

① 调研期间笔者翻拍了该套祖图，由于年代久远部分文字难以辨认，文中以“□”代替。

第三节　沧村的现状

为了更好地展现沧村的整体面貌，本节将以小沧畲族乡全乡作为参考文本，同时关注其辖区内小沧、七里、东风、利洋、樟后等5个行政村的数据，从物产资源、人口、产业结构等方面进行分析。

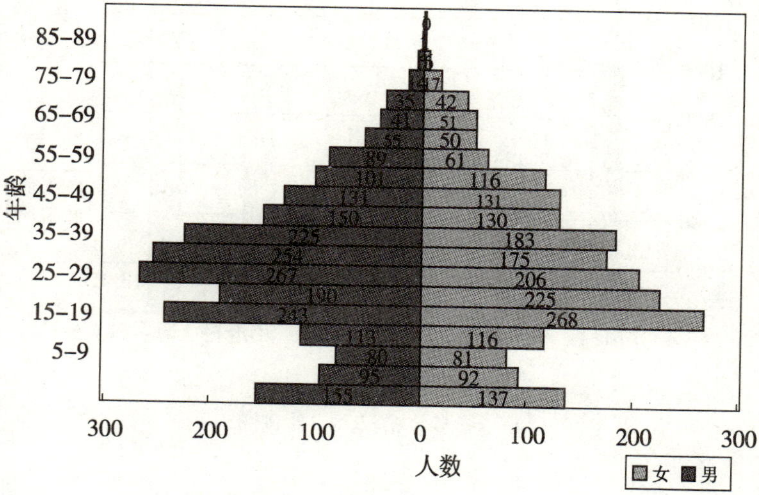

小沧畲族乡人口金字塔

人口资源

沧村畲民零散地分布于七里、大岗、掌濑、过洋、牛楼、上东山、下东山、金洋顶、湖里濑上洋、龙潭、半岭、曲埕等地。2005年，全乡共有1035户，总人口3969人，其中畲族居民共585户，人口2269人，占全乡总人口的57.2%。截止2009年12月31日，小沧畲族乡常住人口为4334人,[①] 通过绘制小沧畲族乡的人口金字塔（如图所示）可以发现，年龄结构有一个明显的界限，以1990年为限，1990年前金字塔呈人口增长型，1990年以后，人口呈缩减型。

深入分析人口的分布亦可发现，沧村畲族与汉族在地理行政区划上也有着明显的分界线，散居各处却又有一定的集中趋势。畲族人口大多分布于交通不便的边远山区，如东风、利洋、七里等地，东风、利洋、七里等村落的畲族人口明显多于汉族人口（如下图所示），而乡行政中心的小沧村聚居的大部分则为汉族人口。

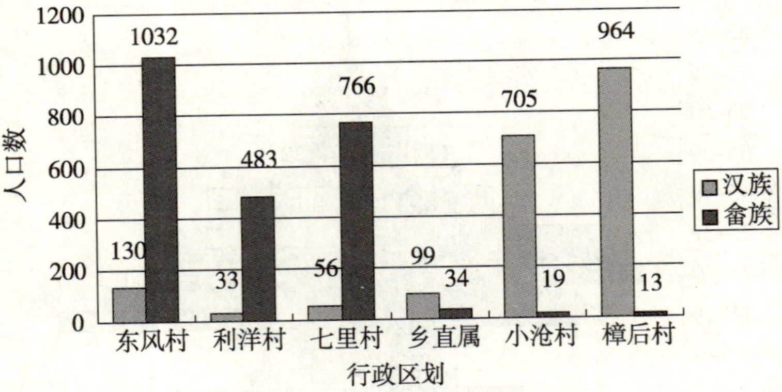

小沧畲族乡畲汉人口比例图

辖区内山场广阔，资源丰富，陆地总面积60.4平方公里，土地面积9.06万亩，其中耕地面积2242亩；林地面积7.49万亩（含阔叶林3万亩，黄竹10万亩，毛竹2万亩，茶果园1000亩），森林覆盖率为82.7%。年均降水量1700毫升，年平均气温18℃，最高月平均气温26－28℃，最冷月平均气温8－10℃。全乡10万亩黄毛竹，除作为食物原料外，围绕着毛竹，发展搭建吊脚楼、山

① 小沧人口与计划办公室2010年8月份总数据，笔者取得全乡所有人口姓名、性别、民族等数据。

阁楼、竹林旅馆、竹制生活用品等产业，同时还可用竹子制作篓、盒、毛笔筒和竹根雕等工艺品。在被列入水源地前，辖区内一万多亩库区水域，还可用于放养四大家鱼、大鲵、鳙鱼、彩云鲷、斑点叉尾鮰等渔业生产，借助辖区内优美的人文、地理景观以及距离市区较近的特点，旅游业也得到了一定的发展。

山仔水库

描述沧村的现状，山仔水库的建设无疑是一个不可不谈的要点。山仔水库于1992年8月开工建设，1994年11月蓄水发电，水库枯水期为10－3月。库容为1.7亿立方米，库区面积为3.5平方公里，是福建省第三大高山平湖，离省城最近的大型人工湖。水库蓄水淹没小沧乡山仔村、掌濑村等村落，毗邻七里村及乡中心所在地小沧村和利洋村，四周环绕山林，淹没区湖中心形成湖中岛。地理上靠近省城、自然景观别样的湖光山色以及人文景观湖边的七里村保存着传统的建筑和多彩的民俗，使得水库建成后，小沧乡迎来了经济发展的良好时机。

同时，水库蓄水的资源可以用来开发水产养殖，水库及周边的文化资源可以开发旅游。一份提交给县志的材料认为，这一时期"创造了小沧历史以来经济发展速度最快、效益最好、人民受惠最多的兴旺时期。"文中这样写道：

1991—2000年，该乡利用搬迁补偿1480万元，各级政府无偿扶持200多万元，多渠道集资2000多万元，除妥善安置移民和单位搬迁外，还用于基础设施和农业开展项目。相继架设高压电线路、建设乡中心码头、商业街，发展乡村道路，开通程控电话；同时利用山场广阔的优势，先后垦复抚育建立毛竹基地1.5万亩，发展柰、柿、脐橙、板栗等优质水果300多亩，开展中草药、蔬菜、茭白100多亩，改造低产田300多亩，实施国家粮食自给工程，引进发展山鸡、四川麻羊和库区网箱养鱼，优化农业结构；大力发展石材和竹木加工业为主的乡镇企业；依托库区自然景观和畲族人文资源优势，推出“畲族风情一日游”旅游专线，带动运输、餐饮、商贸等第三产业发展，还组织剩余劳力300多个外出经商务工，寻找更好的发展机遇，使全乡经济发展步入快车道，创造了小沧历史以来经济发展速度最快、效益最好、人民受惠最多的兴旺时期。①

可以看出，随着水库的建成，政府利用各方面资源带动生产、贸易的快速发展，产业结构也发生了很大变化。

在经历了不到五年的快速发展时期，村民短暂地享受了经济发展带来的好处后，随着小沧水库被列入福州市第二水源，产业模式又一次发生了极大的改变。2000年12月31日福州市人民政府发出布告，对保护一级水源作出七条规定，布告对村民的生产生活都做出了极大的限制。原有的畲族风情旅游、水库网箱养鱼等产业均属于布告限制范围，村民的生产生活模式需要进行极大的调整。

七条规定如下：

罗源傍尾至塘板水库大坝为一级水源保护区

一级水源保护区内必须遵守以下规定：

1. 禁止向水体排放污水；

2. 不得新建、扩建与供水设施和保护水源无关的建设项目；

3. 禁止从事旅游、网箱养殖、石板材开采加工、畜牧业及机动船维修业等活动；

4. 禁止堆放和倾倒任何种类的固体废弃物及其他污染物；

5. 禁止向水体倾倒工业废渣、生活垃圾和其他废弃物；

6. 禁止沿岸农田施用高残留、剧毒的农药；

7. 禁止进行其他可能污染水源的水上和陆上活动。

福州市人民政府

二〇〇〇年十二月三十一日

---

① 引自小沧畲族乡人民政府办公室2009年为县志办提供的材料。

随着布告的发布，畲族村民的诸多生产活动都受到了限制，包括村民历史上就已经从事的生产劳作以及水库建成后发展起来的新兴产业。面对这样的现状，村民们大部分选择外出打工或改变生计方式。随着村民的大量外出，带给教育的影响就是生源的大量流失。

在这种资源环境背景下，沧村畲民在村中基本以务农为主，种植的主要有水稻、红薯等作物，亦有部分村民围绕山仔水库以捕鱼为生。在市场经济的冲击下，更多的村民已经走出大山在福州甚至外省打工，从事的行业有建筑、家政等，特别是辖区被列为一级水源和生态环境保护区后，村民外出务工更加频繁，数量也逐渐增加。

第三章　沧村教育的发展与变迁

什么是教育，《说文解字》解释，“教，上所施，下所效也”，“育，养子使作善也”。教育可以说是使人之所以为“人”的过程，广义上说，教育是指影响人发展的各种行为与活动，主要归结为家庭教育、学校教育和社会教育。狭义的教育可以理解为有目的、有组织的对受教育者进行塑造的行为，主要是指学校教育。在长期的社会发展中，沧村的教育也发生了很大的变化，本章将从家庭教育、学校教育和社会教育角度对沧村教育进行一个历史与现状的描述与分析。

第一节　从无到有的学校教育

历史上，畲族先民生活在深山巅崖之中，“随山种插，去瘠就腴，编荻架茅为居。善射猎，以毒药涂弓矢，中兽立毙。其贸易商贾，刻木大小长短为验，今酋魁亦有辨华文者。山中自称盘瓠后，各画其像，岁时祝祭。”[①] 由于远离行政中心，长期为了生计而劳作，几无正规学校教育可言。随着国家行政力量的延伸，畲族地区开始从“无征税，无服役”[②] 逐渐纳入国家的赋税体系，随之开始有适应官方加强统治需要的早期教育，但只在部分畲族地区伴随着武力镇压之后对其设学教化，更多的畲族地区还难以建立这种教育，这种教育带有很大的被动性和政治色彩。随着畲族社会生产的发展，部分经济发展较好或与周边地区行政中心交流较为频繁的畲族地区开始自发设立学堂接受教育，这种教育是一种自发的、期待受教育者能够接近权威的诉求。在宋儒的教化政治出现以前，对于学校的接近，就等于是对权威的接近，拥有教育，就等于拥有地位，朝廷为了维护自身及上层阶级的支配地位，在设置国家文化体系的时候，注重区分身份之贵贱，采取了一种“文化贵族主义”的办法，主张“礼不下庶人”，同时对受教育的机会进行严格的阶级限定，这种状况到了朱元璋推翻元朝统治、建立明朝以后才得以改变，但这种受教育的诉求却常常遭遇挫折。新中国成立后，沧村畲族的学校教育得到了飞速发展，并开始在畲族教育中占有越来越重要的地位。

一、私塾的出现

沧村的正规教育最早可以追溯到私塾。在七里有数座古宅，坐落于“探花府”旁边的一座古宅还设有专门书房，如今已改为居住的卧室。访谈中村民自豪地说朱熹还曾在其中讲过课。朱熹生活于南宋，而这些古宅最早建于清朝，因此朱熹不可能在此讲学，但我们可以推测到，或许是在朱子理学盛行的年代，有人在此处讲授过

---

① ［清］顾炎武：《天下郡国利病书》卷96《福建六》。

② 乾隆《尤溪县志》卷10《风俗·杂志》，第117页。

朱子理学，或建造古宅的先人们曾经聘请教师开办过私塾，讹传下来便成了朱熹在此讲过学了。现在，只能想象在清末民国时期，沧村少许几户富有的畲民已经有条件接受私塾教育。可以确认的是民国末年，沧村村民有明确的开办私塾的记忆，与七里雷姓同属一支系的利洋（原掌濑村）就曾有过私塾老师，这位村民记忆中的私塾老师是已经迁出沧村的畲族干部雷其枝的父亲。

考察连江县的私塾教育历史，我们可以看到连江县畲族乡村私塾未见记载于任何志书，据福州市《畲族志》记载：

据2002～2003年，福州市和连江县地方志委员会组织畲族志编辑人员到小沧畲族乡和5个畲族聚居乡村了解：小沧畲族乡刘厝里自然村（临近的汉族村庄）于民国30年（1941）夏，由村民刘宝光牵头去罗源请师办起小沧乡第一所私塾，先后有79名年龄不一的学生（无女生）。教师的报酬由学生出钱出米，平均分摊。课程有《三字经》、《中庸》、《论语》、《千家诗》、《五言杂字》等。当时，有个不成文的规定，十六七岁在校学生可以免抽壮丁，因此岁数大些的新生人数急剧上升。后来在校学生也要被抓壮丁，就读的又停学了，四处逃避。1947年私塾停办。在刘厝里私塾开办的第二年（1942），小沧畲族乡的大岗、七里畲族自然村联合开办私塾，学生12人。同期，其他一些畲族聚居、混居乡村也都兴办起私塾。

七里村50—60年代的学校

调查中，一位72岁的畲族老人①说他还接受过私塾的教育。大概是1945年前后，私塾的学生就十几个人，老师的工资就是学生家长给的大米或者红薯等粮食，这种工资供给方式甚至一直延续到了1970年代。老人对私塾的记忆已经非常模糊，但提及“我也上过私塾呢”、“那时读的还是人之初的内容”等话语时，老人眼里发出自豪的光彩，说当时只有家里有点余钱且不太缺劳动力的家庭才会让孩子去上私塾，而且也就上了两三年。当问到觉得当时的学习有没有用时，老人说都忘了，现在就是还能识几个字，读两三年私塾后就又在村里干农活了。谈到私塾，村中许多会唱山歌的的老人都会给笔者讲起嘉庆年间福建福鼎县童生钟良弼反抗阻考最终求得功名的故事。传唱于闽浙山区的长篇山歌《钟良弼》讲述了嘉庆七年（1802），福建福鼎县童生钟良弼赴福宁府考秀才，有书生王万年串通生监，污指五姓（当时指蓝、雷、钟、吴、李）畲民为“犬生”、“贱民”，将钟赶出考场，这一事件激起了闽东、浙南畲民的公愤，在家族众人的资助下，钟从县至省反复上告，最终由当时的福建巡抚李殿图审理并布告允许畲民应考，钟良弼最终胜诉并于次年考中第20名秀才，此事令畲民欢欣鼓舞并编成脍炙人口的长篇山歌。

七里村**70—80**年代的学校

① 2010年8月，在上东风畲族自然村村民雷老家中访谈。

七里村 **80** 年代后的学校，
现为村委会所在地

上东山自然村 **70** 年代前的学校

二、现代学校教育的兴起

小学教育是沧村正规学校教育中的中坚力量，但发展也较晚，清末连江县记载的小学有 12 所，但没有一所位于畲族村落。小沧畲族乡 1948 年才正式建立小学，当时还是 4 个村集中办学，但少数民族学生还是很少有机会上学。现代学校，作为一个封闭受教育的场域，在沧村畲族学校的历史上，突出的发展变化特点为村民与教育场域的距离变化。随着沧村畲族社会的发展，先是在沧村中从无到有建立了一个封闭的教学场域，随后村民都逐渐地有条件接受教育，最后随着经济的发展，村民开始为孩子选择更好的教育途径。

东风村 **80—90** 年代的学校，现已弃用

据小沧春雷学校雷老师[①]回忆，1963 年前，小沧小学属于潘渡学区小沧分校，校址借寄在祠堂或老百姓家中。1959－1963 年间，校址办在小沧村的尾沃劳改场，同时还在相应自然村设立多个点校。直到 1963 年，小沧中心小学正式成立，才专门建起学校，同时在各个自然村建立了 13 个分校，期间分校的数目不断变化。1994 年在新乡址建设中心小学，1996 年实现“两基”达标。1998 年创办小沧民族春蕾学校。1999 年调整教育布局，实行集中办学，多渠道集资 100 多万元建设寄宿生宿舍楼、多功能馆等配套设施，教学条件明显改善，师资力量逐步增强，教育质量迅速提高。随着学校的发展，小沧中心校曾在 1975－1980 年、1993－2007 年期间两度设立“戴帽初中”[②]，实行从小学到初中的教育，其中 1993－2007 年学校甚至实现九年一贯制。2000 年开始，各个自然村的小学陆续归并到小沧中心小学。2003 年，小沧开始集中办学，到 2005 年合并完毕。2006 年 6 月，挂牌成立小沧畲族乡春蕾学校。短短三年间，到 2009 年，小沧畲族乡春蕾学校的学生骤减到 50 多人，2009 年报表显示在读学生 44 人。

若干年份小沧学区小学设置情况表[③]

学年	学校数	班数	在校学生数	教职工数
1962～1963	从 4 个点校发展到 13 个分校	—	—	—
1983～1984	19 所学校	30 个班	493	36
1986～1987	14 所学校	30 个班	665	41
1993～1997	15 所学校	30 个班	661	34
1996～1997	12 所学校	22 个班	436	33

① 2010 年 8 月，在小沧春蕾学校访谈雷老师。

② 所谓“戴帽初中”，指在不具备办中学资质的小沧中心校办起的初中。

③ 表格 2001 年前数据见张天禄主编．福州市畲族志［志］．福州：海潮摄影艺术出版社，2004.11：24.

续表

学年	学校数	班数	在校学生数	教职工数
2000～2001	2 所学校	13 个班	358	34
2009	1 所学校	4 个班	44	18

说明：1. 1983～2000 年统计数字见连江县教育局年报表。2. 七里小学、大岗小学、下东山小学、东风小学是小沧乡 4 个畲族村小学，1999 年全部撤并到中心校。

关于小学的发展历程，学校老师都有大致的记忆，小沧学校的发展经历了从成立、兴起到衰退的历程。围绕着小沧学区我们可以看到这样一个发展过程：小沧中心校的确立，随后在各个自然村设立点校，点校发展成立小学，从而形成了小沧学区的建制，随后各个自然村小学又逐渐归并，并入中心校，期间发展最大时，小沧学区拥有 19 个分校；从学生的规模上我们可以看到，从 1980 年代开始，学校学生的数量保持稳定，学生人数最多的时候达到 665 人。1996 年后学生数量出现一个极大的落差，随后逐年减少，导致这一现象的发生有着各种因素。

退休教师刘老师和雷老师[①]都见证了小沧学校的发展。刘老师的老家是与七里相邻的刘厝里，1973 年他读完初中回来，1975 年被聘为代课教师。他教书的第一个村庄就是一个畲族村庄，一教就是十几年，也娶了畲族的媳妇，生的孩子第一个跟他姓，第二个跟着畲族姓。当笔者提到让刘老师通过自己的教学生涯回顾一下小沧学校的发展历程，刘老师第一句就是“那个时候的学校多啊”。每个自然村都有学校，其中小沧最小的自然村——牛楼村只有 60 人，也有 1 个老师。刘老师回忆说，以前的小沧是古田、罗源、宁德与福州沟通水路和陆路的一个重要路口，类似于码头，车水马龙。刘老师回忆当时小沧的公办教师很少，大部分老师都是从“代课—民办—公办”的模式进入教师队伍。1970 年代，村里大兴学校建设，

① 2010 年 8 月 7 日，分别于刘老师和雷老师家中进行访谈。

有国家政策下拨款项，然后村里出木材、出劳动力，如此各个自然村都建起了自己的小学。当时，教师工资都是村里上学的学生集资给，国家发给 6 块钱，在实行工分制的时候，教师教学也挣劳动工分。

上东山的雷老师，原先也是中心校的老师。1965 年从福安民族中学毕业回乡，1970 年开始代课。回忆起去福安民族中学上学时的情形，雷老师说，当时整个小学就 20 多人，由于家庭贫困，同时家里又需要劳动力，很多人小学读一两年就不上了，自己算是比较幸运的一个。从上东山到福安上学，需要先坐车到连江，再从连江坐车到福安民族中学，一趟就得花费一天的时间，家里特别困难，有时带杯鱼露（鱼腌的很有味道的咸汤汁）就是上学时的配菜了。

上东山大概是在 1956 年建立的小学，可能在很早的时候就已经有私塾了，但只有有钱的孩子才能上得起学。1958 年全村大概有 30 户左右，180 多人。雷老师教书时，教室设在一户私人家中，如今已经破败不堪了。随着教育规模的变化，教育政策的调整，不断的往中心校靠拢。先是在上东山的村办小学，当时办学，来上学的孩子家庭就供米请老师上课。随后村办小学归入大队小学（也就是东风小学，或称为桥头小学），又随着 1999 年集中办学的实施，大队小学也归入中心小学（也就是小沧中心小学）。雷老师 70 年代开始代课时，赚的还是工分，刚开始还是代课教师，工资算下来也就 14 元，孩子上学的费用就要 5 元，但仍坚持送自己的孩子上学，如今雷老师的孩子已经在县城的中学当上了老师。

三、一个影响畲村的民族中学

在沧村以及周边畲族社区的学校教育中，宁德民族中学有着特殊的地位，为其周边畲族地区培养了大量的民族人才和干部，现如今在任的福州、宁德等地区的畲族官员及畲族文化研究人员，大部分是从该校毕业的。

宁德民族中学创办于1958年，是福建省创建的第一所民族中学，学校创办时名“福建省福安民族中学”，隶属当时的福安县文教局管理。在其发展史上曾多次更名，且招生的范围也发生过很大的变化，“福建省福安民族中学”、“福安专区民族中学”、“福建省宁德地区民族中学”等均是现在的宁德市民族中学的历史名称。建校初，招收学生以畲族为主体，面向周边的福安（含柘荣）、宁德、霞浦、福鼎、寿宁、周宁、长乐、连江、罗源等9个县招生，校址设在福安城北甲杯山上（今解放军134医院）。1960年，学校改归省教育厅直接管理，迁往福安县城北郊溪边村（今闽东电机厂），招生的范围扩大到福安、闽侯、南平、三明和福州等5个地区市。1964年，学校划归福安专员公署教育局管理，主要招收福安本专区的少数民族学生。1968年，改名“福安专区民族中学”，1969年底，学校迁到原福安师范校址（即今宁德市民族中学校园，福安市城北街尾105号）。1971年，学校更名为“福建省宁德地区民族中学”，仍面向周边罗源、连江等地区招收畲族学生。2001年6月，学校再更名为“宁德市民族中学”。迄今，随着教育政策的变化，逐渐停止面向宁德市以外的畲族地区招收学生。

在沧村的畲族教育发展中，该校为培养人才、推动沧村人民走入国家行政体系做出了巨大贡献，本次调查的报道人LZR和多个访谈对象就毕业于该校。LZR是本次研究的主要报道人之一，出生于1963年，是七里的雷姓畲族，曾经也是沧村的一名教师，现就职于乡政府部门。宁德民族中学在他的人生发展中起到了很重要的作用，他的求学历程与同时代的许多畲族文化人有相似之处。LZR先是在七里村办小学完成了小学教育。1976年，他从七里村小到小沧中心校“戴帽初中”上学，在一年的学习之后，被福安民族中学招考选入，1979年初中毕业。在当时能被福安民族中学招走至少需要两个条件，一是学习要足够好，二还要家里能够供应得起。提到民族中学的学习，他说，当时有很多同学家里比较困难，要求他们回乡务农不让上学，有些同学甚至偷点家里的米到县城里卖掉作为自己的学费，很多同学寒暑假回家就自己上山挖山货，带到县城里卖，以供自己上学。也正是在这种艰苦的环境下，民族中学培育了一代又一代的有志畲族青年。LZR 的部分同学初中毕业后，由于学业或经济上的原因没有条件继续求学的，都回到了原籍，有务农的，也有后来重新考学的，但民族中学的教育让这部分学生将知识大量的带回了村子，在这一背景下，这批青年为畲族山歌创造了借用汉字记畲语音法的手抄歌本。LZR 学习特别好，班主任建议他继续读高中然后考大学，但是出于家庭经济困难的考虑，在那个急需教师的年代，一番权衡后他选择了去宁德师专念书。念高中再念大学需要 7 年，而师专毕业只需 3 年。师专毕业后回乡，他是小沧乡第二批回乡的大中专毕业生，同年回来的有 3 个。1984 年他开始了教学工作，回忆当时全乡大约 4100 多人，畲族有 2000 多人，他记得统计报告是占 57%，当时每个自然村都有小学，大约有 17 个，他所在的七里村有段时间曾有 120 个在读学生。

四、教育政策对学校教育的影响

历史上，畲族先民长期游离于国家力量统治之外，“穷山之内有蓝雷之族焉，不知其所始，姓蓝、雷，无土著，随山迁徙，而种谷三年，土瘠辄弃之，去则种竹偿之，无征税，无服役。”① 畲族先民大多生活于国家力量难以触及的边缘山区。随着社会的发展变迁，国家力量的逐渐渗透，国家政策逐渐在畲族地区贯彻执行。也正是一系列教育政策的实施，不断推进着正规学校教育在畲族村落的发展，带动村民走出大山。

国民政府时期，福建省于 1935 年秋开始落实《福建省义务教育实施计划》，到民国 29 年（1940）提出了“国民教育”理念，

① 乾隆《尤溪县志》卷 10《风俗 · 杂志》，P117.

要求各乡村都开办保国民小学。根据规定，在乡公所驻地设中心国民学校，同时各保设保国民学校。这应该是最早在政策上极力推进国民教育、正规学校教育的时期。虽然如此，大部分的畲族村落仍难以普及，甚至受到了周边汉族村落的压迫歧视，畲族的学生要想进入此类学校也有着种种困难。由于沧村地处偏远，这时期还没有便利的交通，这类学校还没有在沧村出现，只是在附近的汉族、畲族村落才有。1941 年，沧村附近有了办在汉族村落刘厝里的第一个私塾，1942 年，带动了畲族村落的联合，办起了位于沧村中的私塾。福州《畲族志》记载，直到 1948 年 3 月，刘厝里和店头才由国民政府办起了一所半公立学校，从一年级到三年级一个复式班，所学科目有语文、数学、图画和体操等。

新中国成立后，出台了一系列政策，在党和政府以及畲族人民的共同努力下，畲族学校教育得到初步发展和改善。国务院和福建省文教厅发布的一系列文件和通知强有力地推动畲族村落教育的发展。福建少数民族社会历史调查组 1958 年的调查报告《福建罗源县八井村畲族社会情况调查》记述：

> 解放前这个畲族村的文化很落后，从来没有过一座小学，畲族人民要求学文化，也请不到老师，绝大部分青年是文盲。解放后，在党和人民政府关怀下，1952 年，将过去的祠堂改作校舍，办起 1 所小学，教师 1 人。1958 年，教师发展到 2 人，设备方面，也有了 32 张课桌，均由政府拨款制作，为照顾少数民族人民的子女入学，其学费比汉族学生减免 25%，因而学生发展到 79 人，适龄儿童达到 100%入学。

可以说，国家行政权力全面深入畲族村落，国家政策的重要影响在村落教育发展中逐渐凸显，为推动畲村教育的发展起到了重要的作用。1957 年国家发布《1956 年 – 1957 年全国农业发展纲要（修正草案）》，提出“农村办学应采取各种形式，除了国家办学以外，必须大力提倡集体办学，允许私人办学以便逐步普及小学教育”。在这一背景下，国家办学与集体办学都取得了很大的发展，畲民也更加认识到教育的重要性，掀起了群众办学热潮，沧村的村民出钱、出物、出力争取条件兴办学校，在这种氛围的带动下，1960年代，边远的沧村从无到有地有了星星点点分布的不完整的学校。1980年，国家颁布《中共中央、国务院关于普及小学教育若干问题的决定》，文件要求以政府办学为主体，充分调动社队集体等各方面的积极性，鼓励群众自筹经费办学，这使沧村学校教育发展到了顶峰，达到了基本每个自然村都有小学的局面。

1997年教育部门又提出了“集中办学，提高教学质量”的政策，各村落开始停办小学，并入中心校并加大对中心校的支持。1997年5月归并后的小沧中心校被市妇联授名为“连江民族春蕾学校”，并投资新建教学楼、宿舍楼等设施。1999年，进一步贯彻集中办学的方针，撤并七里小学、东风小学、大岗小学等村小，并投资60万元兴建民族春蕾学校寄宿生宿舍楼，改善中心校办学条件。至2000年，中心校学校从幼儿班到初三总共设16个教学班，在校教职工45名，学生542人。一系列的政策引导，加速了学校的发展，小沧春蕾学校也发展到了巅峰，为沧村畲民带来了现代学校教育的身影。

从1994年到2005年曾在小沧中心校担任了十几年校长的林老师①在访谈中这样描述小沧中心校的发展历程以及他对民族教育、农村教育的感想：“小沧中心校的发展模式可以总结为“分散—集中—走出”，中心校最大规模时有500多人，随着社会的变迁发展，大量的村民走出小沧，这样在孩子就学上就面临很大的困难和问题，有很大的择校压力。”林老师认为国家的政策以及教育工作者的政策引导能力对发展教育起到了重要的作用。在和林校长的交流中，他提到更多的是教育发展的问题，认为开办民族班、建设民生

① 2010年8月，在连江县人民政府民宗局办公室访谈。

工程等政策上的倾斜，就是国家政策影响畲族教育发展的一个重要表现。他以学前教育为例，提到国家近期发布的《国家中长期教育发展纲要2010－2020》，专门列出了学前教育的部分，这也是将影响畲族教育发展的一个重要影响因子。谈及如何解决外出务工子女的学前教育问题，他认为有了政策的支持，人们才会更多地关注学前教育，更容易引导家长重视学前教育。

2000年，福州市人民政府发出布告，对保护一级水源作出七条规定，同时，连江华侨中学设立的民族班面向全县招收少数民族小学毕业生50名，并优先招收小沧乡户籍少数民族小学毕业生。这一政策的出台让小沧籍畲族学生不管小学在什么地方就读，初中都能进入位于县城的中学。随着大量人口的外流以及适龄人口的下降，更多的畲族人也开始选择供孩子在城里硬件条件更好的学校就读，从而导致了春蕾学校学生人数逐渐减少。至2009学年，一个能够容纳500多人学习的校园仅剩40多名学生。

第二节　变迁中的家庭教育

如果说学校教育给沧村带来了知识的种子，给沧村畲族带来了文字，让沧村畲族走出了沧村，完成了国民性的塑造，沧村的家庭教育则用生养习俗、谚语故事、仪式禁忌等塑造了沧村畲民的民族性，通过口传身授将畲族先民积累的生产生活知识、伦理道德等一代又一代地传承。在学校教育没有发展的年代，家庭教育为畲族人民适应自然、繁衍发展做出了巨大的贡献。

一、生养习俗

沧村畲族同姓聚族而居，村中通常都有祠堂，祠堂即宗祠，房即宗祠内子孙分支，一个自然村通常都只生活着一个支系的畲族，即纯雷姓或纯蓝姓村，如七里的雷姓和大岗的蓝姓。在同姓聚族而居的村落中，家庭是其中的基本单位。当家中有孩子要成婚时，便会在村中附近择地新建一个房子作为婚房，通常婚后不久就会与孩子分家新建一个家庭。父母由儿子们共同赡养，常与最小的儿子同住。在畲族家庭成长的畲族孩子，参与家庭各种活动与仪式过程，这一过程也即接受、传承畲族文化的过程。

孩子还在娘胎的时候，畲族人对于孕妇及其周边生活的人就订立了很多禁忌。在沧村，孕妇几乎不参加任何的祭祀活动，同时也不允许在孕妇的卧房及周边有太多的动作，如钉钉子或乱翻动等，以防受惊，动了胎气。邻里如有孕妇，在放鞭炮、有发出大响声的活动时均需事先告知。这些禁忌很大程度上出于保护孕妇和胎儿的考虑，给孕妇创造一个清静的环境。

直到1980年代，由于交通不便以及医疗条件不够成熟等原因，沧村畲民一般还都在家分娩，常由村中有经验的接生婆或卫生员接生。因认为“分娩不洁”，在孕妇分娩期间为免冲撞“神明”，男人甚至是丈夫都很少近前。分娩后畲族产妇也和汉族妇女一样有一个月的“坐月子”的时期。在坐月子期间，沧村畲民不容许属相相冲或属相不适的人进入坐月子的房间，同样不容许小孩在房间周边打闹。亲友都有给分娩的产妇送鸡的习惯，“出月”后，亲友都带鸡及鸡蛋等礼品上门祝贺。随着沧村畲族社会以及整个国家大环境的发展变化，如今沧村畲族妇女基本上都在乡卫生院或市县医院分娩，而关于分娩时的禁忌也很少提及。

沧村畲族非常重视婴幼儿的哺育，推崇母乳哺乳。对于在婴儿阶段时常哭啼或是生病的孩子，就会觉得孩子命不够硬，便会让孩子再认一个“亲”。通过咨询法师以及举行一定的认亲仪式，孩子便成为被村民认为有福气的某一个人或某一庙宇的神灵的义子，认为这样就会让孩子更“好养”，并在今后很长一段时间（或16岁之前）维持这种亲属关系。现在，沧村在养育孩子时仍然会遵循这样的习俗，但总体来说，这种情况已经不如以前那么多，缔结下的亲属关系在交往上也不像以前那么紧密了。

历史上，沧村土地比较贫瘠，山高险峻耕作困难，因此较缺劳动力，通常孩子长到五六岁开始自理生活时，也就开始参加家庭的生产劳作。最开始，孩子承担砍柴、做饭、送饭、饲养牲畜、采摘等较轻的活，农忙时，就会帮助父母播种、收割等。在这个过程中，孩子开始学习生产生活经验。在学校教育出现前，畲族孩子将会在这一过程中不断学习生产生活经验，直到他成年成家，独立耕作，养家糊口。现如今，随着经济的发展以及学校教育的发展，很多孩子已经不再参与劳动，而是随打工的父母外出，脱离了农村的生产生活，在学龄时就进入幼儿园或者小学。即使在家中上学，也已经很少从事农业生产，新一代沧村畲族已经不适应农村的生产生活，不再从事农业种植等劳作。

二、仪式禁忌

仪式禁忌是沧村畲族家庭生活的重要组成部分，婴儿出生后，和汉族一样，需要记录下生辰时刻，并找法师或算命先生卜卦算命，卜卦后会将生辰的字据写在一张纸上，称为“命纸”，父母需将这张纸认真保存起来，在这个过程中，法师或算命先生会告诉家长孩子的五行情况，并帮忙取名或告知取名的注意事项。若是婴儿的命中带“克”犯“煞”，要请法师做“过关”仪式。婴儿满月需要举行家庭仪式，请法师到家中做法。“过关”称为“青童关”，有1至16岁孩子的家庭在正月或相关的日子都可能有“过关”仪式。这种“过关”仪式通常在农闲时，多是在正月初五以后至十五之间，和法师约定在家里举行。和通常的祭祀一样，“过关”仪式时，需要家里准备一桌，通常是十碟酒菜，法师根据步骤逐步念经，“过关”仪式结束后，会叫来孩子将一个印记印在其常穿的某件衣服背部（现在衣服标签的地方）。沧村家庭“过关”仪式中最隆重的是16周岁的“过关”仪式。这一仪式一般要一天，有些还会办“出关酒”（亦称过关酒），宴请亲朋好友和同房的族人。也正是在这16周岁的仪式上，认神灵为亲的孩子才与神灵解除认亲关系，但认人为亲的家庭则一生都与其保持一定的亲属关系。除此，沧村畲族家庭中的仪式还有很多，畲族家庭认为通过一定的仪式能够为家中祈福免灾，但随着沧村社会的变化，畲族家庭赋予仪式的意义也逐渐减弱，仪式更趋于成为一种家庭的表演或习惯。

春节是畲族家庭的一个重大节日，且有许多禁忌。在年三十的时候，家家户户都在灶前的火塘中，燃烧起一段大而干燥的树根或木头，且一直煨到大年初一，谓“隔年火种”，不能让火灭掉。现今没有火塘后大多改在灶中煨火种。大年三十的晚上还会在所有的柜子、箱子、米缸中放上零钱并封上。正月初一早晨，全家人要举行“接年”的仪式，由当家的男性打开家中大门，向祖宗牌位点香烛。小孩子给长辈拜年，长辈给“压岁钱”。正月初一，畲族一般不拜新年，也禁忌外人来往。这一天不准担水，不动扫帚，不动剪刀、菜刀，不准翻箱倒柜，都要讲吉利的话。初二时，开始互相拜访，特别是给村中寿龄的老人、初婚的家庭送去“点心”以示祝福。拜访活动一直持续到初五早上。初五早晨要举行“送年”仪式。由当家男人领着子孙进行一次全面打扫，从大门一直扫到屋里，还有厨房、鸡埘、猪栏、羊栏、牛栏，统统扫遍。扫罢，再烧银纸、香烛，将所有垃圾送出村外烧掉，象征把全年瘟疫送走，保佑全家四季平安。然后，全家团聚吃糖茶（通常是甜的年糕汤），并放爆竹，表示年节至今日结束，开始正常的生产生活，这时才不避讳前面所说的禁忌。

从某种程度上说，通过这些人生礼仪和禁忌规范约束孩子的行为，也即是对孩子的教育过程。对比如今的沧村，这些习俗禁忌仍有部分保存，但很多禁忌也不再像从前那样讲究。

三、谚语故事与语言传授

语言传授是沧村家庭教育的重要内容，“畲语”的习得是家庭教育的一个重要方面。从呀呀学语开始，除了日常对话，父母还会通过谚语、故事等教育孩子，传授知识。谚语故事是民众丰富智慧和普遍经验的规律性总结，存在于每一个民族的日常生活中，由于畲族人民生活环境的因素，沧村畲族在体现人生哲理、社会交际、道德修养、天文气象地理等内容上都具有一定的与自身生存环境相适应的特点，同时也通过畲语形象地进行表达。在关于畲语的研究中，对畲族是否有自己的语言的问题上尚存一定的争议，笔者认为畲族有自己的语言，在词汇、发音上和周边的族群都存在着一定的差异。基于这种争议，我们也可以看到畲语受到了周边族群很大的影响，而它所表达出来的谚语、俗语，也自然受到汉族文化尤其儒家文化的深刻影响。

沧村畲族的谚语在农闲或家庭生活教导孩子的过程中不经意地就会从家长口中讲出，特别是老人在评价或教育孩子的时候。由于生存环境的严酷，在谚语中常常结合生产经验的总结，表达对后代勤劳、孝敬父母、养成良好习惯的期望。有“黄牛不驶不出力，井水不吃不出泉”、“做田要有好田边，住厝要有好厝边”、“春天后娘脸，一天十八变”、“洗脸洗脸角，扫地扫墙角”等词句。通过谚语也可以看出沧村畲族对教育的重视，如“生仔不读书，黄牛看做猪”、“生的功劳未算大，养的功劳大如山”等。畲族的传说故事也是沧村畲族日常生活教育中经常涉及的一个内容，很多的家庭特别是会唱山歌的父母就会和孩子讲畲族始祖盘瓠的故事以及其他如白蛇传等汉文化中的小说故事内容。随着父母更多的进城务工，孩子跟随父母进城，家长开始遵循城市的工作节奏，很多孩子也就很难和父母进行长时间的交流，接触畲族谚语、畲族故事等的机会越来越少，谚语故事逐渐走出畲族青年的视野。随着学校教育的增强，课本上的童话故事占有的比重更多了。

从小时候的摇篮曲，到儿童时代的民歌谚语，再到自始至终的畲语环境的营造，生活在其间的沧村畲族儿童潜移默化地接受畲族文化的濡化，也实现着民族文化的传承。

第三节 沧村的社会教育

社会的生活和风俗习惯对个体具有很强的塑造能力，沧村的社会环境给予了畲民一片沃土，但随着畲民走出沧村，一个更为广阔的社会开始影响着沧村畲民。本尼迪克特说："个体生活历史首先是适应由他的社区代代相传下来的生活模式和标准。从他出生之时起，他生于其中的风俗就在塑造着他的经验和行为。到他能说话时，他就成了自己文化的小小创造物，而当他长大成人并能参与这种文化的活动时，其文化的习惯就是他的习惯，其文化的信仰就是他的信仰，其文化的不可能性亦就是他的不可能性。"① 沧村依然保留着其原有的一些民俗习惯，通过集体节庆活动、大量参与者的仪式等传承着畲族的文化，但随着社会的发展已经开始发生了很大的变迁。本节主要选择社区中参与面较广的婚俗、节庆、对歌等社会活动进行分析。

一、婚庆习俗

各地畲族的婚俗不尽相同，但有几个角色是必须的，即舅公、赤郎和对歌。在男方女方的婚嫁中，舅公扮演着重要的角色，从婚事的确定到婚嫁仪式的举行，都需要舅公的参与。在婚事的确立

① ［美］露丝·本尼迪克特（R·F·Benedict）著，锡章、黄欢译．《文化模式》．华夏出版社，1987：2.

中，舅公具有很大的发言权，所有宴席舅公都就坐首席。在婚庆仪式中，舅公没有来到现场的话，家中其他的喜联均可以张贴了，但是正堂中的那对具有畲族特色的写有“功建前朝帝喾高辛亲敕受、名垂后裔皇子王孙免差徭”的喜联是不能张贴的。自然，舅公也是婚庆中出资礼金最多的一个，否则会被人笑话。另一个重要的角色就是负责挑“祖宗担”① 的赤郎。赤郎通常由一位能歌善舞、能说能喝的人担任，在婚庆仪式中担当着重要的角色，特别是去女方迎亲的过程中，当迎亲队伍到达女方家时，女方会提出对歌、喝酒等种种要求，对不出歌就不能进女方家、罚酒或受罚（衣服被撕、被抹灰等），这就需要赤郎的智慧应对。进了女方家中，赤郎需陪着新郎与女方家人共同完成多项仪式，有“拾田螺”、“落脚酒”、“借锅”、“请祖公”等仪式，其中最考验赤郎的就是“借锅”与“请祖公”。所谓借锅，就是赤郎挑酒担到女方家后，当晚男方借女方的炊具宴请客人，为了宴请，需要赤郎从女方家借灶具来烹饪。而女方会把能藏的炊具都藏起来，赤郎需要通过谜语、山歌对答等形式一样一样的把灶具借出。在借锅仪式结束后，又需要当场宰杀男方家挑来的公鸡来祭祀女方的祖先，杀鸡时，规定血不许滴到地上，滴在地上就需罚酒，这时女方的姑嫂们往往要来耍赤郎，以便罚酒作乐。而在这些过程中，孩子们自然是不可缺少的看客和参与者，他们或许还不能完全理解其中的含义或内容，却也在这一过程中不断受到耳濡目染的影响，甚至促进了他们的模仿学习。现如今，在畲族村落中，这些仪式也已经逐渐简化，或者说玩得没有以前那么认真。调研中，一位老人②说，以前如果一个没有经验的赤郎去迎亲的话，会遇到很多难以预测的情况，有的赤郎还没进女方家中，挑来的祖宗担可能都被女方抢的找不着，也就难以进行接下来的仪式，或者有的赤郎衣被撕破、被灌得烂醉、被涂一身的锅底

① 祖宗担就是装着祭祀祖先的一担几盘子酒菜，通常有猪大腿肉、菜、酒等。

② 2010 年 8 月，于七里畲寨访谈。

灰等等。而与赤郎的一系列互动中，家中的小孩、妇女、新娘的儿时玩伴都是重要的参与者，这些参与者一定程度上都在接受着文化的“濡化”，在潜移默化中传递着文化。现在沧村的婚礼中已经没有这么多丰富的内容，首先是没有更多的讲究，随着市场经济的深入，家人都只希望婚庆能顺顺利利进行，女方家也不再有较多的阻扰行为，有也只是表演性质的。其次，畲汉通婚的加强，更多的婚庆活动仪式已经趋同，男女双方家中也减少了很多仪式过程。

二、“三月三”乌饭节

关于三月三乌饭节的来源传说也有很多，有学者[①]总结为米谷生日（谷物崇拜）、神灵类、祭祖类、瞒骗类、抗敌类等五类。小沧畲族乡的三月三主要偏向于祭祖类。三月三乌饭节，在每年农历的三月初三举行，规模不等。这天，畲族村落会举行祭祖仪式，同时展示畲族的祖图、祖杖等平时不示于人的物品，老人会向孩子讲述祖先的传说、讲述畲族迁徙发展的历史等，青年男女在三月三节庆中相聚对歌。在祭祀祖先的同时，三月三是畲族村落集体聚会，增强群体归属感的一个重要过程。

在访谈中了解到，从60年代开始到近几年，七里还没有举办过三月三的活动，而临近的大岗则间断性地在三月三举行祭祖仪式。现如今三月三更是成为一种象征性的节日出现在小沧畲族村落中。出于发展小沧畲族村落旅游的需要，1996年和2004年的三月，小沧都举行了“三月三乌饭节”。2004年4月，利用中央电视台《走遍中国》栏目摄制组到小沧拍摄风情旅游节目并在全国播出的机遇，该乡隆重举办畲族“三月三乌饭节”暨生态旅游节活动，并设计了山歌对唱等节目，邀请省、市、县各级领导和文化界等1000

① 蓝万清．畲族“乌饭”传说的文化考察［M］．畲族文化研究（上册）．北京：民族出版社，2007：409.

多人参加，成为小沧历史上规模最大的“三月三乌饭节”。可以说，三月三乌饭节的节庆功能逐渐减弱，而其作为经济发展中的工具性功能逐渐凸显，成为畲族地区发展经济、树立文化形象的载体。以此为基础，通过节日中的节目表演、文化形象塑造等，也在一定程度上实现了畲族传统文化的传承与发展。有学者认为，为了发展旅游经济而进行表演性质的一些民俗活动，无法真正发挥传承民族传统文化的作用，反而具有负面影响。笔者认为此种观点值得商榷，沧村的“三月三乌饭节”工具表演性明显大于节庆的民俗性，但分析沧村的现状，这种表演性似乎也是对沧村文化现状的一种反抗，在高度重视经济发展、大量村民走出沧村的背景下，如若没有这种表演性的节庆活动，三月三作为一个沧村畲族特有的节日将会在沧村消失。节庆作为畲族文化的一个载体，其社会性更为凸显，参与的人数众多，在参与、体验风俗节庆的过程中，民族感情得到表达，民族认同得到提升，风俗节庆所具有的文化濡化作用明显，对畲族人民在思想、情感以及文化认同方面具有一定的教育意义。

三、山歌

山歌作为畲族文化的一种重要表现形式和载体，融合了畲族人民的世界观、人生观，表达了畲族人民对生活、对世界的认识和看法。畲族人民酷爱唱山歌，有歌词夸张地说“山歌可以拿来当饭吃”。在年节时，常有主客通宵对歌的场景。追述这一习俗的缘由时，有村民调侃说，是因为村落中住宿的地方比较少，来的客人多了没有地方睡，只能陪客人唱一晚上的山歌。20 世纪 80 年代前，对歌在畲族人民日常生活中是一件很普通的事情，上山下田、劳动的休息时间、男女婚嫁的喜庆日子、正月拜年、节日庆典、客人来访等闲暇时节，都常常以唱山歌来消遣、娱乐、热闹、庆贺。可以说，山歌是畲族人民交流的重要手段之一，以歌会亲，以歌会友，这些都可以通过山歌的“比肚才”来实现。

畲族山歌根据不同题材可分为历史歌、故事歌、情歌、劳动歌、谜语歌、杂歌以及新中国成立以后的解放歌（也叫新歌或时政歌）等7大类，分别揭示了从古至今畲族人民社会生活的面貌，反映一定历史时期内人民的思想感情，弘扬赞善贬恶的道德品质，表达对幸福生活的追求和对悠然情怀的向往。根据不同的场合与目的，畲族人民唱山歌主要分为独唱、对唱、重唱、轮唱、讲歌等五大类形式。杂歌，是歌唱生活中的琐事细节、抒发个人对人情物事的看法和喜好的歌曲，以短小精悍多见。历史歌，歌词多为历史事件或成语典故，如《祖宗歌》。故事歌讲述流传在民间、具有影响力的生活处世故事，内容多与传统道德相关，具有较强的教育意义。情歌讲述男女情事、抒发双方爱慕相思之情。劳动歌，多在劳动过程中用来鼓舞斗志，解除疲劳、烦闷所唱。谜语歌，一般由两人或两人以上演唱，一人问一人猜，也可以一人问多人猜，能较好地调动唱歌场面的气氛，具有很强的思维和口头竞技性。解放歌是畲族人民政治上、经济上翻身后，从亲历的生活感受中创作的新畲歌，主要有《畲族全靠共产党》、《参军歌》、《翻身歌》、《尖祠电灯一片亮》等。通常，历史歌、故事歌会通过独唱、重唱或轮唱的形式进行，而情歌、谜语歌等用对唱，讲歌主要是山歌的一种教授形式。

沧村曾经流行唱山歌的习俗，但凡客人来访、节庆日，村落中会唱歌的能手总要聚集在一起唱歌抒情。特别是有客人来访时，有男男女女围起来长夜盘歌的习俗。一般是上了年纪的对上半夜，青年男女对下半夜。山歌可以说是畲族人民在没有正规学校前学文化学知识的百科全书。畲歌的歌词中包含着知识的传授和道德教育。在畲家的孩子呀呀学语时，父母就教他们唱启蒙歌。每一个畲族的孩子，在襁褓中就开始跟随母亲参加各种歌会，耳濡目染，因而畲歌的曲调不用学就听会了。到六七岁的时候，在山上放牛时或是在日常生活中开始学着大人哼唱几首。当哪家有山歌响起，出于好奇孩子们就会聚集到歌圩中聆听，而这时就会有老人或者孩子的家长为这些孩子解说山歌。在没有学校教育的年代，通过山歌的传唱，实现畲族文化的传承，传统知识的习得。随着时代的变化，山歌自身在形式、内容上也发生一定的变化，如今山歌更是面临着严峻的形势，正逐渐地走出畲族人民的生活，山歌的演绎者——会唱山歌的畲族人正在逐渐减少。

随着畲族人融入现代社会生活，山歌已经逐渐走出了人们的生活。究其原因，首先，是村落中会唱山歌的人已经越来越少，以小沧畲族乡七里村为例，60 年代以前出生的人基本上能够唱山歌，而 70 年代到 80 年代出生的人只有少数几个能够唱，部分能够听懂但不会唱，更多的是听不懂山歌的内容，需要一句句讲歌才能理解。80 年代以后出生的已经没有会唱山歌的了。其次，是人口的大量外流，已经不具备唱山歌的人数氛围。如今留在村中会唱山歌的多为 60 年代出生的老人，而最有可能参与这项活动的 70 年代左右出生的劳动力基本都在外务工了。

第四章　沧村教育的困境与思考

沧村，和中国多数的农村一样，在社会发展的过程中面临着许多的困境，而沧村因其民族的特性又有其自身的特点。沧村教育在构成上已经发生了重大的变化，学校教育成为沧村教育的重要部分，且比重很大，沧村学校教育在语言与文化上的不连续性为受教育者的学业、自我建构带来一定的影响，如何解决这种影响是沧村教育的一个困境；同时随着学校教育的加强，且学校教育中民族文化知识内容的缺失，再加上家庭教育功能的减弱，沧村民族传统文化的传承面临一定的困境；社会变迁经济发展导致的人口流动，适龄受教育群体随之流出沧村，而已有的沧村的学校也面临发展的困境。解决这一系列问题的关键是社会、经济、文化等各方面力量的共同参与，进而推动和促进畲村教育的发展。

第一节　教育与民族文化传承

讲到民族文化，需要先理解何谓民族文化。民族文化是各民族在其发展历史中形成的具有自身特点的文化，泰勒在《原始文化》一书中提出了狭义文化的经典界说，认为文化是包括知识、信仰、艺术、道德、法律、习俗和任何人作为一名社会成员而获得的能力和习惯在内的复杂整体。有学者将文化的内涵归结为民族文学、民族艺术、民族科学技术、民族史学哲学宗教等方面。① 在沧村教育中，民族文化传承的困境在于民族文化在与主流文化的碰撞中，文化的涵化处于强势地位，濡化实现的载体和过程都在减少减弱，特别是民族文化中的非物质文化遗产的“接班人”缺失。

缺失的“接班人”

在沧村，随着学校教育的不断推进增强，所有的畲族儿童都能参与到学校教育活动中，学校教育成为畲族儿童生活的重要部分。村落中举行的各种仪式、文化活动目的性及表演性变得更加明确，参与人员的数量、家庭中举行的仪式次数逐渐减少，频率更低，村落文化的载体越来越少，文化的“接班人”越来越少甚至缺失。以畲医为例，畲医是畲民在与疾病的长期斗争中形成的，主要以青草药治疗为主，在历史上几乎家家户户都懂基本的采药开方看病，几千年的沉淀积累了很多单方、验方，形成了具有自己特色的畲医药文化。随着社会的发展，如今在沧村，掌握畲族医术的蓝天妹就面临着接班人缺失的困境。②

蓝天妹，大岗人，1933 年生，二十几岁就开始行医，是小沧畲族中小有名气的畲医青草药医生。蓝天妹的畲医医术可以追溯到

① 高万能，李瑞熙．论民族文化的内涵与创新［J］．贵州民族研究．2005，（3）．

② 2010 年 8 月，于小沧乡政府办公室访谈。

民国末年小沧的民间青草药名医蓝居丁。蓝居丁擅治民间一些疑难杂症，特别对小儿“郁积症”和成人“鼓胀”病有独特的疗法，常在连江、罗源、侯官县一带行医。晚年，蓝居丁把自己的医术传给族人蓝法法，蓝法法晚年认本村蓝天妹为干女儿，生活起居全靠蓝天妹精心照料，他就把毕生的医术（特别是民间的青草药单方验方）全部传授给蓝天妹。蓝法法的针灸术和畲家的单方验方自成一家，特别擅长医治小儿疳积（消化不良）、妇科病、风湿病和小儿高热惊风等。蓝天妹继承祖辈的医术开始行医，几年时间即能独立为邻里乡亲看病，至今已经有40多年。

蓝天妹的医药医术面临着两大困境，首先是方剂的问题，青草药更重视身体的调理，药效不如西药那么直接。她没有接受过系统的医学培训，长期积累的各种方剂都是偏向于治疗日常常见的风湿感冒等疾病，而对于现阶段的很多疾病并没有很明确的方剂。在治病中，蓝天妹还会加入一些宗教仪式方面的东西，以期待在心理上对病人产生一定积极作用。但由于人们长期接受批判封建迷信的说法，因此，调查中在问及村民关于蓝天妹的医术时，好几个村民都表示蓝天妹并不算是一个医生，认为她的治疗方法有许多封建迷信的因素，是不可靠的，只有一些疑难杂症才迫不得已请她来治疗。第二个是传承的问题，目前蓝天妹已近70岁的高龄，但她的孩子或周边的族人没有人跟随她学习医术，也都不屑于或不想学习，都觉得她的医术已经跟不上现代社会的需要。

接班人的缺失，是民族文化传承中主体的缺失，深究其原因，有其对现代化进程不适应的因素，特别在全球化背景下，追求的是标准与效率，民族文化略弱于主流文化；其次是现有学校的教育宗旨和寻向是为城市的发展培养和输送人才，这导致了受教育者对农村的不适应，更使身处农村的沧村受教育者不断地流向了城市。

“涵化”与“濡化”

借用人类学关于“涵化”与“濡化”的理解可以形象地描述沧村教育导致文化传承的困境。濡化（enculturation）是人类学在研究文化传递过程中提出的一个概念，用来描述文化传递的方式。涵化指不同文化的个人组成的群体，因持久地相互集中的接触，两者相互适应、借用，结果造成一方或双方原有的文化模式发生了大规模的文化变迁。濡化更强调文化传递的过程，而涵化则更重视文化输入的过程。

濡化的过程就如沧村教育中的家庭教育与社会教育，通过家庭的习俗、仪式加深了群体的身份认同和文化体验，潜移默化中习得老一代人的知识。濡化是部分有意识、部分无意识的学习过程，靠老一代指示、引导并强迫，使年轻一代接受传统的思想和行为方式，主要以老一代掌握在手的奖惩儿童的手段为基础，教育每一代人不仅重复前一代的行为，而且奖励与自己濡化过程相适应的行为，并惩罚至少是不奖励与自身濡化过程不相适应的行为。正是濡化的过程使得社会文化、生活方式代代趋同，表现出一定的连贯性。在沧村家庭中，老一代人规定的各种禁忌，或关于文化，或关于信仰，通过禁忌规范儿童的行为，从而使其融入家庭生活。吉恩(Gienn)① 提出了濡化的三个相对独立的来源，认为这三个来源都使人的思想观念局限于一定的范围，并提供了促使个人熟悉其所属文化的有独特性质的动力。一是个体主体，通过个人的经验、期望、愿望等使得濡化的过程得以实现，将社会文化传递到个体。二是社会群体，由于社会群体掌握有大量的公共知识，通过这些公共知识的传递实现濡化的过程。三是环境，环境因素的影响对行为的可能性加以限定，从而控制濡化的可能。濡化的核心是基本的信仰和价值，通过生活中的各种禁忌以及老一代人对儿童的行为控制，从而传达基本的信仰和价值。沧村畲族的家庭教育在学习内容上更多的是文化传统的传承。

涵化过程则如沧村的学校教育，通过规范化的教育内容与形式，传递着主流的文化与知识。学校教育中，学习场域具有一定的

① 转引自何爱霞. 濡化、涵化与成人教育论析［J］. 继续教育研究. 2006，(6).

封闭性，在没有传授民族传统知识的情况下，甚至可以脱离沧村而存在。“涵化”过程的参与者可能出现以下几种情形变化：首先是代换，新的文化特质或文化丛取代了原有的文化特质或文化丛，并发挥相同的功效，产生了最小的结构变化。其次是附加，新的文化特质无法取代旧的文化特质，只能依附于原有的文化特质。第三是重叠，新旧文化混合在一起，形成新的体系。第四是退化，在文化接触之后，失去了原有的文化特质，又没有新的文化可以取代它。第五是创造，涵化过程中产生出新的文化特质以满足变化的需要。第六是抗拒，变迁的规模太大，速度太快，以至于大多数人无法接受，而引起抗拒和反抗。

发展中的沧村，在文化的传承中面临着涵化与濡化较量的困境，我们看到濡化在时间、载体上都在不断减少，而涵化又具有多种的可变性，几种情形都有可能发生。这种较量实际上是在全球化背景下主流文化与传统文化的较量，是如何能够更好融入全球化、主流文化而又不失自身特性的权衡。不论涵化或濡化的结果如何，我们更愿意看到的是受教育者能更好地适应社会的发展，同时又不抛弃民族传统文化。这对教育者提出了很高的要求，如何权衡不同文化的碰撞，如何引导畲族儿童较好地达到跨文化的沟通与理解，也需要教育者更多的思考。

在全球化的背景下，教育对民族文化传承的影响有目共睹，民族文化传承问题也引起了众多人类学者的关注。沧村社会的发展，同全国的诸多畲族村落一样，如何让教育更好地造福人民又不流失传统值得我们深思，笔者认为这些都需要政府、文化工作者、教育工作者乃至畲族人的共同努力。沧村的教育为沧村畲族融入现代社会发挥了重要的作用，特别是沧村村民接受的学校教育，为村民更好地融入社会奠定了良好的基础，但也不可否认在一定程度上对沧村畲族传统文化产生了一定的影响。社会变迁和学校教育让沧村村民走出了大山接受更为广阔的文化的熏陶，多元文化的涵化与畲族文化的濡化犹如一对竞争者在文化习得的道路上赛跑。在这一背景下，需要政府、文化、教育工作者更加重视畲族传统文化的传承，在学校教育的过程中重视畲族传统文化知识的教育，开发相应的校本课程，在畲族社会中重视非物质文化遗产的保护与传承，让文化的“濡化”与“涵化”和谐地在沧村进行。

第二节 衰颓的农村学校

沧村学校，在追求教育资源集中的过程中，逐渐向中心靠拢，村落中曾经的校园或破败或转为他用，村落中的学校未来面临着种种困境。随着沧村人口向外流动的加速，特别是2000年小沧畲族乡被列入水源地后，沧村人生产生活受到了各方面的压力，大量的人口外出务工，经历几年的发展，外出务工的人员至今也在城里逐渐稳定，从而带动着适龄儿童逐渐流向更大的城市。1990年以后人口下降，学校的生源更加减少。见识了城市教学质量与硬件设施的走出沧村的人，努力地为下一代谋求更好的学习环境。

进城的学生

经历了长期的边缘化和知识贫困的畲族人民，充分认识到学校教育的重要性。随着经济的发展，为了谋求更好的学习环境，大部分学生都进入城市就读。一部分学生跟随父母进入城市，借读在父母工作地附近的学校，一部分学生因为考学进入城市，进城后的学生也面临着各方面的困境。首先是生活照料上的问题，进城后的学生，要么进入能提供食宿的学校，要么和父母住在一起，务工的父母并没有太多精力照顾他们，这些都是对学生自理能力的考验，此时，赋闲却仍有劳动力的老人就成了为照顾进城学生而形成的一个新群体。

调研中一个进城照顾孩子的老人[①]这样说道：“孙女在县城里

① 2010年8月，于上东风村访谈。

读书，需要照顾，家里又比较困难，又不能让她爸妈不劳动了专门去照顾她，这样家里又会少一个劳动力，那更困难了。为了孩子在城里上学，我们专门租了一间屋子，这样我专门照顾孙女上学，给她做饭。”为了进城的学生，老人和孩子都离开了传统社区社会，共同进入一个新的文化环境，面临不同的文化适应问题。在问及相关问题时，老人说“还不是很适应城市的生活”。老人的孙女除了吃饭、睡觉来到出租屋，其余时间都在学校上课，平时就老人一个人在家。而他的任务就是给孙女买菜做饭，平时在屋里也没有什么事，也不能辅导孙女的功课，一直在村中生活惯了的老人自然不适应。米德在《代沟》[①] 一书中提出了著名的“三喻文化”。即后喻文化、同喻文化、前喻文化。后喻文化是年长者向年幼者传授，年轻者向年长者学习的文化；同喻文化是指同代人相互学习的文化；前喻文化是年幼者向年长者传授，年长者向年轻者学习的文化。进城后的老人与孩子在文化传递上没有明显的三喻文化的特征，我们看到更多的是现代化在他们身上发生作用。老人没有能力辅导课堂的知识，老人的汉语水平不好或基本不会汉语，需要努力适应城市生活。孩子忙着学校的学习，努力接受课堂知识，放学回家后，和老人依然用家乡的畲语进行交流对话，但回到课本的知识又需要转回汉语的环境。两代人沟通的内容大多是日常生活的对话，老一辈偶尔聊及孩子学校的生活，也只是在考试后对成绩的关注，但这些又是年轻一代不愿意谈的，因此在这一环境中，两代人的沟通相对较少。

学生渐少的农村学校

不断流失了学生的沧村学校，值得引起我们重视，而如何安置这些学校是沧村教育发展中的困境。从数据上看，小沧畲村的中心校曾经一度辉煌，容纳 500 多名学生上课学习，如今仅有 44 名学生在读，在职教工 17 人，生源缺失的学校面临着诸多的困境。

---

① ［美］米德著，曾胡译．代沟［M］．北京：光明日报出版社，1988.

小沧中心校教学楼顶俯瞰社区

中心校校门

小沧中心校机房

小沧中心校多媒体教室

小沧中心校展览室

小沧中心校操场

随着学生数量的减少，现有农村教育资源就会出现管理不善和闲置，小沧中心校内拥有五栋建筑：一栋 5 层总计 15 间教室的教学楼，一栋 20 几间的教工宿舍楼，一栋 40 几间的学生宿舍楼，一栋 2 层的食堂。校园内还建有大操场、篮球场、足球场，拥有多媒体教室、机房、图书馆等教学设施。如今仅有的44名学生对学校资源的利用率并不高。学校目前在职教工17人，部分老师已无课可上，如何解决和保持老师的待遇成为学校的一个问题。而2000年集中办学教学改革后，特别是九年义务教育免除各项费用后，教学经费直接与学生的数量挂钩。访谈中，现任学校校长忧虑地说："现在经费紧张的程度，你可以从长满杂草的学校操场看出来，由于没有足够的教育经费，我甚至不能管理好一个操场，因为缺乏管理我也就只能任各种杂草丛生了。更严重的情况是，由于学校靠近居民区，围墙也年久失修，有些居民甚至开始在学校的操场上开辟菜园种菜了。"①

随着农村学生不断涌入城市，农村学校的教育资源闲置，这些闲置的教育资源有待开发。农村拥有大量的留守老人或文盲，这一资源可否利用于这一人群的教育，发展老年夜校、成人技能培训等，值得我们深思。

第三节 沧村不连续的教育

考察畲族的教育可以发现，随着社会的变迁，畲族儿童的学习环境发生改变，畲族儿童在接受教育的过程中有许多的"遭遇"，这类"遭遇"既如人类学家进入田野时感受到的"culture shock"一样，也如博尔诺夫在教育中给予高度评价的非连续性教育事件。"遭遇"一词由博尔诺夫在谈论教育过程的非连续性时提出，他认为"遭遇"这个词的意义首先从宗教领域中获得，在教育中可以这样理解遭遇这个概念，从实在主义哲学中可以看到，遭遇这一概念标志着人们所遇到的实在的强度，这种实在根本与人们的愿望和期待不相符，以至于人们即使反对它也是徒劳的，只有被迫改变自己

① 2010年8月，于小沧春蕾学校访谈。

的行为。① 沧村教育发展过程中，随着学校教育的发展，受教育的地理、环境等方面都不断地发生变化，受教育者遭遇新的语言环境、不断学习知识与文化。

遭遇新的语言

语言是人类学研究的一个重要项目，沧村是一个多语言环境的社会，沧村畲民互相之间通过畲语进行沟通，而沧村附近的村落则使用当地闽东方言，再加上偶尔使用的普通话。沧村的受教育者从小在畲族村落中成长，濡化于畲族的文化和行为模式，学习的语言是畲语。进入正规学校教育后，畲族儿童接受汉语教学以及国家统一课程的学习。在村落小学学习时，畲族儿童离家庭比较近，课间以及课后还与家庭保持一定的交流，可以与拥有同样文化背景的同村同学进行交流学习。随着学习的深入，开始从原先相对单一的畲族文化圈进入一个多元的文化环境中，语言是教育历程的第一个遭遇。曾在沧村任教过的刘老师描述了沧村的讲课情况。刘老师不懂畲语，但会讲连江的方言，上课用的是全国统一教材，平时用普通话上课，感觉学生听不懂时他会偶尔用方言进行解释，课下交流用的是方言，平时对话中学生最开始用掺杂着畲语的方言与他交流，慢慢的他也能听懂畲语，而学生也听懂闽东方言了，而学习的过程中汉语普通话也得到了一定的普及，在畲族村庄教书几十年，现在他已经能够听懂畲语但还不会说。谈及语言对学业是否有影响时，他认为和现在的学习环境比起来当然有影响，而这种影响不仅仅存在于畲语环境中的畲族孩子，也存在闽东方言环境中的汉族孩子中。②

“一个民族的语言就是该民族的一座文化宝库，每个民族成员学习和使用本民族语言的过程也是习得民族文化的过程。一个民族

① ［德］O·F·博尔诺夫著，李其龙译．教育人类学［M］．上海：华东师范大学出版社，1999：57.

② 2010年8月7日，于小沧畲村刘老师家中访谈。

不仅通过语言来记录、表达和传递本民族世代积累起来的文学艺术、宗教信仰、道德规范和生产经验等文化财富，而且每个民族语言都蕴含有丰富的史料和语料。人们可以从一个民族语言的形成、使用、变迁和发展的过程去了解该民族的特点和历史发展的轨迹；每个民族语言承载的丰富的历史故事、神话传说、民间诗歌、史诗唱词、寓言警句等丰富的语料，都是少数民族文化遗产的重要内容。”① 由此可知，畲族面临的语言问题，对畲族受教育者的文化习得产生了一定的影响。随着沧村受教育者的进城，受教育环境变化为城市的学校环境，脱离了畲族的母语环境，语言上的不适应更加凸显。田野调查中，90 年代出生的畲族已经很大程度上不再用畲语交流，多数的访谈对象在提及语言的学习时都表示需要一段的时间适应，家庭语言环境与学校语言环境不同在一定程度上影响了初入校园的畲族儿童的学业效果，在遭遇新语言的过程中，需要教育工作者对受教育者加以更好的引导。

知识结构与环境的变化

进入正规学校教育前，沧村受教育者处于以儿歌、童谣、神话故事、民间谚语等为主要教育内容的环境中，环境建构了受教育者传统的文化知识、为人处世的道理，这种教育是自由开放的。进入学校教育体系后，畲族儿童原先拥有的语言、方言、交往习惯，与学校的主体语言、交往习惯及期望有一定差异，就会产生交往错误和误解，出现不适。儿童的学习内容也发生了一定变化，学校教育传授的是一套完善的作为一个合格公民的行为规范体系以及科学知识，不再关注以往传统的民俗知识和技能的教授。沧村的学生进城后，因家长忙于生计难以起到启蒙教师的作用，学前教育更是一大欠缺。进入学校空间后，个体被分离于一般社会和传统社会的地方性知识之外，依顺民族—国家提供的普遍性知识形成鲜明（explic-

---

① 布尔迪厄著．陶东风译．文化与权力［M］．上海：上海译文出版社，2006：27.

it）的学制规则和学究等级（pedagogic hierarchy），这些规则和等级的强化，致使儿童不断地被分离于社区共同体之外，纳入一种现代公民身份（citizenship）的体制当中。[①] 在这一空间中个体被高度地塑造成国家的公民，受教育者在自我与他人都是国家公民的前提下，发现存在着一定的差异，这就需要他去建构一个有别于其他人的形象，这时他不能从课本中获得，又没有机会从家庭教育中获取，于是在自我形象建构的时候就遇到了一定困难。比如调查中问及学生自己属于什么民族时，都会回答自己是畲族，但问及愿意当汉族还是畲族时，就会犹豫自己是不是当汉族更好一些，再深入问及是否知晓民族传说以及民族歌曲时，就会更加怀疑这些民族的文化内容是否是一种好的、积极的东西。

以往的教育学家认为教育是一种连续性的活动，儿童通过这种连续性，才越来越完善。博尔诺夫认为："这一观点是正确的，它基本上揭示了教育过程的本质，但不全面，还需修正。因为这一观点把阻碍和干扰教育，导致教育失误或完全失败仅仅归结为偶然的、来自外部的干扰，而这本来是应当避免的，而且原则上也是可以避免的，这种干扰无论如何无关教育大局"，"在人的生活中会有一些突然出现的、非连续性的事情，无论如何不能把这些事件纯粹地视为外来干扰。相反，这些事件具有重要的积极的作用，而他们也是与上述非连续性的教育形式相一致的"。他认为在遭遇中人们才会产生一种"无条件的、在所有要求中抓住重点的、震撼人们心灵深处的情形"。[②]

博尔诺夫给予"遭遇"以很高的评价，同时也对教育者提出了很高的要求。他认为教育工作者必须因势利导地帮助青少年去战胜它，而不是去掩饰，更不是一手包办。不可否认的是，我们也看到

---

① 王铭铭．教育空间的现代性与民间观念——闽台三村初等教育的历史轨迹[J]．社会学研究，1999（6）．

② 博尔诺夫著，李其龙译．教育人类学［M］．上海：华东师范大学出版社，2001.5：59.

在沧村受教育者的教学实践中，“遭遇”并没有得到很大重视，他所导致的受教育者在自我知识建构和认同上的困惑还有待教育工作者给予更大的关注。

第五章 结 语

沧村作为福州农村畲族村落的一个缩影，其教育的发展展示了在社会变迁背景下教育的能动性及其对文化的影响，沧村教育与社会变迁在互动中描绘着沧村的发展。教育作为文化传承的一个重要环节，在传递、转变和改造着文化。沧村教育在构成上是多元的，而多元的畲族教育在社会变迁的过程中也发生着不断的变化。经济作为社会变迁中的重要力量，影响着教育的发展，而在群体适应社会，适应社会变迁的过程中，教育又作为一个重要的工具与社会变迁过程互动。在这一过程中，文化的传承值得我们重视，如何实现社会变迁、群体发展与文化传承和谐顺利进行值得我们深思。

经济发展的力量

社会变迁的内容涉及社会生产、生活的所有领域。沧村社会变迁表现为经济变迁、自然环境变迁、人口变迁、社会制度和结构变迁、生活方式的变迁等方面，社会变迁的形式、内容是多样的。在社会变迁对沧村教育发展的影响中，经济发展的影响是一个突出的因素。

在“椎髻跣足，随山散处，刀耕火种，采食猎毛”[①] 的年代，沧村畲族社会通过丰富的家庭与社会教育，教育下一代生产生活的技能，家庭与社会教育是沧村教育的主要内容。随着经济发展积累一定财富后，沧村才有能力将学校教育引入社区，畲族家庭才有能力供应孩子上学堂。如前文提到的私塾教育，作为一个脱离社区的教学场域，它的兴起需要社会经济的发展和积累。在国家极力推广

① 嘉靖《惠州府志》卷14《外志》。

教育的年代，沧村依然会有受教育者因为经济因素而不能享受学校教育。随着山仔水库的建设，沧村的自然环境发生了变化，经济随之发展，从而带来生活生产方式变化。而随着小沧畲村出于保护环境的考虑，生产生活方式又发生了很大的变迁，经济的变迁带动了人口的变迁，人口的数量、流动和分布上都出现了变化。经济发展为教育的发展变化提供了基础和动力，同时经济的发展也影响了沧村教育的空间分布、发展规模等。

适应变迁的工具

深究经济发展为什么会对沧村教育产生如此大的影响，奥格布（Ogbu）的理论观点给了我们很大的启发。美国著名人类学家奥格布（Ogbu）基于文化产生和变迁都受到自然环境和经济等环境因素的影响，提出“文化生态学理论模式”的教育人类学理论。他认为学校系统是一种社会机构，与其他社会机构相联系，特别是经济机构。通过“学校教育人类生态学”观察学生、家长、教师和纳税人之间的相互关系，他认为少数民族低学业成绩是一种适应性政策，是儿童面临社会有限的就业机会而采取的对教师、同龄人和家长等冲突压力的策略产物，也即“文化生态学理论模式”的基本要点就是“适应”。社区自然环境、社区文化以及社会系统中各个功能机构，与教育的关系都十分紧密、息息相关。在关注学业成就和研究课堂师生互动的同时，更应关注学生以及学校教育受到的来自社会的各个方面作用力。自然环境影响了经济类型和生活方式，市场经济和社会习俗、外来文化影响了受教育的过程和效果。

分析沧村教育，可以看到教育的构成与内容都在不断发生变化，而这种变化直接作用于受教育的主体。随着社会的发展，沧村村民生存环境和生计方式不断发生变化，为适应这种变化，做出了很多的教育选择，这些选择影响着社会教育、家庭教育和学校教育三者的比重，三者比重的不断变化又导致了受教育主体的知识结构的变化，进而影响受教育群体的文化发展。

文化传承的实现

社会教育随着社会变迁显得多元多样，受教育者在参与社会教育的过程中，接收的知识多样，受教育群体更显得多元化。家庭教育逐渐减弱，传统文化和知识也就逐渐减少了传播的载体，学校教育不断强化，学校教育重视的公民意识的培养加强了受教育群体参与社会活动的同质性。在这一过程中，沧村民族文化的传承面临诸多困境。滕星教授的多元文化整合教育理论似乎给予我们解决困境的启发。他认为：一个多民族国家的教育，在担负人类共同文化成果传递功能的同时，不仅要担负传递本国主流民族优秀传统文化的功能，而且同时也要担负起传递本国各少数民族优秀传统文化的功能。“多元文化整合教育”对象不仅包括少数民族成员，而且也包括主体民族成员。“多元文化整合教育”的内容，除了包括主体民族文化外，还要含有少数民族文化的内容。少数民族不但要学习本民族传统优秀文化，而且也要学习主体民族文化以提高少数民族年轻一代适应主体文化社会的能力，求得个人最大限度的发展。主体民族成员除了学习本民族文化外，还应学习少数民族文化。“多元文化整合教育”的目的是，继承各民族优秀文化遗产，加强各民族间的文化交流，促进多民族大家庭在经济上共同发展，在文化上共同繁荣，在政治上各民族相互尊重、平等、友好与和睦相处，最终实现各民族大团结。①

沧村教育中，我们看到了畲族传统文化中有许多值得现代教育学习和重视的元素。畲族民族传统文化的内容涵盖了人文历史、天时地理、人伦纲常等，扎根于畲族人民的生活，集中体现着畲族人民的智慧、不屈不挠的精神和民族音乐艺术的精华，有漫长历史长河中深厚的文化积淀，对于现代教育而言也具有珍贵价值。在社会变迁的背景下，我们期待沧村教育更加多元，一方面传授现代社会主流科学文化知识，使受教育者适应主流社会生活，另一方面更期

① 哈经雄、滕星．民族教育学通论［M］．北京：教育科学出版社，2001.2：580.

望能传承民族传统文化，使受教育者既能适应社会又能保持传统文化不至流失。

参考文献

1. 专著类

［1］［奥］茨达齐尔著，李其龙译．教育人类学原理［M］上海：上海教育出版社.2001

［2］［德］O·F·博尔诺夫著，李其龙译．教育人类学［M］上海：华东师范大学出版社.1999

［3］［法］P. 布尔迪厄、J.C. 帕斯隆著，邢克超译．继承人［M］北京：商务印书馆.2004

［4］［法］P. 布尔迪厄、J.C. 帕斯隆著，邢克超译．再生产［M］北京：商务印书馆.2004

［5］［法］P. 布尔迪厄著，杨亚平译．国家精英［M］北京：商务印书馆.2005

［6］［法］爱弥儿·涂尔干著，李康译，渠东校．教育思想的演进［M］上海：上海人民出版社.2006

［7］［美］弗雷德．赫钦、雷格斯．赫钦格著．美国教育的演进［M］香港：美国驻华大使馆文化处.1984

［8］［美］米德著，曾胡译．代沟［M］北京：光明日报出版社.1988

［9］［美］米德著，周晓虹译．萨摩亚人的成年［M］北京：商务印书馆.2008

［10］费孝通．费孝通民族研究文集新编［M］．中央民族大学出版社，2006

［11］费孝通．中华民族多元一体化格局［M］．中央民族大学山版社，1999

［12］冯增俊、万明钢．教育人类学教程［M］．北京：人民教育出版社，2005

[13] 哈经雄、滕臻．民族教育学通论 [M]．教育科学出版社，2001

[14] 马戎．民族社会学：社会学的族群关系研究 [M]．北京大学出版社，2004

[15] 马戎等．中国西部地区少数民族教育的发展 [M] 教育部社科基金项目

[16] 祁进玉．群体身份与多元认同 [M] 社会科学文献出版社，2008

[17] 孙若穷主编．中国少数民族教育学概论 [M] 北京：中国劳动出版社，1990

[18] 滕星．族群、文化与教育 [M] 北京：民族出版社，2002

[19] 滕星．文化变迁与双语教育——凉山彝族社区教育人类学的田野工作与文本撰述 [M]．北京：教育科学出版社，2001

[20] 王建民等译．人类学历史与理论 [M]．华夏出版社，2006

[21] 王军、董艳主编．民族文化传承与教育 [M]．北京：中央民族大学．2007

[22] 王铭铭．《村落视野中的文化与权力》 [M]．三联书店．1997

[23] 翁乃群主编．村落视野下的农村教育 [M]．社会科学文献出版社，2009

[24] 吴天泰等．教育人类学 [M] 台北：五南图书出版公司，2001

[25] 郑晓云．文化认同与文化变迁 [M]．中国社会科学出版社，1992

[26] 庄孔韶主编．教育人类学 [M] 哈尔滨：黑龙江教育出版社，1999

[27] 庄孔韶主编．人类学通论 [M]．山西教育出版社，2003

[28]《中国少数民族社会历史调查资料丛刊》福建省编辑组．畲族社会历史调查．福建人民出版社［M］．1986

[29] 蒋炳钊．畲族史稿［M］．厦门大学出版社，1988

[30] 蒋炳钊．畲族古代历史资料汇编［M］．厦门：厦门大学人类博物馆民族研究室，1979

[31] 蓝炯熹．畲民家族文化［M］．福建人民出版社，2002

[32] 蓝雪霏．畲族音乐文化［M］．福建人民出版社，2002

[33] 蓝运全、缪品枚主编．中华人民共和国地方志．福建省闽东畲族志［M］．民族出版社，2000.

[34] 雷弯山．畲族风情［M］．福建人民出版社，2002

[35] 闽东畲族志编纂委员会．闽东畲族志［M］．民族出版社，2000

[36] 畲族简史编写组．畲族简史［M］．福建人民出版社，1980

[37] 施联朱、雷文先主编．畲族历史与文化［M］．中央民族大学出版社，1995

[38] 施联朱．畲族研究论文集［M］．民族出版社，1987

[39] 施联朱．施联朱民族研究文集［M］．民族出版社，2003

[40] 吴永章．畲族与瑶苗比较研究［M］．福建人民出版社 2002

[41] 谢重光．畲族与客家福佬关系史略［M］．福建人民出版社，2002

[42] 游文良．畲族语言［M］．福建人民出版社，2002

[43] 钟大湖．闽东畲族革命斗争纪实［M］．中共福建省宁德地委党史办公室．1984

2. 学位论文

[44] 白丽英．畲族家庭环境状况及其对中学生心理健康的影响［D］．福建师范大学．2003

[45] 胡玉萍. 教育文化与学校教育 [D]. 中央民族大学. 2005

[46] 雷宝燕. 泉州畲族教育研究 [D]. 福建师范大学. 2008

[47] 李靖. 论民俗对基础教育教学活动的影响 [D]. 西北师范大学. 2002

[48] 李雄鹰. 回族青少年宗教价值观社会化的质化研究 [D]. 西北师范大学. 2003

[49] 祁进玉. 不同情景中的群体认同意识——基于三个土族社区的人类学对比研究 [D]. 中央民族大学博士论文. 2006

[50] 钱锦彬. 畲族中小学生心理健康状况的调查研究 [D]. 福建师范大学. 2003

[51] 沈蕙. 回族传统教育观念与西北回族幼儿教育实践 [D]. 西北师范大学. 2002

[52] 邬志辉. 从教育现代化到教育全球化 [D]. 华东师范大学. 2001

[53] 张虹. 基础教育中的民汉合校研究 [D]. 中央民族大学. 2005

3. 期刊论文

[54] 陈雪凌、徐铭. 福安市畲族中小学智力调查 [J]. 福建医药杂志, 2000 (1)

[55] 陈志明著, 罗左毅译. 族群认同与国家认同: 以马来西亚为例 (下) [J]. 广西民族学院学报, 2002 (6)

[56] 邓佑玲. 双语教育与文化认同 [J]. 中央民族学院学报,2000 (1)

[57] 冯云. 闽东畲族教育的特色和问题 [J]. 中外教育, 1997 (1)

[58] 冯云. 畲族教育的回顾与展望 [A]. 畲族文化研究 (下册), 2007. 5

[59] 傅福权. 构建畲乡特色的民族教育体系 [J]. 福建民

族，2004.6

[60] 郭少榕．福建少数民族女生教育发展问题探微［J］．福建省社会主义学院院报，2005（3）

[61] 郭少榕．关注福建少数民族教育［J］．发展研究，2004（11）

[62] 郭少榕．闽东畲族教育的现实与超越［J］．教育评论，1997（1）

[63] 郭少榕．闽东畲族教育历史发展述略［J］．中外教育，1997（1）

[64] 黄帆．城市化催生“空心”农村校，破解矛盾需资源重新配置［N］．泉州晚报，2008.2.28

[65] 黄帆．农村学校生涯萎缩后的生存之道［N］．泉州晚报，2008.2.27

[66] 黄新宪．建国以来畲族教育的与畲族社区的变迁［J］．江西教育科研，1998（5）

[67] 黄新宪．清代和民国时期畲族教育变迁史略［J］．教育评，1998（3）

[68] 菅志翔．国家构建中的族群身份转换［J］．广西民族学院学报，2004（5）

[69] 蓝存安．为了民族教育的和谐发展［J］．福建民族，2007（3）

[70] 蓝国秋．大力发展中等教育，致力培养畲族人才［J］．福建民族．2007（3）

[71] 蓝国秋、福建民族教育50年［J］．福建民族，1999.3

[72] 蓝希瑜．蓝方铭、王金菊．赣南畲族教育颓废及其对策分析［J］．韶关学院学报，2006（5）

[73] 雷先根．办好寄宿制小学走山区教育的出路［J］．福建民族，1999（2）

[74] 李健民、林校生．关于闽东畲族职业教育的思考［J］．

福建民族.2005（3）

［75］李健民．宁德民族中学畲族学生本民族文化状况调查［J］．福建民族，2006（3）

［76］连江华侨中学．创办寄宿制少数民族班，推动民族教育发展［J］．中国民族，2006（3）

［77］连江华侨中学．创办寄宿制少数民族班，推动民族教育发展［J］．福建民族，2006（2）

［78］林作祥．浅谈畲族素质教育的"三注重"［J］．中国民族教育，1999（5）

［79］刘建闽．浅谈对畲族中学生自信心的培养［J］．福建民族，1999（2）

［80］刘建闽．畲族文化：民族中学语文课的课程资源［J］．福建民族，2004（3）

［81］刘希标．景宁自治县畲族中小学体格发展状况分析[J]．中国学校卫生，2005（6）

［82］彭兆荣．民族认同的语境变迁与多极化发展［J］．广西民族学院学报，1997（1）

［83］琼·菲尼（Jean S. Phinney），王兵译．青少年与成人的民族认同：研究回顾［J］．译自 Psychological Bulletin 1990，Vol 108，No. 3

［84］谢滨．福建畲族族谱档案及其价值［J］．档案学研究．2001（5）

［85］颜禾．闽东少数民族教育的地域特色［J］．教育评论．1996（4）

［86］张建平．畲族体育文化现状分析及其发展对策研究[J]．体育文化导刊，2004（7）

［87］钟兴伟．闽东畲族人1：2素质的忧思［J］．福建民族，1992（7）

现代教育背景下回族传统文化的传承现状研究

——以对河南省济源市回村的教育人类学调查为例

冯鑫庭

第一章　绪　论

第一节　选题背景和研究意义

当今世界日新月异，如何能在竞争日趋激烈的国际环境中提升本国综合国力，成为各国改革发展的核心要务。作为提高国民综合素质工作中必不可少的重要环节——教育，也受到各国政府越来越多的关注。就我国而言，国家和政府一向重视教育问题，如何提高全民文化教育水平成为当前教育改革的重点。作为统一的多民族国家，如何克服民族地区的条件限制，加快少数民族教育发展，提高少数民族文化素质，对于我国整体文化水平的提高有着重要的现实意义。就回族教育而言，学术界也多次组织回族教育研讨会，从各个角度探讨了回族民族教育的特点和规律。

在当前工业化全球化背景下，区域经济发展的不平衡加速了人口流动，民族人口的分布也更为扩散，民族散杂居的现状越来越普遍。回族作为中国人口较多的少数民族之一，长期以来形成了“大分散，小集中”[①] 的居住特点。回族有着丰富灿烂的文化形式，是中华民族文化的重要组成部分，是回族人民文化心理认同的根本之一。伊斯兰文化作为回族“核心”文化之一，大多数回族成员都会通过对《古兰经》的学习来获取相关知识，进而掌握伊斯兰文化的社会内容，这是作为回族社会角色的回族成员所必须具备的。但是，回族现在的教育观念里有个两难选择“念经与念书”。[②] “念经”是学习、传承回族文化和伊斯兰文化；“念书”是指接受国民教育。历史上，回族教育的内容与目标有两种，即通过伊斯兰教知识的教育实现民族文化传承，还要通过主流社会教育手段得到主流社会认同并与环境氛围相适应。而现在的回族学校教育作为国家教育大体系的一个组成部分，更多的是进行主流文化的教育，以应试教育为导向，对回族民族文化的传承和创新重视不够。此外，在散杂居地区，各民族杂居相处，在经济、文化等方面的差异越来越小，生活习惯和心理状态也越来越趋同，这就导致了散杂居地区回族文化面临着重大的冲击。目前，散杂居地区民族文化如何传承和创新已经成为一个现实的问题。

从资料和文献看，国内外对于回族文化、回族教育有了一定的研究，但是绝大多数集中在对西部回族聚居区的研究，而对中东部散杂居回族传统教育的关注有限。在河南，回族民众与其他各民族交错杂居在中原大地上。[③] 对于河南回族教育的发展与文化传承二者的研究既可以逐步实现“中原突破，南连苏皖，西接山陕，北通

---

① 杨圣敏、丁宏 主编. 中国民族志［M］北京：中央民族大学出版社，2003：53.

② 李淑兰、王永亮. 回族教育“两难选择”的当代抉择［J］. 回族研究，2003，(2).

③ 第五次全国人口普查：河南回族散杂居住在全省18个地市，有9000万人，仅次于宁夏、甘肃回族人口。

内蒙东北，大大丰富中国的回族史研究”，[①] 也可以进一步丰富回族教育和回族传统文化二者关系的研究，对于拓宽学术研究领域，深入了解散杂居民族教育具有一定的借鉴意义。总之，调查研究河南回族传统教育，在总结分析其内容、形式、变迁的基础上，可以使人们更加全面深入了解河南回族的教育、文化，以加强民族了解，减少民族冲突，共建和谐社会。

综上所述，教育问题涉及国家根本，而民族问题也是国之大事，所以民族教育问题一直都是党和政府极其关注并投入大量人力精力的事情。若无民族教育的同步发展，必然也会影响整个中华民族发展。教育一方面受到文化的影响，另一方面它又是发展文化、创造文化的最重要的手段。而现行国家教育体制中，现代教育体系以主流文化和主流价值观为教育导向，这就造成了目前民族文化消失远远大于传承和创新的现状。如何在现代教育体系下更好地传承和发展民族文化就成了一个亟待解决的问题。

总之，研究散杂居地区少数民族的教育和民族文化传承既是对教育人类学、民族教育学等学科理论的具体实践，又为人类学提供以教育为主题的田野个案，从而更好地理解文化的传承与重构、濡化与涵化、沟通与整合。此外，也能够促进民族发展、保护传统文化、保护文化多样性，以及促进民族教育的进一步完善。

第二节　回族教育文献回顾

关于回族教育的研究，其参考文献主要有两大部分。其一，关于民族教育的研究，主要包括民族教育理论研究、民族教育政策研究、民族教育史研究、民族教育和文化的研究；其二，关于回族教

① 胡云生．传承与认同——河南回族历史变迁研究［M］．银川：宁夏人民出版社，2007.

育研究。

国内关于民族教育的研究

关于民族教育理论研究主要有孟立军的《民族教育基本理论研究》[①] 和《新中国民族教育理论概论》[②]、何龙群的《民族高等教育理论与实践探索》[③]、孟立军的《试论我国民族教育理论的主要内容》[④]、赵俊彦的《民族教育理论：跨文化比较研究中生成》[⑤] 等一大批相关的学术论著。这些论著主要涵盖了两方面的内容：一是系统介绍与评价国外教育人类学的理论与实践；二是在批判性继承国外教育人类学理论与方法的基础上，积累与展示中国本土教育人类学的理论与个案研究的最新和重大研究成果，包括现今中国民族教育理论中提到最多、影响较大的理论——多元文化教育理论等。中国的民族教育理论研究提倡走出书斋，用文化人类学的理论、观点和田野工作方法去研究当今中国的学校正规教育与社区、家庭非正规教育。

关于民族教育政策的研究主要有滕星、王铁志主编的《民族教育理论与政策研究》[⑥]、金东海主编的《少数民族教育政策研究》[⑦]、吴明海的《中外民族教育政策史纲》[⑧] 等著作以及王铁志的《新中国民族教育政策的形成与发展》[⑨]、陈立鹏等的《改革开放30年来

① 孟立军．民族教育基本理论研究［M］．南宁：广西民族出版社，2006.

② 孟立军．新中国民族教育理论概论［M］．南宁：广西民族出版社，2006.

③ 何龙群．族高等教育理论与实践探索［M］．北京：民族出版社，2008.

④ 孟立军．试论我国民族教育理论的主要内容［J］．民族研究．1995（6）．

⑤ 赵俊彦．民族教育理论：跨文化比较研究中生成［J］．民族教育研究．2009（2）．

⑥ 滕星，王铁志主编．民族教育理论与政策研究［M］．北京：民族出版社，2009.

⑦ 金东海主编．少数民族教育政策研究［M］．兰州：甘肃教育出版社，2002.

⑧ 吴明海．中外民族教育政策史纲［M］．北京：中央民族大学出版社，2006.

⑨ 王铁志．新中国民族教育政策的形成与发展［J］．民族教育研究．1998（2）．

我国民族教育政策回顾与评析》[①]、毛雪梅等的《试析新中国民族教育政策的价值取向》[②] 等相关的学术论著。这些著作或文章大都结合新时期的要求，针对民族教育改革与发展的重大现实和理论问题，在坚实的理论分析的基础上，注重民族教育实践所急需的对策和政策的研究与探讨，运用跨学科的思维和实地调查的严谨方法，并借鉴国外民族教育研究的新成果，重点探讨新时期民族教育的基本理论与政策问题，突出以中国的经验和理论来探究民族教育理论和政策，力图实现中国民族教育理论和政策的本土化。

关于民族教育历史研究主要有朴胜一的《民族教育史》[③]、吴明海主编的《中国少数民族教育史教程》[④]、中国少数民族教育史编委会编的《中国少数民族教育史》[⑤]、雷学华的《民族教育的历史传统》[⑥] 等。除了这些整体性的民族教育论述外，还有一些关于民族地区的教育历史研究，如陶增骈主编的《东北民族教育史》[⑦]、赵强巴和朱解琳等撰写的《甘宁青民族教育史简编》[⑧]、张学强等的《西北回族教育史》[⑨] 等。这些关于民族教育历史的研究大都从民族教育的历史来反观或者建议当前的民族教育，对中国当前民族教育中出现的问题等有着一定的借鉴意义。

---

① 陈立鹏等．改革开放 30 年来我国民族教育政策回顾与评析［J］．民族研究．2008（5）．

② 毛雪梅等．试析新中国民族教育政策的价值取向［J］．广西民族大学学报．2008，（S2）．

③ 朴胜一、程方平．民族教育史［M］．海口：海南出版社，2001.

④ 吴明海主编．中国少数民族教育史教程［M］．北京：中央民族大学出版社，2006.

⑤ 中国少数民族教育史编委会编．中国少数民族教育史［M］．广州：广东教育出版社，1998.

⑥ 雷学华．民族教育的历史传统［M］．武汉：湖北教育出版社，1998.

⑦ 陶增骈主编．东北民族教育史［M］．沈阳：辽宁大学出版社，1994.

⑧ 赵强巴，朱解琳等著．甘宁青民族教育史简编［M］．西宁：青海人民出版社，1993.

⑨ 张学强等著．西北回族教育史［M］．兰州：甘肃教育出版社，2002.

关于民族教育与文化研究主要以滕星、张慧真、万明钢、王鉴、王军等为代表，如滕星等主编的《族群、文化与教育》①、张慧真的《教育与族群认同》②、万明钢主编的《多元文化视野：价值观与民族认同研究》③、王鉴的《民族教育学》④、王军的《文化传承与教育选择》⑤ 等。这类研究涉及民族意识、民族认同的研究，涉及民族文化传承和发展的研究、教育和民族文化传承等的研究以及对现行的双语教育的讨论等，尤其是对现代教育体系下民族教育的发展和民族认同、民族文化的传承有较深入的探讨，这些研究对未来民族教育的更好发展提供了诸多可资借鉴的思路。

关于回族教育研究

从整体而言，对于回族教育形式的分类我们可参考著名回族学者马汝邻先生于1982年所写的《回族教育历史的回顾与前瞻》⑥一文。该文从整体上将回族教育分为以下几种：早期的回回人的宗教教育；元代上层回回人的世俗教育；元代广大回回人的世俗教育；明代回回人的世俗教育；明末清初的宗教教育；民国以后改良的宗教教育；清末至民国的回民世俗教育；抗日战争时期抗日根据地的回民教育及沦陷区广大回民知识分子的向后方转移；解放后到拨乱反正前的回民教育。针对当时回民教育存在的问题，作者提出加强学前教育、加强普通教育、加强师范及中专、加强高等教育、解决经费问题、动员回民社会力量办学和加强党的领导等七项综合治理对策。鉴于研究目的，本处文献综述也主要集中于回族经堂教育、回族家庭教育、回族学校教育等几部分。

---

① 滕星．族群、文化与教育［M］．北京：民族出版社，2002.

② 张慧真．教育与族群认同［M］．北京：民族出版社，2009.

③ 万明钢主编．多元文化视野：价值观与民族认同研究［M］．北京：民族出版社，2006.

④ 王鉴．民族教育学［M］．兰州：甘肃教育出版社，2002.

⑤ 王军．文化传承与教育选择［M］．北京：民族出版社，2002.

⑥ 马汝邻．回族教育历史的回顾与前瞻［J］．西北民族学院学报（哲学社会科学版）．1982（2、3）．

关于回族经堂教育的研究主要有张秉铎《中国穆斯林的宗教教育》①、于广增《中国穆斯林经堂教育及其基础课初探》②、纳国昌《经堂教育的历史记载》③ 等。以上相关文章对中国回族经堂教育的兴起、教学内容、教学方法、教材及其历史作用作了介绍和评述。经堂教育除了教学生朗读《古兰经》外，还学习书法、语法、历史、算学和诗词等，对成人的教育则是通过讲授“圣训”，使之学习为人处世之道。这种教育不仅给中国引进较早的两种外语即阿拉伯语和波斯语，同时还对培养回族人民的道德、情操、伦理意识和维系回族社会发挥了一定的作用，也为以后的回族普通教育奠定了基础。

对回族家庭教育的探索和研究主要有海存福的《回族家庭教育功能研究》④、《回族家庭教育的特点》⑤、《回族家庭教育发微》⑥、朱桂同的《浅谈回族传统的家庭教育》⑦、李景兰、马朝旗的《家庭教育与回族文化观念的形成》⑧ 等。这些研究重点在于说明回族家庭教育的特点和功能。其中，海存福将回族家庭教育功能概括为本体与外在功能：本体功能主要在于保存和传承伊斯兰文化，形成和发展了回族文化；回族家庭教育的民族整合功能。外在功能主要是满足个性发展与享用的功能；社会发展与制控功能。

与调查点相关的学术研究主要有白学义的《河南回族》⑨、胡

---

① 张秉铎．中国穆斯林的宗教教育［J］．第 14 届伊斯兰思想讨论会论文．1980.

② 于广增．中国穆斯林经堂教育及其基础课初探［J］．中国穆斯林．1986.

③ 纳国昌．经堂教育的历史记载［J］．中国穆斯林．1992（5）．

④ 海存福．回族家庭教育功能研究［J］．回族研究．2000（1）．

⑤ 海存福．回族家庭教育的特点［J］．回族研究．2000（2）．

⑥ 海存福．回族家庭教育发微［J］．回族研究．2000（4）．

⑦ 朱桂同．浅谈回族传统的家庭教育．载《中国回族教育史论集》．济南：山东大学出版社，1991：76.

⑧ 李景兰、马朝旗．家庭教育与回族文化观念的形成［J］．西北大学学报．1997（3）．

⑨ 白学义．河南回族［M］．北京：民族出版社，2003.

云生的《传承与认同：河南回族历史变迁研究》① 等专著以及张玮的《河南回族教育述略》②、穆德全的《河南回族分布的历史渊源》③、马晓军的《试探河南散杂居回族与汉族的民族关系》④ 等相关的学术论文。这些相关的著作和学术论文从不同的角度对河南地区的回族进行了探讨，主要集中于河南回族溯源、河南回族文化和河南散杂居地区民族关系等。总体而言，关于河南回族教育的论著极为有限，其研究领域有待进一步扩展。

第三节　相关理论介绍

教育人类学开始于20世纪初期，由于受到特定的社会文化背景、历史传统等诸方面的影响，使得该学科的研究主题各有侧重，从而形成了不同的理论流派，其代表性流派是以德奥为代表的哲学教育人类学和以美国为代表的文化教育人类学。从总体上讲，它是一门运用人类学的基本原理与研究方法来研究教育现象与教育行为的交叉学科。

教育人类学的各理论模式都基于一个基本前提：教育是文化的传承与习得，而学校教育只是教育的一种特殊形式。⑤ 现代教育体系下，教育的基本形式之一就是学校教育，在涂尔干⑥看来，学校具有至关重要的明确的独特功能，即根据社会的需求培养新一代。

---

① 胡云生．传承与认同：河南回族历史变迁研究［M］．银川：宁夏人民出版社，2007.

② 张玮．河南回族教育述略［J］．宁夏社会科学．1998（6）．

③ 穆德全．河南回族分布的历史渊源［J］．史学月刊．1985（3）．

④ 马晓军．试探河南散杂居回族与汉族的民族关系［J］．社科纵横．2009（7）．

⑤ 黄晓岚．从文化教育人类学看中国教育［J］．湖北民族学院学报（哲学社会科学版）．2005（1）．

⑥ ［法］爱弥儿·涂尔干著，李康译，渠东校．教育思想的演进［M］上海：上海人民出版社，2006.

他认为，儿童只有系统地了解自己国家的文化遗产，他才会具有一种认同感，进而达到完整的人格。正如他指出的："教育归根到底是社会持久地再生产其存续条件的一种手段，对年轻一代具有系统的社会化作用。"[①] 作为一个正式的文化机构，学校系统是一个具有功能作用的统合整体，它会受到庞大的社会——政治体制中其他社会机构的影响并服务于这些机构。社会通过社会化过程和学校教育培养个体的价值观、信仰等，个体也在习得这些价值观的时候获得相应的社会行为能力。奥格布认为学校的一切活动都是与社会经济发展、结构的要求相一致，它们有着牢固的彼此相适应的群落关系，并通过特定关系来实现其互动。例如，社会流动制动通过塑造社会各阶层成功者的形象，从而影响家长和孩子的价值观，进而影响家长对孩子成长和对学校教育的期望，而这点在很大程度上决定该阶层的社会成员追求受教育水平的努力程度，并决定该阶层社会成员向教育的投资量。[②]

滕星教授通过对国内外民族教育理论和多元文化教育理论的研究与分析以及在费孝通教授的"多元一体格局"思想的启示下提出了"多元一体化教育"理论：在一个多民族国家中，无论是主体民族还是少数民族，都有其独特的传统文化，也都有相互借鉴与吸收的文化内容，同时也都有接纳与吸收世界优秀文化的内在动力。教育在担负人类共同文化成果传递功能的同时，不仅要担负起传递本国主体民族优秀传统文化的功能，而且同时也要担负起传递本国各少数民族优秀传统文化的功能。[③] 简而言之，"多元一体化教育"就是以尊重不同文化为出发点，在各集团平等的基础上，为促进不

① 袁同凯．学校、社会与文化：教育人类学的情景观［J］．西北民族研究．2008，(3)．

② 黄晓岚．从文化教育人类学看中国教育［J］．湖北民族学院学报（哲学社会科学版）．2005（1）．

③ 滕星．"中华民族多元一体格局"思想与中国少数民族双语教育［J］民族教育研究．1996（4）．

同文化集团间的相互理解，有目的、有计划地实施的一种共同平等的“异文化间教育”。[①]

在回村[②]，人们的生活节奏日益加快，民众的时间越来越被工作和谋求生计挤压，传统的传承民族传统文化的幼儿教养方式越来越让位于以国家主导的国民教育方式，即学校教育，学校教育的功能日益凸显。在现代背景下，学校的一切活动都是与社会经济发展的要求相一致，学校教育是根据社会的需求培养新一代个体在习得整个社会主流的价值观和信仰的同时获得相应的社会行为能力，学校相应地完成个体“公民培养”的重任。在这个过程中，像回村这样的民族散杂居地区，学校课程安排的妥当与否将会极大地影响到民族传统文化传承，这就需要学校在课程安排和日常教学中并重本民族文化和他民族文化。这同时也是一个“文化自觉”的过程。文化自觉表现在“对民族文化的热爱、对外来文化的尊重；对民族文化价值的理解及对文化资源的保护、开发和使用；文化能力的提升，用自己的眼睛去作文化观察，用自己的嘴和笔去表达和传播”。[③] 以回村为例的民族散杂居地区，教育对于民族传统文化的传承和唤醒民众民族认同有着不可替代的作用。以“多元一体化教育”理论指导回村小学教育，在注重本民族传统文化传承的过程中学习接纳其他形式的文化。

以上所列仅是部分的资料和相关的理论构架，总结起来，本研究关于现代教育体系下散杂居民族地区基础教育与民族文化传承的研究主要集中在以下几点：1. 对当地回族基础教育发展情况的调查研究，包括教育中民族教育政策和民族教育理论的应用等以及当前现代教育体制下的教育模式；2. 了解当地回族社区经堂教育的历史和现状，通过访谈分析当地回族经堂教育对于当地民族文化的

---

① 滕星，苏红．多元化社会与多元一体化教育［J］．民族教育研究．1997（1）．

② 回村：即本文的调查点，因该村为回族聚居村，故以“回村”简称。

③ 成尚荣．母语教育与民族文化认同［J］．教育研究，2007（2）．

作用以及经堂教育的发展趋势；3. 采用文化人类学、教育人类学等相关理论对民族教育和文化传承关系进行学理的分析说明，进而分析学校教育和经堂教育对个人成长的互补作用以及对文化发展的作用。

第四节　研究方法和研究目的

1. 研究地点的选择

根据本次调查的主题，笔者将目光聚焦在经济发展速度快的散杂居地区，综合客观情况，最后将调查点定在笔者的家乡——河南省济源市回村。

河南省是中国回族人口第三大省，绝大部分地区都是回汉散杂居住。笔者所选择的调查点坐落于河南省济源市。该市人口有68.25 万，有 3 个回民自然村，11 个回汉杂居村，回民总人口有15000 人左右，其中回村位于市区，回族人口近 5000 多人，清真寺两座。回村作为回族聚居村的存在已经有数百年之久，现在该村村民主要以从事小商贸和小餐饮业为主，且一直保留着回民互助的传统，遵守着严格的宗教仪礼。现在该村有一所自建的村小学，设施完备，为学龄儿童提供基础教育。该村的经堂教育也已经形成一定的体系，在村民的宗教教育和民族文化传承创新上起着不可替代的作用。此外，选择该地区的原因还有两个，其一是因为该地作为回汉散杂居地区，与我国很多回汉散杂居社区相似，具有一定代表性，因而通过该项研究可以了解散杂居地区回族教育的总体现状，折射出其它地区的发展情况；其二是将调查点选在家乡，可以减少交流的障碍，使进入社区进行访谈及参与观察更加容易可行，在这样一个熟人社会中获取的资料更具真实性。

2. 研究设计和主要研究方法

本调查的设计是在普遍调查的基础上用历时性的观点重点访谈

数位当地不同年龄段的居民。通过普遍调查和对特例个案的重点访谈，一方面了解当地教育的发展概况和当地基础教育现状；另一方面了解在社会发展中当地民族文化的变迁以及民族文化的传承，了解教育事业发展与民族文化传承这二者之间的关系。

本文研究主要采用田野调查的方法，将描述性研究与解释性研究相结合、抽样调查和个案研究相结合。初期通过整体性的普遍调查后，确定对象的范围，并对其进行深入的入户访谈。在实践研究的同时，也注重相关文献的搜集、整理，尤其是当地政府或统计部门的相关资料。具体有以下几种

（1）文献分析方法。实地调查开始前将对有关研究领域、调查地的书籍、文章进行广泛收集和阅读，做到对调查地的充分了解。

（2）观察与参与观察法。通过观察清晰而明确地了解社区的构造，如村庄的人口、村落图、家谱及亲属称谓等。而参与观察法主要用于对教育过程的参与，笔者以普通人的身份进入教育实施过程中，切身体验两种教育的异同。

（3）访谈与深度访谈法。根据观察所得，设计有针对性的访谈大纲，对不同年龄段当地居民进行深入访谈，了解不同年龄段居民对当前教育的看法、受教育（自己或者子女）的态度、对待民族文化的态度以及民族认同意识等。此外，针对有特点的个案对象进行访谈，并确定预设的跟踪对象，尽可能对确定的跟踪对象进行长时间的参与观察，了解其家庭教育和社会教育等各个方面的情况，以及民族传统文化在其身上的体现。在参与观察的基础上对确定的跟踪对象作为个案进行深入访谈，作为论文的主体。

3. 研究目的

在当前的国家教育体制中，以学校为载体进行的全面普及性九年义务教育使得个人享有的受教育权力受到了广泛关注，而对于散杂居地区的教育应当如何开展则关注不够。教育必须为国家主流意识形态服务，因此，现行的国家教育政策，在内容上突出主流价值观，在培养方向上偏重培养工业社会需要的现代化人才，这些都会

对民族教育产生一定冲击。民族教育的核心内容是本民族文化的传承，但这个民族与中华民族的概念存在何种差异？如果二者存在观念性的差异，那么如何使民族教育在服从于主流意识形态的同时也能更好地传承和发展本民族文化？二者的平衡点应当如何选取？这些将是本文探讨的重点问题。

综合而言，本文主要关注两方面问题：其一，通过对豫西北地区某回汉散杂社区的调查以了解当地的教育情况；其二，对经堂教育、学校教育和民族文化的传承发展关系进行探讨。通过对回村少数民族社会变迁情况、少数民族学生受教育现状、面临的问题、教育和民族文化传承等方面展开调研，从对散杂居地区回族的学校基础教育和经堂教育的调查入手，理清当地社区发展沿革、当地教育的发展、当地民族文化传承与发展等相关问题，一方面考虑学校基础教育对个人成长和发展的重要性，另一方面考虑经堂教育对于民族文化传承和发展的必要性补充，进而分析两种教育模式如何在当前社会现代化的背景下更好地结合以促进个人和民族文化的协调、共同发展。

第二章 田野点概况

第一节 作为调查点的回村

济源市位于河南西北边陲，背靠黄河和太行山脉，与山西的阳城、晋城等相接，地势险峻复杂，自古为中国北方重镇。济源市古代属于怀庆八府之一，约在隋朝设县，延续至1997年撤县建市。济源市市域面积1931平方公里，11镇5个街道办事处，总人口68.25万人，其中少数民族人口为16000人左右，约占全市人口的2.3%左右。[①] 其中，回族人口最多，占少数民族总人数的近90%。

① 2000年第五次人口普查数据。

济源市也是民族聚居人口较多的城市，该市除汉族外，还居住着一些经商的维吾尔族、蒙古族以及因为历史和行政原因迁来的满族、朝鲜族、壮族、白族、藏族、瑶族等18个少数民族，是较为典型的民族散杂居地区。2009年11月，济源市被国务院授予“全国民族团结进步模范集体”荣誉称号。

据2009年济源市民族宗教局调查数据显示，回族13872人，[①]姓氏近20个，主要的姓氏为袁、程、闪、马、丁、王等。济源市回族人口的分布情况，仍然是“大分散、小聚居”的格局，其“小聚居”是以清真寺为中心，主要集中在回村、庙后村、水运庄、邵原村四个民族村。其中，回村地处市区，位置为市区西北部北海办事处，以民族路、北海路交汇点为中心，俗称“狮子口”，四面散开居住，与周围的马寨居委会、市卫校、市人民医院、纸坊居委会、三庄居委会、市农业银行、市面粉厂、市交警大队、市委党校、济源车务段、北海办事处、河南省地质队、庙街居委会等村落和行政事业单位连接在一起。回村占地面积为100多亩，有居民1126户，人口5524人，共分为10个居民小组，几乎全为回族，[②]为全市最大的一个回民聚居地。紧邻的庙后等村也有大量与汉族杂居的回族。回村的形成和回村清真寺有着密切的联系，这是一个聚寺而居形成的社区。回村清真寺，又称回村清真老寺，[③]位于回村居委会民族北路西侧，占

清真寺内的礼拜殿

① 民宗局相关文件数字。

② 有极少数通过婚姻进入的汉族。

③ 清光绪年间建立了清真男寺，按照回村的行政区划，清真男寺位于回村1队，靠近火车站。

地3000平方米，是济源市建寺年代最久、建筑规模最大、聚集人员最多的清真大寺。回村清真寺建于清康熙三十五年（1696），由袁氏家族先人创建，清朝一品大员回民震威将军马济胜曾在该寺礼功受课。后乾隆、咸丰、光绪年间屡有修缮和扩建。寺坐西向东，寺门高大厚重，上有两层仿古露天建筑，四角斜上挑起，看去巍然挺拔，古朴大气。大门正中悬挂清乾隆年间刻制的“清真寺”木匾。进门有仪门，前书“格天降泽”，后题“禀尊主命”。寺院以主轴线布局，进门左右侧为经堂配殿，现在右侧为阿訇居住。右侧向西建有水房。拾阶而上，是花草拥簇的露天庭院，穿过庭院即为寺内建筑礼拜殿。礼拜殿以支柱起撑，殿面宽阔，高三层，以花纹装饰，色彩斑斓，最上一层周角挑檐挂有铜铃，风一吹动，便响起悦耳动听的铃声，给人一种怡然神乐的感觉。礼拜殿西墙居中嵌有伊斯兰信仰条文，神圣庄重。殿内陈设简朴，地面铺以条形地毯，供礼拜者使用，最上首为阿訇讲坛。与礼拜殿连为一体的是新建的宣礼塔楼，也被称作殿窑，高7层，近40米，外有旋梯而上，最高层为中国仿古建筑，彩色装饰，浑然而出，把整个清真寺衬托得高大雄伟，富丽堂皇，有一种凛然高耸唯我独尊的气势。寺内有石碑12座。

因聚寺而居形成的是回族独特的教坊制度。教坊下的民众共同在清真寺举行宗教活动，修建、维持清真寺，对清真寺履行应尽义务。在这样的教坊制度下，清真寺有相对稳定的经费来源，形成人们生活的独立社区，包括各种手工业和商业形式等。可以说，教坊相当于一个社会具体而微的形态，教坊内众人的社会态度、价值观念等均会在产生、交流、碰撞后形成一定的民族文化。这些民族文化反映在人们的幼儿教养、衣食住行用、婚丧嫁娶、节日娱乐、禁忌等日常生活的方方面面。聚寺而居形成的教坊制度所带来的一个极其重要的结果就是回族社区的内聚力以及回族社区内部的情感和心理上的民族认同感、群体归属感。

回村清真寺教坊管理下的回族大都以小商品经营、手工业、务工、开餐馆等谋生。回村以清真寺为中心，长期以来形成了自己特定的文化传统和共同生活中形成的稳定的心理素质，包括观念、习俗、饮食、禁忌等。

第二节 回村溯源

回村的来源主要和三件事情紧密相连：其一是元末明初的政府移民活动；其二是袁氏、程氏迁居济源；其三是清初朝廷一品大员、回族“震威将军”马济胜落籍济源。

元末明初，由于长期战乱，中原地区人口大幅减少，明朝政府强制移民。济源（当时隶属怀庆府）一带居民几乎都是从山西洪洞县移民而来。当时的移民不仅仅有汉族，也有回族在内。据《济源市志》记载：在明初的洪洞县移民时，回民张有禄带领全家迁入济源，并于回村定居。在调查中也发现，回村马姓、闪姓中有部分人就说到自己的先人是从山西洪洞县大槐树下移民过来的。[①] 张有禄一家的迁入，应该是现在有史记载的最早迁入济源的回族。

明末清初，袁氏和程氏两姓的迁入，逐渐成为济源回族，尤其是回村的中坚力量，拓展和影响了济源整体回族人数、居住地域以及生存、生活范围。回村在清朝时称为“庙道街”，同庙街连为一体，既是当时祭祀和进入济渎庙[②]的一条官道，也是有着一定规模的集市闹区，也被称为庙街镇。因庙街和庙道街称谓相似，人们习惯将庙街称为“上街”，将庙道街称为“下街”，由此形成了回村现在用名。清朝初年，原居沁阳的回民袁中美带领全家迁入济源，定居回村。清乾隆年间河北真定府程有贵带领家人进入济源，先住

---

① 济源市地方史志编纂委员会编．济源市志［M］．郑州：河南人民出版社，1993：503.

② 济渎庙为古时地方官员等候祭祀济水的地方。

康村，后移居回村定居下来。袁氏和程氏的迁入，也形成了今天回村袁、程两姓作为回村最大两姓的格局。

其中，袁中美迁入回村以后，处世英烈，行止庄严，宽以待人，扶贫济弱，与周边邻居相处和谐，享有很高名望。袁中美生有四子，为生活之计，他带领四个孩子依托庙道集镇优势，做买卖，揽生意。因为生意兴隆，他们又生活节俭，逐渐富足起来。袁中美就在当地购置地皮，建家立业，并于康熙三十五年（1696）一手创建当地第一个清真寺，邀请阿訇治理教务。后来，袁氏家族后代不但守住了家业，同时不断扩展，将整个庙道街拓展成了回族聚居地。据济源史志记载：济源回民从袁氏始，发展致盛。①

回村街景

马济胜原籍山东菏泽，曾参与郑成功收复台湾之战，康熙年间因反对台湾郑成功后人的据岛分裂行为，率本部人马渡海归顺清朝，康熙皇帝亲自出京30里相迎，封他为“震威将军”，掌管福建包括台湾在内的沿海军务，官封一品。济源作为名胜之地，和马济胜的名字相吻合，取“吉利当今，泽福后代”之意，马济胜晚年奏请到济源安家落籍。因为马济胜的名声地位，他落籍济源后极大地扩充了济源回族影响和回族人口。②

① 赵立中编著. 济源回族史籍. 内部资料. 2009：18.

② 赵立中编著. 济源回族史籍. 内部资料. 2009：17.

第三节 回村传统文化管窥

回族作为一个单一民族，一直以来都有着自己独特的民族文化，主要表现在服饰、饮食、语言、婚嫁、居住等日常生活的方方面面。同时，因为与他民族的杂居生活，也造就不同地方不同回族民众相对独特的民风民俗。回村在服饰、饮食、语言、婚嫁、居住等方面就有着自身相对独特的风土人情。

服饰：在回村，我们经常能发现街道上很多头戴着小白帽的当地居民。在当地，女性很少戴头巾，回族居民不分男女大都会戴礼拜帽。对他们而言，戴礼拜帽是一种身份的象征，一般人看到这样的礼拜帽就会想到对方是回族。此外，当地居民在着装和服饰上，和当地其他民族并没有差异。这种服饰特点，一方面反映了这里的回族对当地生活的社会适应性，另一方面也反映了他们与其他民族和睦的民族关系。在访谈中也发现，回村所认为的具有回族特点的服饰就是戴盖头和礼拜帽，其最大的功能是表达自己的身份和民族归属，在日常生活中，尤其是在过宗教节日、到清真寺礼拜时一定都会穿戴。

饮食：回村地处城市边缘，基本属于城市人口，在饮食上必须吃清真食品，禁食猪肉、自死物、血液以及非念诵真主之名的牲禽。回村回民的主食以面食和米饭为主，肉类主要是牛羊肉。回村居民大都做得一手好饭菜，最有名的是烩面、拉面以及其他面点等。其中，油香是回族人民的传统食品，由阿拉伯传入，每逢伊斯兰教的重大节日，过世亲人的“冥记”、周年及家人的喜庆之日，都做油香分赠亲友，表示纪念。除了面食有自己的特色外，他们调配的凉菜等也让人赞不绝口。整体来说，回族人的饮食讲究科学和卫生，色、香、味俱佳。在济源，回村回民已经将各色的烩面馆、拉面馆开到了市区的各个角落。

语言：在语言上，回村同其他地方回族一样，在日常生活中也会使用少量的在宗教仪式或在经堂用语中借用的波斯语或阿拉伯语，这只是部分用词，并不是一种语言，即所谓的“回回话”。从整体看，济源回族虽然说的也是济源当地方言，属于汉语北方方言的一种，和当地其他民族居民可以无障碍交流，但是回村在说话时却有着独特的发音和语调，从而形成相对独特的口音，听起来更接近普通话而易于被外人听懂。

婚姻：回村人口年龄结构属于中年人口，基本处于稳定型状态。其人口未婚率较低，因为回村有着早婚的习俗。一般青少年如果不读书的话，男性在20岁左右，女性在18岁左右就会按照父母的要求结合自己的意愿结婚，生孩子。按照伊斯兰教规定，男12岁，女9岁即可婚配，因而回村人并不觉得早婚有什么不好，而认为“娃儿早点结婚生个孩子就是大人了，要承担大人的责任”。① 回村人口家庭结构中传统的回族大家庭制仍较普遍，普通家庭一般为5口人，多为4人至6人户。②

回族的婚姻是入世的，现实的。传统的婚姻习惯是双方都是回族。回族年轻人的婚姻要经过“相亲”、“订亲”、“下礼”、“结婚”四部曲。结婚程序方面，很多年轻人结婚已经没有太多的宗教仪式，只保留了阿訇写“依扎布”（结婚证明）的习惯，婚礼上也允许喝“喜酒”。回村的民间婚俗仪式基本符合伊斯兰教教义的要求。在回村，回汉或者回族与其他民族通婚的例子依旧较少，在和清真寺白阿訇的谈话中，白阿訇谈到“回汉通婚现在稍微多了，大

---

① 访谈对象：丁大妈。访谈地点：丁家大院。访谈时间：2010年8月12日。

在当地，认为孩子是否长大成人的传统标准并不一定完全是按照年龄或者生理成熟来判断，而认为只要父母健在，不管孩子多大只要没有结婚就都还是孩子。

② 就白阿訇对本村的了解而言，他说道：本村一般来说家里应该是5口人居多，要有一两个老人，中年夫妇两口，孩子一个或者两个。虽然都是回族，也知道养孩子不容易，两个孩子较为普遍，一个孩子的情况慢慢的多起来了。

约有十几户吧”。[1] 关于回汉通婚的情况从报道人袁 TH[2] 的谈话也可管窥一斑：

我们村基本上还是回族和回族结婚，但是婚姻范围很大，不仅整个济源的回族，包括周边孟津、修武、武陟、沁阳等地都有。回汉结婚，这在以前是绝不会出现的，即使现在也不多。其中回族男的娶汉族女的情况多。像这种情况，成婚过程可以不遵守回族成婚过程，但是为了表示对婆家的尊重，女方一般愿意跟男方慢慢商量，尽量让两家都满意。这样结婚的有那么几户家庭，都是近十来年出现的。回族女孩子嫁给汉族男孩的情况很少，暂时还没有听说过。回汉通婚嘛，毕竟时代变了，现在只要不是特别固执传统的家庭，都会同意。而且，这种事情，即使父母反对，最终还是拗不过孩子。你还记不记得袁 DS，[3] 他大学回来之后领了一个不是回族的女生，最后不还是结婚了。不过，嫁进了回族家庭的女孩子，基本都接受了回族的生活习惯，毕竟大都还是要常跟公婆相处的。回汉结合而生的小孩，绝大多数在上户口的时候都上回族，有政策照顾，以后升学就业办一些事情的时候很方便。

居住：回村为回族聚居村庄，几乎所有门户的门楣上都贴着醒目的“嘟哇”。“嘟哇”是指从《古兰经》中摘取一些经典语句，用阿拉伯文写成，主要有赞美主、祈福、辟邪等作用。一般由阿訇书写在纸上，穆斯林家庭用镜框装裱起来，挂在屋里的墙上。但在本地，看到更多的则是在门楣上贴着的瓷质或者铁质的“嘟哇”。从整体上看，当地回族居民都喜欢在自家门楣上贴“嘟哇”。在调查中了解到，当地在门楣上贴“嘟哇”的习惯可以追溯到明清回族

① 清真寺白阿訇，45 岁，原孟县桑坡人，现定居回村，已婚。访谈地点：白阿訇家中。访谈时间：2010 年 8 月 13 日。

② 回村村民，26 岁，男。访谈地点：袁 TH 家中。访谈时间：2010 年 8 月 12 日。

③ 笔者高中的同学。大学在一所民办大学读书，现为济源路政的一名工作人员。

进入当地之际，“嘟哇”的载体也从当初的纸质，发展到木质、铁质以及今天醒目而美观的瓷质等多样性材质。当地回族居民大都认为在门楣上贴“嘟哇”，主要有几方面意义：其一是由于当地回汉村庄交错，呈现大杂居小聚居的居住格局，回族家庭通过贴“嘟哇”既可以表明自己的身份归属，又能联系民族感情和增强民族内聚力，便于在与其他民族交往过程中提醒非穆斯林民众尊重回族的风俗习惯，避免因为信仰问题引起不必要的纠纷；其二是一种宗教信仰的外在体现。回族民众通过这种方式表明自己的宗教信仰和群体意识；其三是一种带有吉庆、吉祥、祈福含义的外在性装饰，故有“贴嘟哇讨吉祥”之说。综合而言，贴“嘟哇”既是一种身份的表述，也是一种宗教信仰的体现，可以在社区内增强回族民众的民族内聚力，同时在此基础上派生出祈福、装饰等功能。

回村的居民主要围绕村里的清真寺聚寺而居，这使得回族与周边汉族的大环境保持了一定的空间界限，弱化了汉文化影响的进一步渗入，这也是济源回族在汉族生活圈中得以生存的原因。由此可见，一个特定区域内的民族构成、人口比例及各民族居住空间的组合状况，可反映民族凝聚程度、民族间交流合作的空间条件和相应的发展动力。①

第四节 回族传统教育历史

对一个民族而言，独特的民族文化传统是其区别于其他民族的根本。就文化传承和发展而言，民族文化不仅是同一民族互相认同、互相帮助的重要标志，更是各民族屹立于世界民族之林的根本标识，是塑造一个民族自尊心、自豪感不可替代的根本。而教育是个体社会化以及群体文化传承最主要、最根本的手段，因而，可以

① 马戎．拉萨市区汉藏民族之间社会交往的条件．［J］．社会学研究，1990（3）．

说教育是一个民族存在和发展的必要条件。每个民族都有自己独特的民族教育方式，在培养下一代的过程中，都会在日常生活中通过濡化的作用把本民族独特的价值观、思维方式、生活习惯等传递给下一代，也由此使得在本民族文化土壤中成长起来的人对本民族文化传统有强烈的认同感和归属感，进而产生属于本民族传统的内聚力。

就回族而言，回族教育可分为广义和狭义两种，“广义的回族教育，泛指一切增进回族知识、技能、体质以及形成或改变人们思想意识的活动”。“狭义的回族教育，则单指学校教育，即通过学校对回族学生的身心施加有目的、有计划、有组织的影响，以便将其培养成为一定社会或一定阶级服务的人的活动；基本上可分为宗教教育和普通教育”。[①] 因而，回族的先民一直面临两种教育体制，一是以伊斯兰文化为核心的传统教育方式，包括家庭教育和经堂教育；一是为本民族生存与发展而主动或被动接受的社会通识教育，在近现代则主要体现为新式学校教育。由此，形成了回族教育的既延续保留伊斯兰文化传统，又接受社会主流文化的双重性质。回族教育的特殊模式正是在这种双重性质文化传统的基础上产生的，在当前社会的具体表现为：以回族文化传统为主的回族传统教育和国家主导的国民教育两种体系并存。

回村在历史变迁中，在居住日益分散的社会沿革中仍保持极强的内部凝聚力，与当地的传统教育方式密不可分。当地传统的教育方式主要是以个体家庭为单位的家庭日常濡化教育和以阿訇为主导进行的经堂教育。回村的传统教育反映在日常生活的方方面面，对传统的伊斯兰文化进行着有效地传承和发展。从经堂教育看，自回村清真寺建立以来，就开始有经堂教育。回村清真寺历任阿訇中，对回村教育影响最大且最具有代表性的是马尚德、马澄晏阿訇父子（清咸丰年间至清末民初），他们在河南各地都有很高声望。马尚德

---

① 中国回族教育史论集．济南：山东大学出版社，1991：2.

阿訇，字子正，祖籍郑州京水镇。清咸丰年间，马阿訇宣教济源回村并定居下来，当时的教学规模很大，涉及范围有汲县、卢氏、太和、沁阳、孟县、荥阳等地。特别是对济源回村、孟县桑坡等回民聚居地的教化，马阿訇倾心致力，言传身教，留下很多佳话。如回村公墓所立的《清真教长马老阿衡子正德行碑》中说马老阿訇谆谆教导，不遗余力，回族同仁在教育上得到很大受益，“放出一线光明”。碑文还把马老阿訇的教育比作为“其身教言教非一孔小儒所能仿效其万一者。”

马尚德阿訇的次子马澄晏阿訇在幼时就铭记家族祖训，子承父业，熟知教长学问。年轻时又游学四方，增进见识。他不断将父亲宣教的事业发扬光大，对回村的教育尤为注重。洛阳、孟县等地清真寺来聘请他，他都婉言谢绝，一直居住在回村清真寺，涵濡熏陶民众，受到回村回民的一致赞誉。清光绪二十三年（1897），陕州直隶州卢氏县正堂郭光澍率43名教徒为他立“教育深长”木匾；民国十一年（1922），回村袁凤现等77人联名为他送匾“格天降泽”，盛赞马澄晏阿訇。①

可以说在回村，民国以前一直施行的就是以阿訇为全面主导的经堂教育模式。现在村里依然健在的几位80来岁老人也证实他们那时候是没有“像样的教育”，仅仅是“跟着阿訇学点东西”。② 到20世纪30年代和40年代之交，③ 村里始建了第一所村办学校，即北海回中，初中部和小学部并存。虽然北海回中几经易名，到现在定名为北海回民小学，但从建校初始，就成为村民接受社会文化，融入主流社会发展的主要场所。现在，北海回民小学更是回村孩子

---

① 李尊杰主编．河南百坊清真寺［M］．北京：民族出版社，2009：207.

② 袁JM老人，下街第五居民组，现年84岁。因为年龄缘故，他对当时的具体情况记忆也很有限。与他同龄人在本村已经寥寥难寻。

③ 具体的建校时间已经不可考，村里老人总是说“大约七八十年”。因为经历“文革”，曾经的档案资料大都损毁，方便查阅的则是1980年代之后的资料，其中也以经济发展为主。

接受九年义务教育的基本场所。

回村回族现在接受的两种教育形式从回族作为一个民族形成之际就已经存在，并且一直延续到今天。这两种教育形式虽在不同时期、不同地区、不同背景下有不同的表现，但从未中断，而且在发展中不断融合、相互影响。回族人民也正是通过这两种教育途径培养和造就了本民族人才，促进了回族的进步和发展。总的来说，回族教育在内容和形式上有着独特的民族特点和浓厚的宗教色彩，也反映着强烈的社会需要和时代气息。他们对回族的生存和发展有着极为重要的作用。①

第三章 回村的学校教育②

第一节 回村小学

回村小学位于北海街道办事处，距离回村居委会很近。据老人们说，该校始建于20世纪30年代末40年代初，当时的校名为“北海回中”，包括小学部和中学部两部分。建校伊始，校舍十分简陋，师资严重缺乏，办公用品也均由集体采购。

北海回中存在的时间很长，从新中国成立前一直延续到20世纪70年代末。后来，按照以地名命名当地学校的规定，“北海回中”被更名为“回村小学”。1984年，学校在原址的基础上进行整修扩建，初具现在学校的规模。此时，该校依然是小学部和初中部并存，其初中教学所有费用完全由村财政负担，是一笔不小的支出。按照“村办小学，乡镇办初中，市办高中”的规定，回村并不需要负担承办初中的义务，其学生在小学毕业之后应该直接进入回

① 丁宏. 回族教育管窥［J］. 甘肃民族研究. 1991（3）.

② 考虑到田野点的实际情况，本处“学校教育”仅指小学基础教育。

村所属的北海街道办事处办的北海中学（初中）继续接受九年义务教育，但因为回村学生整体素质和学生成绩等原因，[①] 北海中学一直拒绝接受回村学生入校。2000 年，回村的财政已经难以支付初中部的费用，由回村村支部出面和北海中学负责人协商，并进行一部分资金支持，最终促使北海中学接纳回村小学毕业生入学，同时回村小学的初中部也被裁撤。

2003 年，回村小学更名为北海回民小学，简称回村小学，一直沿用至今。同年，学校在原址基础上进行再次翻修和重建，形成现在学校的面貌。据 2009 年统计，学校占地面积 9466 平方米，建筑面积 2158 平方米，现有 7 个教学班，425 名学生，教职工 20 人，专任教师 18 人。其中，在校教师以汉族为主，有 15 人，回族教师共有 5 人。[②] 各年级学生列表如下

北海回民小学各年级人数[③]

年级	一年级	二年级	三年级	四年级	五年级	六年级	学前班（2 个班）
人数	50	43	60	61	47	65	99

回村小学虽然名义上是回族小学，可是在课程设置和授课内容上与本市其他普通小学一样，一切都按照河南省各学校统一的教材和课程安排进行，其教材也根据教体局[④]要求兼用大象出版社和人教出版社的教材。和回村小学苗校长谈起学校发展、师资力量、教学质量和目前学生成绩等几方面的情况时，苗校长[⑤]给了以下相关

① 曾经很长一段时间，回村小学的教学质量较差，且发生过殴打教师的现象。

② 回村小学 2009 年总结材料。

③ 该数字于 2010 年从该校苗校长办公室获得。

④ 全称为教育体育局，也被简称为“市教委”。济源市是一个地级市，全部人口不足百万，行政部门设置中将教育、体育两大职能全部归于该部门管理。

⑤ 苗校长，49 岁，庙街村人。访谈地点：苗校长办公室。访谈时间：2010 年 8 月 21 日。

答复：

回村是回民村，村里面有少数几家汉族，但是这些年也有部分家庭入教了，[①] 整体来说，回村和其他地方还是不一样的。……我在这儿都干17年了。这17年，回村这个学校的变化还是很大的。我刚来的时候还有初中部，学生整体素质不行，且不说这小学成绩每年都在全区垫底，就是殴打教师的现象也不少见啊。因为初中部的支出很大，学校的整体设施，尤其是硬件建设不行，虽然都是市区小学，但是比比看，和别的学校差远了。那时候在这个学校的公办教师凡是有点关系都找关系调走了，谁也不愿意在这儿教书。后来村里也实在负担不起初中部的支出，就和北海中学协商，最后北海中学也是没办法，不得不接受本村学生。

现在学校算上学前班老师一共有20个人，这20个人中只有5个是回族。这些老师都是我当校长之后给人家说好话，积极与村里协商学生教育问题，同时去市教委争取相关待遇后留下的。毕竟我们现在说起来是回族小学，教师待遇相对来说稍微好点。不说别的，单是补助这一块，我们学校的老师就比别的学校高一些。其实从这点上看，虽然咱们这儿对民族学校的关注有限，但是政策还是有倾斜的地方。初中部撤销之后，学校的情况好转，村里面也有钱投资到学校基础设施建设上面，再加上每年市教委的拨款，北海街道办事处的投入等，学校各方面的硬件设施也逐步完善，现在我们是该有的都有，专用的体音美教室、电脑室等，应有尽有，一点不比别的学校差。

以前村里面近亲结婚现象比较严重，所以你说教学质量上不去，学生智力不行，可能也有点关系。现在这些事情注意得多了，孩子智力没问题，但是学生两极分化严重。拿去年来说吧，北海中

① 去年就有一户汉族居民全家加入伊斯兰教。

学有六七十名咱村的回族学生，大约有21个考上了一中，[①] 但是对学生教育整体重视不够。这些年，为了鼓励学生学习，我们都没少想办法，比如我也与村里协商对好学生进行奖励，具体是考上一中奖200元，考上大专奖300元，考上普通本科奖500元，考上重点本科和研究生奖1000元。光去年就发了两万多近三万块钱。今年这又是不少，我还没有具体统计出来有多少。

总体来看，如果说以前咱们学校的教学成绩和设备都落后，尤其是教学质量长期垫底，现在咱们都已经迎头赶上了，不说第一第二，那也是名列前茅。

由此看来，回村民众对教育的重视程度日渐提高，尤其是村委会对教育发展和教育奖励的投入不断增加，回村小学也日渐摆脱师资、设备、教学质量相对较差的状况，走上了良性发展道路。在访谈中也发现，村民对孩子接受教育的重视程度有所提高，普遍认为社会发展很快，不学好基础知识，将来难于在社会上立足。

此外，作为小学而言，在校学生人数日益减少是学校不得不面对的一个严重问题。从2008年到2010年在校学生总数来看（下表为回村学校近三年在校学生总数），在校学生的总人数呈历年下降趋势。

近三年在校学生数据统计[②]

年份	2008年	2009年	2010年
学生总数	602	513	425

谈及在校学生总数减少的问题，苗校长十分忧虑。他谈到，学校人数最多的时候有900多人，就是去年（2009年）也还有513

① 河南省济源市第一中学，是省重点中学，教学质量很高。当地一种说法是：考上一中就等于一只脚踏进了大学。

② 该数据由访谈该小学苗校长获得。

人，今年（2010年）加上学前班也只有400多人。小学在校学生人口减少是一个普遍趋势，并不单单出现在这个回村。20世纪80年代实行计划生育以来，其成效已经开始显现。就济源市的整体情况看，不少农村小学已经被迫关停，各种类型的中心小学开始出现。在这种情况下，不少农村儿童从7岁入学就可能面临着脱离父母单独住校独立生活的问题。对于回村而言，7岁入学住校的情况目前虽然并不存在，但是计划生育带来的影响不可忽视，“谁都知道孩子多了养不起”，这必将造成生源越来越少。按照现在在校学生总数不断递减的趋势，几年以后，当整个学校只有百来名学生的时候，回村的小学是办还是不办？如果不办的话，这些学生该合并到什么学校？他们与其他民族（济源市主要为汉族）的学生过早相处是否会因为饮食习惯造成矛盾？这一系列的问题也就接踵而来。

现在，学生人数日益减少也有一些很现实的问题，即教学该施行“双轨制”还是“单轨制”。① 按照地方规定要实行标准班级上课，每个班级学生以45人为标准，不能多于45人。如果按照这个规定，回村小学一年级有50人，就必须分成两个班，一个班级45人，另一个班级5人，但是学校的资金、师资等相关资源的配置却是按照在校学生总数配备，支撑不了50人分为两个班的情况。因而，对于学校而言只能对上报称分为两个班，即施行“双轨制”，而在实际教学活动中，则是按照一个班级进行，即施行“单轨制”。这样情况下，学校就不得不针对学校情况和上级要求制定不同的日常教学活动计划：一份是针对学校教学使用，一份作为提交上级审查或者应付相关检查使用。这实际上是学校教学实际和相关教学指导文件脱节的一种表现，对学校的实际教学和管理工作造成了一定的困扰。

① 双轨制和单轨制是当地学校教学活动用词。如果一个年级只有一个班级，则称为实行单轨制教学，如果一个年级有两个班（甲班、乙班，或者1班、2班）则称为双轨制教学，如果一个年级多于两个班，就叫做多轨制教学。

第二节　回村小学的三个特点

回村小学和中国大多数小学一样，是国家九年义务教育中基础教育的重要组成部分，同样有着一定程度的应试教育导向。此外，作为回村唯一的小学，它还有两个特点，即学校民族文化教育不足和受经商主义影响。

一、应试教育导向

从回村小学的教育内容看：回村小学在教材使用、课程设置和课程教授方面和本市其他小学并无区别，一切都按照河南省各学校统一的教材和课程安排进行。据主管教学的校领导说，在国家放开对教材的统一规定之前，学生上课使用的都是人民教育出版社出版的教材，现在兼用大象出版社和人民教育出版社的教材。因为现在小学虽然没有升学压力的考虑，但是每学期末会有各种考试，学校和老师也会在当地教办“被”排名，有时候也很无奈。同时，越来越多的家长对孩子的成绩更为关心，而且河南作为高考大省，当地回族家长也同样希望自己的孩子将来能考个好大学，所以在小学阶段对孩子的要求也比较高，希望小升初的时候就能够考上较好的学校。因而，周末和假期也会经常给孩子报各种辅导班。因此，尽管实现了九年义务教育，但是孩子在小学阶段依然不能摆脱各种考试和升学的压力。近年回村的经济条件日益发展，家长们都想让孩子进入好的学校。小升初还好，尤其是中考对所有的学生来说都是挑战，许多家长希望自己的孩子能考上济源一中，就等于一只脚跨进大学，所以，初中开始，尤其是初二、初三的学生，大多数每天被各科作业压着，假期被各种补习班拖着，根本无暇顾及其他事情，更不用说周末或者假期去清真寺礼拜或者学习。在访谈中，只有一位学生提到假期偶尔去清真寺，但是看见的都是父母或者爷爷辈的人，自己慢慢去的也更少了。

袁XX[①] 访谈

我明年升初中，本来可以直接升入北海中学的，但是爸爸妈妈想让我去市里实验中学读书，所以家里对我的学习要求挺高，每天回到家妈妈就问我今天学的怎么样，有什么作业？考试了没有？得了第几？可烦人了！我们村这几年，大学生也越来越多了，好些考上了郑州的学校，也有好几个人考上了北京的大学。现在像我们家长，那真是，一教训我们就说人家谁谁谁，学校咋咋好，考上了啥学校。唉，我们现在学习可忙啦。像我们同学DFQ，学习好，要啥家人给买啥，他哥不争气，高中没念完就不念了，现在跟个小混混一样，整天啥也不干。他们家长就指望他（DFQ）能考上个好大学。

在部分家长重视学校教育的同时，回村学生学习民族文化知识的时间就被不断挤压，当地回族青年对回族传统的遵守情况也渐不如前。在对回村小学主管教学的袁副校长[②]的访谈中，他透露出了对这些问题的担忧：

至于回族传统文化，我也是回族，但是我不如别人那样经常去寺里边礼拜，我是党员嘛，也得注意党员的形象。不过，我也会经常捐献东西，清真饮食习惯也遵守。有些时候和大领导吃饭，没办法，一些饭店也得进，人家真是点了那些东西，自己不吃就是。不过，总是觉得这样其实也不好。

---

① 袁XX，回村小学学生。

② 回村小学袁副校长，回族，43岁。访谈地点：回村小学教导处。访谈时间：2010年8月13日。

综上可见，从学校教育的角度看，回村小学的教育依然没有摆脱应试教育的导向，以成绩为指标的教学质量依旧是根本：一方面学生成绩是上级考察学校教学成果的一个量化指标；另一方面也是学生家长直接了解自己孩子学习情况的来源。现在回村部分村民也开始逐渐重视教育，重视对学生功课的辅导，希望学生都能接受高等教育。但是，袁副校长的谈话也隐现了一种担忧：担心当地年轻回族因为缺乏相关行为约束而日益疏远回族文化，导致无人传承回族文化。现在国家提倡素质教育，提倡学生素质的全面发展，而非倡导学生一味读书，以成绩衡量一切。因此，可以预见的是回村小学不管是素质教育的彻底推行，还是将民族文化引入课堂，都还有很长的路要走。

二、学校民族文化教育不足

虽然回村小学的学生99%以上都是当地回族孩子，但是回村小学和其他小学一样：学生在学校所接受的知识是一样的；课外活动也大同小异；再加之校园环境建设、硬件配备也无民族特色体现，因而，如果不清楚回村小学的性质，一般人根本不觉得这是一所“民族学校”。

学校教学区

学生体育活动区

学校门口的宣传画

谈到体现民族文化和多元文化教学时，该校领导说，学生在校所学的内容无民族多样性方面的知识，并不体现民族多元化。从回村小学作为民族小学的角度而言，其课程中却少有民族课程，更没有和当地回族文化有关的课程。这种现状和前几年发生的一件事情直接相关①：

2006 年，村里 6 位妇女②找到苗校长，说学校孩子都是回民，应该多学习接触回族文化，建议在学校办班，教学生阿拉伯语，她们提议在学校开办一个回族文化班，她们负责所有的费用和教师的聘请。苗校长听了觉得这是个好事，民族学校嘛就应该有点民族特色。于是苗校长同意这几位的请求并提供了相应的教室，同时和这 6 位妇女说应该重视学生教育问题，让她们在教导学生学阿拉伯语

① 根据苗校长的访谈整理。

② 苗校长讲到这个事情的时候，并未透露这 6 位妇女的个人情况和地址，只说她们家庭条件都较好，每年把收入的一部分用于捐献相关的公益事业，因而就集资在学校办班。这件事情后来在清真寺白阿訇处得到印证。

的同时也要教导学生好好学习，及时完成作业、复习功课等。于是，这6位妇女从沁阳请来一位阿訇负责教导学生基础阿拉伯语，并讲授一些基本的回族文化和注意事项。

学校办回族文化班的事情传到白阿訇耳朵里后，白阿訇认为这些人在办“念经”班，而且是请人“念经”。白阿訇对此并不是很满意，一方面因为所请阿訇是外地人，并不是他；另一方面因为这个学校的“念经”班和他的宗教主张并不一样，涉及到“新门”和“老门”之争。[①] 后来，白阿訇就对此进行了责问。

苗校长觉得民族学校就应该有民族学校的特色，开办回族文化班这事情是别的学校所没有的，既能促进学生学习，又能让学生家长开心，而且还丰富学校文化氛围。于是，她按照教育部门的规定，对此事单独做了一个通讯上报主管单位。之后，民宗委的一位同志找到苗校长谈话，认为在学校开办这样的学习班不合适，应该马上关停。苗校长作为一个多年党龄的老党员，对谈话十分谨慎，回到学校后马上召集6位负责的妇女，做了相关通告，停止了这个回族文化班。

现在问到苗校长是否还有心在学校课程中加入回族文化的内容或者增加相关民族团结的知识时，苗校长很谨慎，不敢有太多举动，只是说如果要加入这样的内容，最好由相关部门进行地方教材编写，确定教材内容并进行有效指导，而不应自发进行。但是目前主管教育的市教委小学部虽然有各个科目教研室，比如语文教研室、数学教研室等，却没有一个专门负责指导民族小学教学、管理等事务的地方，由此也造成民族文化一直徘徊于课堂之外。济源下属各乡镇没有民族乡镇，各民族散杂居住，这些民族小学似乎是处于一个夹缝之中：市教委的教学管理和民宗局的民族事务管理，因

① 伊斯兰教讲究“教门”，有“新门”和“老门”之分，也被称为“新教门”和“老教门”。“新教门”和“老教门”的主要区别既不是根本信仰的互异，也不是政治主张的不同，主要是在宗教修持或具体的宗教仪式上存在一些差别。白阿訇对此语焉不详，并不想谈论这件事情以显示自己不同的宗教见解。

为职责不同，两个部门各司其责，而限于人手、合作有限的情况，就造成了民族村民族文化进课堂的困境。

三、经商主义的影响

虽然部分村民开始重视孩子的教育，但是由于回村经商主义的传统以及商业给生活水平、生活质量带来的直接提高，[①] 依旧有相当部分的人对学校教育重视不够。对很多家长来说，他们平时因为忙于工作和经商，很少主动问孩子学习和成绩情况。而且，因为经商给家庭带来的收入使他们一步步过上富足的生活，他们认为读书是孩子自己的事情，“爱学成什么样子就学成什么样子”，不喜欢学就跟着父母做生意或者干个体户。反正“读书不也是为了将来赚钱”。

回村学生袁 DS 家长访谈[②]

学习吧，这个是娃儿他们自己的事情，学好学坏我说了不算。反正，他考上就上，我就供他；考不上就不上，跟着在家做点生意，学点手艺啥的，我也不反对。反正读书不还是为了赚钱么，你看咱们村，不少像他这样的孩子都开始挣钱养家了。做生意也不需要太多知识，能识字能算数就中了。像我这俩孩子，他们学习一般，不像人家袁 HN 家那孩子学习那么好，所以由着他们喜欢来吧。反正，对我们两口来说，给他们兄弟俩操办结婚是大事，这你也知道，要弄宅基地，盖房子，娶媳妇啥的，都不容易。不过，他们结婚之后，就是他们自己的事了，有人管了，我们当家长的也少了一份心事。

---

① 由于有商业经营的补充，回村作为济源市内有名的富裕村，其聚居区内经济发展和生活水平较高。

② 袁 ZX，回村村民，回族，46 岁。访谈地点：YX 家中。访谈时间：2010 年 8 月 14 日。

苗校长访谈[①]

你也知道，咱们回村的人做生意的多，基本上家家户户都做生意，你看那城里，街头巷尾，犄角旮旯都有清真饭店，这些饭店大部分都是咱们村人开的，还有不少家长是赶夜市摆烧烤摊的。这些家长整天忙生意，孩子有可能几天都见不着家长一面。比如那些摆夜市的，孩子下午放学回家了，家长刚出摊，直到晚上两三点才回来。孩子早上醒来吃早饭去上学，他们还没有睡醒。他们都是大半夜回来之后往桌上放点钱，让自己孩子出去吃饭。这还不用说，生意忙的时候，家长还让孩子放学后或者周末给他们打下手帮忙。这样的情况下，你说他们能学好，那也可难啊。学校的责任尽到了，家庭这边完全不管不顾，最后是啥结果，那就是我常说的5+2=0。学校一星期五天课学生好好学点东西，周末两天没人管完全撒风了，这一下一周学的东西都忘完了。

调查中发现，整个村子几乎没有人外出务工，大多数人以跑运输、开餐馆、加工皮革、屠宰牛羊等低技术性劳动作为主要生计方式。因此，受传统经商习俗和宗教信仰的影响，回村还有很大一部分回族在接受学校教育的自觉性和主动性上存在一定的差距，回族青少年在接受学校教育的广泛性和层次性上都不高。长此以往，教育观念的消极不但会影响民族人口的教育质量和经济发展，而且对整个民族自身的发展也必然会产生不利的影响。

① 根据苗校长访谈整理。

第三节 回村小学的定位

小学作为国民教育体系的基础，是九年义务教育的重要组成部分，是一种以面向现代化、面向社会、面向世界，培养国家合格公民为其目标的大众教育。我国政府为了发展基础教育，促进社会主义物质文明和精神文明，制定和颁布了《中华人民共和国义务教育法》，规定“凡年满6周岁的儿童，不分性别、民族、种族，应当入学接受规定年限的义务教育。”

义务教育的实质是国家依照法律的规定对适龄儿童和青少年实施的一定年限的强迫教育的制度。义务性的含义即是强制性，其强制性措施实质是对个人受教育权益的保护，法律不允许监护人或雇主由于经济利益等原因阻碍儿童入学读书，这对于在经济文化不发达地区实施义务教育具有重要意义。义务教育的强制性，是实现教育普及的必要手段。2006年9月1日开始实施的新的《义务教育法》中，从始至终强调在全国范围内实行统一的义务教育，这个统一包括要制定统一的义务教育阶段教科书设置标准、教学标准、经费标准、建设标准、学生公用经费的标准等等。

从回村小学的整体看，其所有的经费来自于行政拨款，教育局按照相关文件，依照学生人头数目每年定期拨款，其数目略高于普通小学，以体现政府对回族事务的重视。从回村来看，回村小学提供了适龄儿童入学学习的机会。从2004年到现在，适龄儿童入学率一直都是百分之百，适龄儿童辍学的情况也鲜有发生，近几年来的辍学率一直为零。适龄儿童入学接受正规学校教育，升入初中，完成国家法定的九年义务教育，之后选择继续读书或者参加工作。从该校课表看，学生上课的内容和本市其他学校并无不同，也是以语文、数学、英语、体育、音乐、美术为主，三年级以上的学生每周有一次的校本课程。可见，回村小学的课程设置并没有特别彰显回族文化特色。

校本课程是学校自主决定的课程。它的开发主体是教师，教师可以与当地专家、学者合作，但教材撰写的主导权在于学校教师。一般来说，校本课程开发的主体是教师小组，而不是单个教师。校本课程的开发，主要是考虑到国家课程因其自身的特点与局限，没有、也不可能充分考虑各地方、各学校的实际；不可能照顾众多学习者的认知背景及其学习特点；无力在学法指导与策略教学方面采取相应的、有针对性的措施。而这些恰恰是校本课程开发的意义所在：校本课程的开发中，教师积极参与，充分考虑本校学生的认知背景与需要，结合学校的主客观条件及其所处社区的经济与文化，以凸现学校自身特色。

然而，在调查中发现回村小学的校本课程依旧没有体现民族文化。回村小学的校本课程主要是由学生读英语、诵读经典古诗文和课外兴趣小组等几方面构成，其中课外兴趣小组包括篮球、音乐、舞蹈等。除了篮球是回村的特色外，校本课程的其他方面体现不出回族文化的内涵。而从学生角度而言，校本课程是他们完成课外作业的一个大好时间，也是他们进行课外活动的好时候。所谓的读英语、诵读经典古诗文只在老师监督的情况下才会进行，课外兴趣小组则在相关老师的指导下进行训练。从学校的角度而言，因缺少校本课程的专任教师，一般由各班的班主任负责指导。因为该课程不设置考核，班主任又常常会因为学校例会、学生教导等原因缺课，从而造成这门课程形同虚设。

作为国家教育体系的组成部分，回村小学教育是以国民教育为基础进行的。法国哲学家、教育家布尔迪厄认为国民教育作为一种国家公民培养体系，具有重要的社会和国家意志的作用，主要体现在三个方面：首先是文化再生产作用，学校有维护、传播、灌输一个社会的文化规范的功能。其次是社会再生产的作用，生产不平等的社会阶级关系的功能。最后是“合法化”作用，教育用它所尊奉的文化遗产来使其等级再生产作用合法化。① 不可否认，中国现代学校教育的一个特点就是过度体现对人的一统化和模式化的培养趋向，这是符合现代科技理性和工业经济社会对人才需要模式下的一种教育体系。这种体系同时高度重视高新科技发展和强调多级思维的训练，并以此作为主要的竞争资本。因此，可以说，现代学校教育有了更多的工具理性色彩，强调确定性、统一性和一致性。

在中国，国民教育作用的实现，主要依靠九年义务教育的强制性和统一性来实现。众所周知，国民教育是现代化的产物，是现代文化强制赋予个人的教育形式。对于回村学生而言，他们在九年的时间内基本上不可能从学校这个渠道获取足够的和自己民族文化方面相关的知识，取而代之的却是不断学习接纳主流社会所赋予的文化形式和意识形态。这就涉及回村传统文化和现代主流文化的矛盾和调适，涉及回族民众和回族文化对现代性文化的适应。对现代性文化的适应是对民族传统文化的考验，甚至会引起传统文化的裂变、同化或者畸形发展。不同文化在互相交流的过程中，会产生文化适应，进而产生文化的认同，正如费孝通教授主张的“中华民族多元一体格局”那样，民族间的文化不断互相适应后有了认同，文化适应会带来文化趋同或更大范围文化的认同；但是这种认同并非文化的同化，而是在传承传统文化的基础上使传统文化适应现代性文化不断发展。

① 布尔迪厄著．陶东风译．文化与权力［M］．上海：上海译文出版社，2006：27.

第四章 回村传统教育与文化传承

第一节 家庭教育：回族传统教育的基本方式

家庭教育可谓是产生最早的教育形态。家庭作为社会的最小单位，承担着养育和教育下一代的功能。对回族家庭教育而言，其主要功能是通过长者对子女及其他年幼者实施教养和影响，以促使年幼者“回族化”，使回族青少年成为一名真正的穆斯林。由于伊斯兰文化在回族文化上更多地表现为宗教文化，这就决定了“回族化”的过程具有强制性的特点。[①] 在漫长的历史时期内，回族家庭教育是回族传统文化传承的重要途径和基本方式。

从整体上看，回村的家庭教育和其他民族一样，具有塑造孩子人格和影响个体社会化的重要功能，培养孩子原初的民族、宗教感情。但是作为少数民族之一，回族的家庭教育又具有自己的民族特色。回族“大杂居、小聚居”的居住模式决定了回族传统文化的形成、发展、保存、传承等在很大程度上必须依靠回族的家庭教育来进行。因此，回族的家庭教育便是回族文化保存、传递的起点和基础，又是最基本的传递组织和渠道。一般来讲，回村对子女进行家庭教育主要集中在两个方面。一是对孩子进行日常行为训导和简单的宗教仪式的教育；二是家庭生活中经商文化对子女潜移默化的影响。

回村家庭对孩子的影响主要通过长辈的言传身教得以实现：家长在日常生活中从饮食习惯、人生礼仪等方面将回族的信仰、价值

---

① 雷韵．回族家庭教育中的矛盾［C］．中央民族大学民族学与社会学学院，2007年．

观和行为规范传递给子女，从而使民族的文化得以传承。长辈们通过日常生活中身体力行给予后辈以潜移默化的影响和教育，即“濡化”作用。在回村的调查过程中，问及家长觉得自己的孩子是否了解本民族的传统文化这一问题时，绝大多数家长认为自己的孩子对民族传统文化有不同程度的了解。在问及“有没有必要让孩子了解本民族的传统文化”时，几乎所有的家长都认为有必要让孩子了解本民族文化知识，他们认为了解本民族的传统文化是作为少数民族的一种责任和义务，是父辈传下来的一项家庭教育的内容。家长教授孩子民族传统文化的方法主要有两种：一是家长自己有意识地通过讲故事、介绍民族风俗习惯等方式对孩子进行教育；另一个方法是无意识的家庭行为教育。由于生长在回族家庭，居住在回族社区，孩子从小就生活在这样的民族环境中，自己会逐渐地了解民族传统文化的相关知识。

一、日常行为训导和简单的宗教仪式教育

在回村家庭中，民族传统文化主要强调的是日常生活习俗的传承。回村信仰伊斯兰教，几乎全民皆为穆斯林，他们的家庭教育与自身的伊斯兰信仰有着直接的联系。他们以宗教教义为宗旨进行指导，学习内容以伊斯兰文化为主，涵盖伦理教育、道德教育等。回村家庭教育与日常生活密切相关：回村婴儿降生后，家长要请阿訇在婴儿耳边念“清真言”，并给婴儿取“经名”，[①] 这是回族子女来到人世间所接受的第一次宗教洗礼。随着子女的成长，日常生活中父母也随时对子女进行伊斯兰教基本知识的灌输，以加强其教育和规训，比如父母会经常强调一些关于饮食的禁忌。空闲时间，有的回族子女进入清真寺学习，尤其是其中一些从事宗教职业的家长，

① 经名是中国穆斯林的宗教用名，亦称教名。因多采用《古兰经》和其它古典经籍中提到的历代圣贤的名字命名，故又称起经名。

让孩子进入经堂接受全面的伊斯兰教教育，使其成长为宗教职业者，承袭祖业。

在家庭教育中，青少年的很多回族传统知识和宗教知识是在回族传统节日中习得的。回村传统的回族节日有圣纪节、盖德尔夜、开斋节、宰牲节等，其中尤为重视开斋节。回族传统节日是回族文化的重要组成部分。在回村，每逢开斋节，回民大都去清真寺参加活动，捐助乜贴，听阿訇讲经等。参加完清真寺活动回家后，家家户户会炸油香、撒子等，家长也会给孩子讲节日的由来和有关穆罕默德圣人的故事。在访谈中，不少人都说自己对宗教传统开始感兴趣、有认识就是从节日开始的。孩子生长在这样的家庭环境中，观察和模仿父母的一举一动，渐渐地也形成了上述的生活习惯。也就是说在一些日常用语、行为、举止等生活习惯的养成方面，家庭教育更重视“身教”，而对“言传”的重视有限。然而在民族、宗教等方面的一些传统故事、民间传说、节庆由来等方面，则主要靠家庭的“言传”来进行。可以说，通过家庭性的训导使得回族幼儿初识自己民族的风俗习惯，将来在和其他民族接触和交流时就容易产生自我认识和民族认同。

白阿訇访谈①

回族教育一直很落后，咱们村也不例外，学校教育一般，经堂教育不完善，家庭教育跟不上，这些问题都影响着回族的发展，影响回族习俗的传递。以前村里的红白事，尤其是白事，我根本不鼓励小孩儿们参加，觉得一方面影响他们上课，另一方面他们过去混吃混喝闹腾不说吧，也碍事。后来我想明白了，这些红白事上必须让他们参加，他们乱归乱，但是他们能够看到这些事儿是咋办的，看得多了，经历的多了，有不懂的他们回家也会问家长，就会慢慢

① 清真寺白阿訇，45岁，原孟县桑坡人，现定居回村，已婚。访谈地点：白阿訇家中。访谈时间：2010年8月23日。

了解回族的风俗民情，了解回族是怎么回事。

我们这儿过三个节：开斋节、古尔邦节和圣纪节，圣纪节也写作“祭祀”的“祭”，是在寺里办的大型节日活动。2003年因为非典，政府不允许大规模的集体活动，就停了，现在还没有恢复。我打算通过主麻日的礼拜慢慢宣讲，重新恢复。因为这些活动大人都会带着孩子参加。小孩虽然不懂宗教，但是通过跟着家长一起礼拜，一起参加宗教仪式，就会慢慢了解这是一种宗教信仰。简单的宗教仪式虽然和教义没有直接的联系，但是通过仪式性的行为，使参与者认识到宗教的存在和自己作为宗教信仰者应该要有所为，会产生敬畏之心和虔诚之情，由此奠定他们宗教信仰的基础。

由此可见，通过日常行为训导和简单的宗教仪式，尤其是饮食的禁忌将自己和周边的汉族区分开来，回村居民获得了基本的自我和民族认同，知道了自己的民族身份，了解了基本的民族礼仪和民俗传统。

二、家庭生活中对经商文化的传递

回村家庭教育的一个重要功能就是传递传统的经商文化。在回村，回族民众很好地继承了回族善于经商的优良传统。回族是善于经商的民族，伊斯兰教崇尚商业，《古兰经》就包含了丰富的经济思想和经济制度。自从伊斯兰教传入中国后，回族先民即活跃于中国的商业贸易领域，在内、外贸易的经济往来，尤其是文化交流等方面做出了重大贡献。善于经商是回族的民族特质，其珠宝、金银、玉石、牛羊肉、皮毛加工业等都是回族的传统经营项目。回村同样具有悠久的经商传统，他们很多都是家族式小商业经营，一般而言，通过经商活动给他们带来可观的经济收入，使他们大都过上了丰实的生活。回村的经商文化也受到本社区传统的经商价值观念、经商价值取向、民族心理和生活方式等的制约，所以这里的经商文化主要是个体性商业经营模式，大多以家庭作坊为主，也有少部分规模化公司经营,[①] 主要以牛羊肉屠宰、皮革加工、开小饭馆、跑运输等为主。这样的重商经济不需要高等教育投入，也不需要高科技的技能，小学、初中毕业就可以经营相关牛羊肉屠宰、买卖和皮毛加工等，并取得较高收入。这样在该社区慢慢形成了一种以家庭为主要单位的代际传承的经商文化。

回村有不少家户从事毛皮加工业，是当地经济发展的一个重点，孟县桑坡等地回民群众有不少人曾来此学习取经，回村的翻毛皮鞋也是有口皆碑，其中袁 FM[②] 家就是个体经营的典型案例。他们不单收购本地皮毛，还从西北地区购来生牛皮、羊皮，然后通过铲油、洗涤、泡制、缸蒸、摊晒等数道工序，将生牛皮制成熟皮，一部分直接向全国各地进行销售，一部分进行生产再加工，制成翻毛皮鞋，提高附加值，使企业的规模和效益不断扩大。在袁 XX 家，孩子从小就跟着家长学基础的熟皮和简单的皮毛加工技术，初中毕业后，因为成绩原因，就直接在家跟着父亲学习，慢慢地掌握了全部的皮毛加工和翻毛皮鞋制作工艺。现在是父子联手，共同经营，忙碌时也会招部分人帮忙。

改革开放以来，政策日益放宽，回村充分发挥自身的优势，大力发展个体经营，规模也日益发展，皮革加工业等由原来的一家一户独立经营，逐渐发展到有一定规模的小型加工厂，并且集生产、加工、运输为一体。回村的重商经营使得村民积累了财富，生活水

---

① 早在上世纪 60 年代，回村就依托自身优势，办起了修配站、铜件加工厂、毛皮厂、皮鞋厂等一批集体企业项目，成为全市经济发展的带头者，村集体收入也得到很大提高，经济实力和社会影响力在全市都是名列前茅。改革开放后，回村在集体经济的基础上，筹建了第三汽车运输公司、济源市碳素厂、金龙皮毛公司等一批企业。上世纪 90 年代后，经济发展的重心逐步个体化、股份化、多元化，个体私营经济得到很大发展，现在已经形成皮毛加工业、餐饮服务业、矿产开采业、房地产业、珠宝商业、养殖屠宰业等一大批产业项目，公司化经营逐步出现，不少人走上了致富之路。

② 袁 FM，个体经营者，回村村民，56 岁。访谈地点：袁 FM 家中。访谈时间：2010 年 10 月 25 日.

平也较周边高。在访谈中了解到，现在在物质生活的硬件设施方面，回村大多数家户都使用电脑和互联网，已经享受到了现代科技文明带来的各种便利资源，不断有家庭开始认识到信息的重要性。可以说，回村的重商传统既拉动了地区经济的发展，也提供了相当的就业岗位，吸纳了部分社会闲散劳动力。

总之，对回族学生而言，他们从小就受到伊斯兰伦理的熏陶，再加上他们进入清真寺学习基本是免费的，如果学业有成，更会得到同村人的敬仰。即使只是学得一些基本的生活技能，同样可以通过家庭经商的传统取得不错的经济收入，提高生活质量，获取合适的社会地位。

在教育体系中，家庭教育和学校教育、社会教育是一个有机的整体，他们有各自不同的特点和侧重。教育对象来自于家庭，首先接受的是家庭教育，从这个意义上说家庭教育是学校教育的基础，社会教育又是家庭教育的延伸，如果忽视其中任何一个方面，都会导致教育的失败，特别是作为基础的家庭教育，一旦出现失误和偏差，在教育对象身上便形成深深的烙印，很难在学校教育和社会教育中弥补和剔除。因而，家庭是一种基本的文化传承与教育机制，是一切文化的基础学校。

然而，十年“文革”造成的民族传统文化断层，使得当代很多回族家长在民族文化方面的知识欠缺，难以真正担负起系统传承民族传统文化的任务，因此他们的孩子也就不可能从父母身上获得充分的民族传统文化知识。在访谈中就有不少家长说起对孩子进行民族教育常常有力不从心之感，于是就让自己孩子“没事就去寺里念经吧”，以弥补自身民族传统知识的欠缺。

报道人袁 TX 的家长①

① 袁 GY，50 岁，回村村民。访谈地点：袁 GY 家中。访谈时间：2010 年 8 月 24 日。

其实我们文化知识也有限，我和他妈都是初中文凭，也就是能认字。你说到我们伊斯兰教的知识，那我们也知道一些，但是都是日常遵守的东西，根本就不像是你说的大体都知道，也只是遵守口忌，经常去寺里礼拜，听阿訇给我们讲经。宗教节日的东西也知道一些，都是从老人那儿听来的。让我们教导孩子，我们自己都不行，怎么教导？我们小时候，也没有系统的学过这些，跟老人也比不了。那会儿，尤其是“文革”时候，礼拜都不怎么去，别说学习宗教知识了。我们这代人啊欠缺的多了。老人有些还行。你看现在这个礼拜的情况，也是老人多，年轻人少，像你们这样的小年轻啊，见不到几个。TX 小时候，我们家庭情况也不行，他那时身体不是很好，体弱多病，我们也在空闲的时候给他辅导一下功课，怕他跟不上。不过他倒是挺争气的，给我考了个好大学，[①] 呵呵。

至于说信仰伊斯兰教，我们这儿的回族都信，从小就带着的。他知道的也不多，我们也就是告诉他哪些不该吃不该做。不过，我们都是回回，基本的东西还是要知道，我们教不了多少，小时候就常喊他去清真寺礼拜，跟着阿訇念经，但是他也不是很情愿，去的也不多。

第二节　经堂教育：回族传统教育的主要形式

1. 传统经堂教育

经堂教育从产生起，就一直是回族传统文化传承的主要方式之一。回族聚寺而居，其经堂教育也就以社区清真寺为载体进行。经堂教育，又称“寺庙教育”，是中国伊斯兰教的一种宗教教育制度，以它进行的场所而命名。“经堂”一般指中国伊斯兰教清真寺建筑

① 中央民族大学哲学系 2008 届毕业生。

布局的一个场所，多在主体建筑大殿的前边建有南北厢房，北面的就是经堂，或称为“北讲堂”。20世纪以来，中国伊斯兰教史学家便将这种在经堂之内进行的宗教教育叫做“经堂教育”。①

一般认为，回族经堂教育创始于16世纪。但其前身可追溯至唐、宋、元时东来的一些阿拉伯、波斯“答失蛮”② 在其家中开设“回子房”，作为宗教教育的中心。同时，经堂教育也可看作是唐宋以来中国回族先民以手抄、口传、心授等方法传授伊斯兰文化的家庭教育模式的完善和发展。③ 此时，主要是外来的阿拉伯人、波斯人以通婚为纽带在中国传播伊斯兰教。后来，随着这些外国侨民由客居转变为定居成为中国公民，他们的后裔在语言文字上也开始了教学汉语、汉文的过程：入儒学，学儒典。在这个过程中，他们对伊斯兰教的经典、教义反倒生疏了。加之明中叶以后，回族民族共同体形成，回族的民族意识开始日益增强，文化上的认同成为迫切的需要，因为这对于一个民族的进一步凝聚和自我认同至关重要。可是由于明王朝闭关锁国政策的推行，使得中亚地区的穆斯林难以进入中国境内进行传教，从而“造成中国伊斯兰教教职人员的危机，培养宗教人才就成了当务之急”。④ 当时，经堂教育的倡兴者胡登洲目睹回族当时“经文匮乏，学人寥落”的情形，慨然立志兴学，开始“设馆于家”，招收弟子，由他供给弟子生活费用，传习经典，培养学人，教会回族青少年如何做人。现实生活中回族家长也深深意识到向子女系统传授伊斯兰文化、发展回族文化的重大意义，只是自己力不从心。因此，胡大师这一义举立即赢得了广大回族家长的热情支持，他们积极送孩子去经堂学习。这种教育模式和

---

① 冯增烈．明清时期陕西伊斯兰教的经堂教育．［C］．清代中国伊斯兰教论集．银川：宁夏人民出版社，1981：222.

② 元代伊斯兰教士称号。或作达失蛮、大石马，宋代文献曾译作打厮蛮。

③ 海存福．回族家庭教育发微［J］．回族研究．2000（4）．

④ 青海省地方志编纂委员会．青海省志·宗教志［M］．西安：西安出版社，2000：246－247.

回族传统的“父子相授”的家庭教育模式相比，扩大了受教育人数，提高了教育质量。当时胡大师“设馆于家，授徒约百人”，后因规模不断扩大，家庭已不能承载，也考虑到学员学习的方便，遂“设馆于寺”。① 因此，从这个根源而言，经堂教育是一种特殊的家庭教育模式。

经堂教育虽然强调学习的重要性，但其宗旨并不全以培养“伊玛目”② 或阿訇为目的，而是以广大回族人思想、人格升华为目的。一般而言，经堂教育有完整的体制：教师一般由清真寺负责聘请或由开学阿訇担任，教学费用由所在地回族民众共同负担，主讲阿訇、学员的膳食由全坊教民“轮流帮供”，这一点已成为回族的一项传统，形成了以助学为荣的良好风尚。教室设在清真寺或阿訇自己家中。

经堂教育一般分“小学”、“中学”、“大学”三部。“小学部”对回族儿童进行启蒙教育，回族儿童一般在四岁零四个月就要“迎学”，被父母送至清真寺或阿訇家中接受教育。阿訇从阿拉伯字母和阿语拼读教起，一直到儿童能独立正确诵读《古兰经》，“小学”即可毕业。此阶段学习无年限规定。“中学”教育的对象是成年人，一般在闲暇时间进行，主要为弥补成年人宗教知识的欠缺，时间上无硬性规定，教学方式地点灵活。经堂教育的重点在“大学部”，被回族群众称为经文大学。此阶段海里凡③在阿訇的主持下系统学习伊斯兰教知识体系，经讲学阿訇及周围有“尔林”④ 的阿訇鉴定合格，确认该生德才俱备，方可毕业。毕业的仪式叫做“穿衣挂

① 李晓英．从经堂教育看回族社会关系网络的建构［J］．天水师范学院学报．2008（5）．

② 中国穆斯林社区都会有清真寺，一座清真寺里有一位或几位“伊玛目”。他们负责穆斯林的宗教事务和宣传伊斯兰教的责任，是穆斯林的精神领袖。

③ 指阿訇的学生，替位者，接班人。一般来说海里凡是伊斯兰教预备神职人员，学成后，经过“穿衣”仪式即具备成为阿訇资格。

④ 阿拉伯文指“学问、学识”。

帏”，即由讲学阿訇在回族聚礼日或重大的节日期间，亲自给自己的得意门生穿上象征“尔林”的绿色长袍，戴上“代斯达尔”（缠头巾）。自此，该海里凡方可应聘到各地清真寺任开学阿訇。“大学”的学制也不统一，学成方可毕业。

作为一个回族自然村，回村民众长期以来都接受经堂教育，60岁以上的老人，他们的知识都是从经堂学来的，尤其是识文断字。不过因为当时对知识重视有限，所以一般都是在经堂学习一些基本的知识，能够做到基本的识字和计算，就开始经商。不过，在清真寺跟着阿訇学习，却很好地塑造了他们的信仰传统和对回族的认知及对传统的坚守。

袁JM① 的访谈

我们小的时候，也没有什么学校，这个地方教育落后，也没有多少人注意送孩子上学。家里很有钱的另算，一般都是请家庭教师自己辅导。我们都是在清真寺里面跟着阿訇、海里凡学习，还是以念经为主，同时认点字，识点数。我们这儿做生意的人多，最有用的就是这个算账，别的东西学了到最后用处也不大，所以对家长来说我们能够算清楚账就算中了，然后就带着我们出去做生意。我小时也跟着人跑过西北、东北做过皮毛生意。至于你说到的经堂教育，没有啥具体形式，就是随时去随时学，阿訇忙的时候，让海里凡教，没有固定的班。那时候，咋说呢，我们也怕阿訇，去的也不多，但是咱那点知识都是从念经学来的，每周周五主麻时跟着礼拜啥的，我们现在还保持着这个习惯。现在的年轻人不行了，你看街上，总是有抽烟喝酒的人，现在一些人家摆夜市、开饭店，哪个不卖啤酒？严格上说，我们可是得禁酒啊。现在不行了，年轻人去清真寺也不多，都忙着挣钱去了。

---

① 袁JM，74岁，回村村民。访谈时间：袁JM家中。访谈时间：2010年10月25日。

在新中国成立初期历次政治运动中，尤其是“文革”破四旧的时候，回村的清真寺受到很大冲击，其经堂教育也基本处于停滞状态，所以那个年代成长起来的人，现在虽然都已经人到中年，但是对信仰的虔诚度有限。然而因为整村都是回族，严格的清真饮食习惯以及部分家庭教育还是造就了他们的基本认识。① 后来，宗教政策落实，社会环境日益宽松，回村的经堂教育也开始慢慢恢复，但是从 20 世纪 80 年代到 90 年代末，依旧没有真正的起色。直至 2003 年，回村清真寺阿訇学习接受新的经堂教育形式，开始招收学生进行假期培训。2008 年，正式开设假期经学班，大量适龄儿童开始进入经堂学习传统文化，新式经堂教育也开始慢慢有了真正的起色。

2. 新发展的假期经学班

在回村，孩子们进清真寺学习被称为“学经”。据清真寺阿訇介绍说，明末清初，当地清真寺就已经开始了传统的经堂教育，就是教村里的孩子们读经，只是形式并不完备，条件也简陋。现在，在学校教育的暑假期间，清真寺一般都会开办一种针对在校学生的学习班，被称为“假期经学班”。假期经学班的开设一般需要以下几个步骤：清真寺寺管会协商同意开办假期经学班；向民宗局、统战部等相关部门登记备案；开设经学班的清真寺开始延聘相关教师；同时在回族聚居地贴出相关通知，清真寺阿訇也会在主麻时做一些宣传介绍；家长带领孩子到清真寺报名，同时签订相关协议，如安全公约等；学生在开课时间报到；开始学习，一般为随到随学

① 在和白阿訇访谈的时候，说到“文革”时期回村的情况和经堂等的发展，白阿訇说：“文革”虽然乱了点，但是这个村还不错。我是孟县桑坡人，但是我爹之前在这儿当阿訇，我知道。那时候，严格上不允许有宗教活动，清真寺也被占用，甚至被作为批斗阿訇的场所。但是普通民众还是坚持每周礼拜，尤其是主麻日的时候，村里人会相互通知，谁家的院子大点，就集体去谁家做礼拜。虽然说那时候没有了清真寺，但是对整个村民的宗教信仰影响还是相对有限，他们还是保持了一些宗教形式。

关于“文革”时期回村的情况，在和一些老人访谈的时候，大都说集体的礼拜少了，但是一般人都还会在自己家礼拜。

的形式。① 现在回村清真寺开办的假期经学班按照住寺阿訇的说法，是一种初级的经堂教育，可以算作经堂教育中的“小学”。回村清真寺的假期经学班不需要家长缴纳任何费用，学经期间所需要的课本、文具、考卷以及每天发给小孩的冰棒、日常的饮用水、延聘相关教学、教经人员的费用，一律由清真寺承担，这些都来源于当地居民的乜贴。

在笔者2009年暑期调查期间，回村清真寺一共开设了三个假期经学班：大班、中班和小班，共计110多名学生参加学习。开班时间从7月13日开始，一直到8月15日三个经学班全部结业。开班时间内，白阿訇每天保证给一个班的学生上课一个小时。这三个经学班的整体情况如下表：

三个经学班概况

经学班②	人数③	年龄	教材	开课日期
小班	59—68	小学及以下儿童	《穆斯林家庭育子读物》	7月13日—7月28日共15天
中班	32—36	初中	《穆斯林文化讲座》部分章节	7月28日—8月8日共10天
大班	18—20	高中及以上	《穆斯林文化讲座》	8月8日—8月15日共7天

回村清真寺假期经学班的具体情况可分经学班的开办、开设经学班的通知方式、经学班费用、经学班的课程设置和上课时间、经

① 开课时间和讲授内容是固定的，学生到得晚或者退得早并不影响阿訇的教学，只是学生接触到的内容就不完整了。

② 三个假期经学班的名称并不称为“小班”、“中班”、“大班”，此处依照白阿訇所说“方便称呼指代”而名之。

③ 因为本经学班是自愿参加学习，所以参加学习的人员有一定的流动性。人数统计值为最多和最少时人数。

学班使用的教材、经学班的教学内容等几方面描述如下：[①]

经学班的开办

因为回村回民以经商为主，尤其是在每年春节，俗称过年的那段时间，生意特别好，比较忙碌，一般的家长都会让孩子帮忙照顾一些小的事情。由于寒假孩子的时间有限，清真寺无法办经学班。每年的暑假都是很好的办经学班的时期，孩子放假，家长虽然忙，但是并不需要孩子帮忙，就送孩子到经学班学习。对于清真寺而言，开设经学班，首先要和寺管会协商，经由寺管会同意方可开办。同时，清真寺也要对自身办班的硬件条件进行相关报告，如将防火设施等上报消防大队；将办班的计划和讲授内容上报民宗局和统战部以备案，得到相关部门的同意，才能开设经学班。

开设经学班的通知方式

对于回村清真寺而言，每年假期经学班，并没有通过广播或者宣传单等通知各家各户，而是在每周五的主麻礼拜上，白阿訇在讲经完成后都会专门留下时间，特别说明假期经学班开设的相关信息，并鼓励家长送孩子过来学习。

经学班费用

在和白阿訇的访谈中了解到，清真寺现在假期经学班的所有费用都通过寺管会允诺，再由清真寺全部承担，大约在 15000 元—16000 元之间。[②] 清真寺的收入来源一方面是地产的收入，[③] 一方面是村里群众的捐献。

经学班的课程设置和上课时间

本次假期经学班一共持续 32 天，因为和寺管会协商聘请英语、

---

① 本部分描述内容主要由白阿訇访谈、寺管会相关负责人袁大爷、部分村民访谈整理而来。

② 寺管会袁大爷说本次经学班的主要费用为印刷费，大约在 15000—16000 之间。

③ 宗教政策落实后，原属于清真寺的地产和房产都重新归还清真寺。因为回村清真寺处于村子中间地位，也是民族路和北海大道交汇处，周围兼有荆梁观、济渎庙等景点，地理位置较好，所以清真寺的门市收入也较好。

艺术等教师的费用未果，所以并没有开设其他课程，只有单独的穆斯林文化课程，所有讲授内容都由白阿訇一人全部负责。不同班级上课的日期不同，时间上并不冲突。上课采取各个班级集中讲授方式，每个班在开课日期内保证每天上课时间不少于1个小时，比如小班上课，其日期为7月13日—7月28日，共15天，白阿訇在这段时间内保证每天给小班上课一个小时，同时根据自己的时间安排，在每天上课结束后通知第二天上课的具体时间。

经学班使用的教材

以前假期经学班没有教材，只是几张纸，记录讲授的东西。本次暑期经学班一共有两种教材，由白阿訇自己编写，分别印刷100册以供使用。《穆斯林文化讲座》为封面彩色铜版纸印刷，正文普通黑白胶版纸印刷，主要内容是讲解伊斯兰教的文化和教义等相关知识；《穆斯林家庭育子读物》（基础篇）为全铜版纸彩色印刷，主要内容为基本的日常生活方式教导和中阿对照的基本经文、基本礼仪用语等。

经学班使用的教材

经学班的教学内容

对于小班的学生，主要讲授由汉字撰写的经文和简单的宗教知识，中班学生学习的内容除简单礼仪和基本宗教常识外，还有部分《古兰经》诵读。假期经学班的主要目的是使学生从小懂得宗教知识，知道伊斯兰教的基本常识，了解民族传统，使孩子长大后有一定的基础，能够自觉自愿地注意自己的言行，成为一名合格的穆斯林。对于小学生，学经的内容主要包括背诵汉文转写的经文、学习简单礼仪。学生们学习背诵的经文都是由汉文根据音译转写的，比如，在礼拜时，抬手时念“按拉胡/艾克白雷”，操手时念“（塞那）素不罕二乃/看啦混买/我比罕儿目迪开/我台巴勒克斯目克/我台儿俩占独克/我俩一俩孩额以入克”等。可以说，这种小班的主要目的是为了能够基本通读《古兰经》，了解关于回族和伊斯兰教的一些基础知识。

初中以上的学生分为中班和大班，但是使用同一本教材。针对中班的学生，白阿訇选取《穆斯林文化讲座》中的部分章节对其进行讲解，引导学生积极讨论，白阿訇则对其提出的疑问和困惑进行讲解。高中以上的学生，按照白阿訇的说法，并不能算是讲授宗教知识，而是大家一起讨论。白阿訇特别强调“讨论”，说教材只是交给他们回去自己看，有什么问题随时提问。通过和这些年轻人的自由讨论，一方面明白年轻人现在的思想，另一方面及时发现新形势的发展变化，也及时提升自己作为阿訇的水平和能力。

经学班的发展计划

除传统的宗教等相关知识的教学外，据清真寺的白阿訇介绍，近年来，计划逐渐把一些学校教学的相关科目搬入假期经学班，比如英语、小学数学、绘画等，以期在对学生进行传统文化教育的同时也对学生的学校功课进行辅导，希望学生能够在学校学习中取得好成绩。但是目前难以找到合适教师，同时延聘教师的费用一直和寺管会协商未果。现在，白阿訇的新计划是通过三个班中高年级带领帮助低年级的形式，促进假期经学班的进一步发展。其设想的具体形式是：参加经学的同学，大学生可以帮助高中生，高中生帮助初中生，初中生帮助小学生，以促进他们日常功课的进步和经学上的提高。

总体来看，假期经学班的举办一方面丰富了孩子关于自身文化的认识，有效地利用了学生的假期时间，也给小学生提供相互交流、玩耍的公共场所，为家长减轻了看管孩子的负担。但归根结底，经学班的目的是进行穆斯林教育，以教授基础的伊斯兰教知识为主要内容，虽然这种形式会相应地对小学生们具有其他方面的教育作用，但是这些作用并不是主动呈现，而是在以教授传统文化知识为目的的前提下体现的。所以说，清真寺假期经学班除了辅导英语、数学外，主要讲解回族民族文化、教授阿拉伯语，在对民族传统文化传承的过程中，一定程度上也强化了民族认同和文化认同。

对于白阿訇而言，开办假期经学班的目的是在当前这个快速发展的社会中进一步提高回族儿童、青少年对自己民族、传统文化、宗教信仰的认识。办经学班，加强伊斯兰教信仰，宣传回族文化是白阿訇一直的愿望。可是，白阿訇在做这些事情的时候，很多时候感到力不从心。从寺管会、村里的老人、政府相关部门到家长、学生等，都让白阿訇在实践自己想法的时候遇到诸多困难。以下和白阿訇的访谈①可见其当前的处境和对经学班发展的期望。

村里的小孩来寺里学习的情况一直都有，但是这种形成规模、体系化的初级形式的经学班，正式是从2008年开始的，到今年是第三年，可以说依旧不成熟，该怎么更好地办班，怎样才能更好地促进学生加强伊斯兰教信仰和宣传回族文化，我也在试验。咋说了，现在这方面经验还是有限，各地清真寺都有经学班，用的教材和讲解的内容上，其实都大同小异，成效也只是一般。具体怎样做更好，我也在不断摸索。

① 访谈地点：清真寺白阿訇办公室。访谈时间：2010年10月26日。

从当前的情况来看，年轻人的信仰是越来越弱，抽烟喝酒都不说了，有些人出去以后，连吃东西都不注意了，这对我们来说是不可接受的啊。更不用说他们对传统知道多少，对信仰了解多少。从根本上说，这些基本的要求、基本的传统生活方式和信仰都不知道，就没有了根啊，所以不仅要办班，而且要办好班，切实走出一条新式的宣传民族传统和信仰的道路。

但是从我自身来说，一个人的精力也确实有限。现在寺里有两个阿訇，五个海里凡。我作为住寺阿訇，寺里面大小事情都得参与，另一个阿訇只是主要负责宰牛这样的事情，其他事情并不多管。这五个海里凡，唉，更不好说。原则上说海里凡是要接阿訇的班的，但是他们现在没有经济收入，都是30多岁的人了，也都要养家养孩子的，想要继续进行自己的宗教事业也确实是不可能。他们现在都在外面做点生意，养家糊口吧。这种情况，你说指望他们全心扑在寺里面的事务上，协同帮助办教育，发展信仰，也不可能。现在发展教育这事都是我一个人在操心，有时候事多，真顾不过来。

因为在寺里办教育，不仅相关部门管得严，有时候一些想法太快了，村里老人也会反对，也不容易。从村里来讲，村里人年龄不同想法也不同，一些老人比较守旧，你走得太快了，他们不同意，就会闹矛盾。比如，我曾有过想法，现在村里回汉通婚的人多了，我们把回汉通婚中汉族的那些人请过来，参观清真寺，组织座谈会，看看他们入教后①对咱们回族传统、宗教信仰有什么看法，哪些好哪些不好，旁观者清啊，看看我们如何更好地促进民族团结。但是这个想法遭到不少老人的反对，说你找那些个汉民能弄啥，他们又不是咱回民，最后也不会有啥结果。除了这些老人，寺管会、宗教局、统战部，也都要协调。就这次来说，办班了，就多元化，请些教英语的美术的唱歌的人过来辅导学生呗，寺管会不同意，说

① 当地回汉通婚时，汉族一方必须先入教方可结婚。

是乱花钱，没办法向村民交代，最后不成形。宗教局和统战部主要是怕不团结，和周围村里的汉民闹矛盾，也怕一些其他势力进来宣教啥的。我是政协委员，也要以维护一方团结为根本。平时做一些事，也要考虑清楚结果；对于村里出现的一些情况也要及时了解，及时解决。前段时间有个陕西过来的老汉，领着两个孩子过来宣教，非说自己有教门。[①] 我都和他们说，有教门并不是跑到别的地方去传教，你们西北有些地方生活条件不好，村里甚至没有清真寺，你们咋不就近传教，非要跑这么远，还说自己有教门。后来他们就去山西长治了。咱们村发生过几次过来传教的，都是西北那边来的，平凉等地也有。这些传教的啊，都是和咱们村一些人沾亲带故，有些甚至是个别村民请过来的。我就在主麻礼拜上给他们讲，那些过来传教的，就像是江湖郎中，咱们村的清真寺就像是正规医院。村民有病了，不去正规医院看病，却盲目相信江湖郎中是不行的。从这点来看啊，村里面也是有着一些问题的，人们的认识、思想并不完全一样。对于咱们寺里办教育，他们有些人认为学的东西不对。这里面有新教门老教门的问题，也挺复杂。

现在，我也只能结合实际，平稳发展教育，促进村民的信仰和文化传承。但是从寺里目前的情况来说，并不如意啊。虽然对比学校来说，寺里有宗教气氛，而且学生初来学习新东西也会有新鲜感。这就需要我必须对每一班学生集中授课。因为课程时间太长，小学生就会产生厌学心理和缺课现象，因此通过集中授课，让他们回去和家长讨论之类，一起促进学生的发展。其实，从咱们这儿来说，回族教育很落后，村里每家每户都做生意了，家庭教育也跟不上。这个后果很严重的，孩子在寺里学到的东西毕竟是有限的，而且远远不够，必须通过家庭教育的辅导、支持，通过家庭教育的言传身教来保证学生对回族的认识，了解回族文化，知道回族信仰。

---

① 伊斯兰教用语，表示有修养，宗教信仰好。

3. 经堂教育新发展的原因

假期经学班的出现，从历史根源上说，是因为清真寺在回族社区中本身就承载着教育的职能。历史上所谓的“经堂教育”就是清真寺主持下的一种教育形式。根据清真寺的白阿訇介绍，在从明清之际到民国的相当长一段时期内，当地清真寺都有“寺里小学”，现在年龄大一点的老人，有部分当初就是寺里小学的学生。甚至在新中国成立初期的一段时期，清真寺的小学依然承载着学校教育的功能，一直到1956年当地回民小学的建立。但是随着新中国成立后一系列政治运动，清真寺逐渐失去了其教育的职能。

同时，学校教育对民族、宗教传统文化教育的缺失也是造成假期经学班出现的一个重要原因。现阶段学校教育受到各种条件的限制，还没有找到行之有效的方法能够将少数民族的传统文化，特别是伊斯兰民族的传统文化引入学校课堂教育。由于回族的传统文化中较多地涉及宗教方面的知识，因此在根本上容易和学校的科学文化教育产生冲突，因此怎样才能够把握伊斯兰文化教育的尺度，成为学校教育中几乎难以逾越的障碍。另外，社会对学校的要求还是比较单一地集中在升学率上，因此学校也很难有足够的热情去完成民族传统文化的教育。加之我们的少数民族教育方面的法律法规相对滞后，而且缺乏针对性，这就使得学校很难推行民族传统文化教育的课程。

学校教育职能的缺失和国家权力又是紧密联系的。在传统社会中，人的社会化是社区性的面对面式的人际关系训练。到民族/国家时代，全民教育和普遍性知识成长起来，并取代了社区性的个体社会化的部分职能。换言之，从传统到现代的社会转型，使社区——国家分离的社会形态转变为社区受到国家和全民文化全面渗透的社会模式。[①] 20世纪50年代前，中国是一种“弱国家，强社会”的社会环境。回村社区和其他回族聚居区一样，是个组织严密

---

① 王铭铭．社会人类学与中国研究［M］．北京：三联书店．1997：159.

的社区。在社区内部，族教不分，以清真寺为中心的社区共同体整合着社区成员的日常生活。50年代后，随着社会主义制度的建立，国家占有和支配着全社会的所有资源。这种背景下，国家权力开始对各级社区进行全面渗透和干预，回族社区的群体意识、宗教组织、生活习俗无不受到干预。而当前，中国国家和社会的关系发生了巨大变化，日渐趋向于“小政府、大社会”，这就为民族文化的觉醒、复兴、恢复、传承提供了日益增大的空间。清真寺假期经学班就是适应回族民众传统文化传承的需要而产生的。

此外，假期经学班的出现与社会上各种假期辅导班、家长在假期时候忙于生计而对孩子看管乏力等一系列相关因素都是不可分割的。

综合而言，回村清真寺假期经学班的出现有以下几方面原因：一是清真寺历来具有教育功能且回族有重视教育的优良传统；二是回族家长在传统知识上的断层以及孩子对传统知识的需求之间脱节；三是学校教育在对民族、宗教传统文化的教育上不能提供学生所需；四是回族家长忙于生计而在假期对孩子的照顾缺失，清真寺的假期经学班为学生提供相互交流、玩耍的公共场所，减少孩子安全隐患，也减轻了家长看管孩子所带来的负担。

第三节　传统教育：文化传承的承载方式

著名哲学人类学家兰德曼认为，文化与教育虽然不是一件事，但却无法分割，因为教育是文化传承的最有效、最重要的途径。文化传承包含两个方面的意思：从纵向角度看，文化可以历经时间变迁而世代继承，这是一个人类传递前人文化或文化产物的过程。从横向角度看，文化可以跨越空间阻碍得以广泛传播，这种传播发生于某一群体内部和各群体之中。教育是文化传承的基本途径。教育活动就是教育者将文化知识传授给受教育者的过程。

回村传统教育最主要的功能便是对回族传统文化和风俗习惯的传递，引导受教育者对民族、民族文化、社区形成初步认识和内聚力。具体体现在两个方面：其一，为回族传统文化的保存、传承和发展既提供了必不可少的社会条件和社会环境，又促使回族个体对传统文化的习得，不断推动回族传统文化的发展，加强回族整合。其二，回族传统教育又具有满足个体发展，促进个体的社会化，促进社会发展与维护社会稳定的功能。具体分析如下：

回族家庭作为社会的最基本组织，同样具备其他民族家庭的基本功能：生育功能，即人口再生产功能；教育功能，即通过家庭教育实现濡化教育，使个体掌握本民族文化传统，实现个体的民族化、社会化。在此过程中，回族家庭的濡化教育便是保存回族文化、传递民族文化的基础。而回族文化和伊斯兰教的密切关系，使得回族家庭教育具有一定强制性的特点。① 回族家庭对回族文化的传承和发展，有利于保护民族文化精髓，推动民族的发展和进步。而且，在回族家庭教育实践中，为了促使子女适应主流社会的发展需要，家长在日常的教化中也会注重加入适当的社会主流价值观念、行为方式等内容。于是，回族家庭教育不断促进着回族传统文化和社会主流文化的交融，从而促进回族文化的不断发展进步。

回族家庭教育非常重视对青少年儿童进行商业意识教育，这和伊斯兰教积极鼓励民众从商有关，也和回族先民多以经商为主、回族家庭素有经商传统相关。回族家庭教育具有促进经济发展的功能，主要表现在：一是回族家庭普遍重视对儿童进行经济意识启蒙；二是在日常生活中，回族家庭子女在家庭劳作中跟随父母习得一定的经商经验，比如牛羊肉切割、制作、皮毛加工等。回族家庭重商教育形成了回族“全民重商”的民族传统，促进了全社会经济的发展。如今，在市场经济大潮下，回族家庭重视商业，重视经济发展的教育传统对于子女的就业和社区发展都有极大影响。回族家

① 海存福．回族家庭教育功能研究［J］．回族研究．2000（1）．

庭教育在促进经济发展方面的另一表现是回族家庭为经济发展培养了众多的劳动后备力量，特别是回族特有的家传技艺使许多特殊经济建设人才脱颖而出。据统计，回村现有：1. 皮毛加工业15家，最多时候有60多家，目前皮毛加工仍处于初级加工型，有逐步向规模化、技术化积聚的趋势。主要企业有康源皮毛制品有限公司、宇龙皮革工艺有限公司、金龙皮毛有限公司、袁二东皮毛厂、程哈三皮毛厂等。2. 皮鞋业近20家，最多时候有近60家，其中规模较大的是袁大兴皮鞋业、程小行皮鞋业、苏氏鞋业等。3. 皮衣制作业10余家，知名的是袁田园皮装店、丁国强皮衣店等。4. 餐饮服务业，在全区内有100多家，在整个市区还有很多未完全统计。回村餐饮业规模大小不等，分为固定和流动两种形式。规模和效益兼具的主要有大明羊肉汤、金生饭店、鸿茂斋、东来顺喜贵羊肉汤饭店、穆斯林饭庄等。5. 矿产开采业数家，主要为袁大山和袁小宝等人开办。6. 珠宝经营业主要有买小亮和袁小虎两家金店。7. 养殖屠宰业30多户，主要从事养肉牛、奶牛、养羊等，其中较大规模的是袁宗良、袁大力等。全村有10多户从事屠宰业，有2座冷库。8. 食品糕点业4家。9. 其他各种经营皮革、货车运输和百货专卖店以及商业门店等50余家。①

经堂教育作为回族教育的传统方式，主要以《古兰经》为根本进行。《古兰经》作为伊斯兰教的基本经典，其教义在长期生活的积淀中已经逐渐内化为回族传统习俗的方方面面，对回族的道德行为具有很大的约束力。因而，经堂教育是以传承伊斯兰教文化、掌握宗教礼仪和习俗为主要内容和根本宗旨。回村社区经堂教育优势在于范围广、全免费、参与率高。尤其是利用寒暑假期对青少年进行的初级教育，村中绝大部分青少年都曾因为父母忙碌等诸多因素而参加。可是，针对经堂教育而言，尽管对保持鲜明的民族文化有所帮助，但对从整体上提高民族素质、促进民族文化的发展帮助有

① 赵立中. 济源回族史籍. 内部资料. 2009：44－46.

限，因而造成很多学员毕业后从事的仍然是低技术含量的工作，对于改善民众生活，进一步促进当地经济发展作用有限。再者，也是最主要的一方面就是，由于宗教教育在回族聚居区享有很高的地位，使部分家长认为“孩子学校学习不好，可以送去寺里念经”，这在一定程度上也影响了回村父母对孩子的教育观。因此，回村有很多青少年对学校读书重视不足。

对于回村聚居区的青少年而言，聚寺而居的整个回族社区的存在为他们提供了一个观察、学习社会的平台，他们对社会和人生的最初看法，包括人生观、价值观、生活行为准则等都来源于此，都是从教坊的人与人之间互动中习得的。回村教坊文化对青少年的教育影响主要表现在：1. 伊斯兰信仰。父母常带孩子一起参加各种宗教仪式和节日活动，自孩子懂事起，长者就会不断重复地向他们讲解伊斯兰教的常识，并敦促学习回族礼仪。稍长，便被送入清真寺“小学”学习背诵古兰经的篇章。2. 行为准则。通过清真寺定期和不定期地宣讲以及社区长者“言传身教”的方式，青少年在不自觉中习得社区传统的道德价值观念和行为准则，比如说“圣纪”捐公德[①]行为有助于形成一种救济孤寡、助人为乐的观念；宰牲节的肉食、油香都要分给左邻右舍，有助于形成亲切友爱、团结互助的品质。总而言之，教坊文化的影响体现在传统教育中就是文化人类学中所说的“濡化”，青少年接受同一文化内部的、由长者向幼者纵向传播的社区文化模式，是一种文化习得和传承机制。

同样，因为回族的宗教信仰，常常使得教坊产生一些相对负面的连带效应。比如，在教坊制度下，经堂和宗教神职人员在教坊内往往有较高的社会地位，会得到教坊内民众的信任和敬仰，这就会造成部分家长过于重视宗教教育而忽视国民教育等。

传统教育在促进个体的社会化的同时也是个体习得民族文化传统的过程。文化人类学研究表明，养育及其他一切培养个人适应社

① 即捐献衣物等。

会的互动形式都是由“社会—文化”决定的，其作用不仅在于集成外部行为的文化确定模式，也一直延伸到个人的性格塑造等方面，个人的成长就是一个不断社会化的过程。回族传统教育促进个体社会化的功能主要表现在：家长教导子女基本的生活技能、社会规范、培养道德情操等，为培养社会人的社会性、社会交往能力打下基础。每一个人从出生到成熟，都经历了从自然人到社会人的发展过程。在此过程中，儿童逐渐获得必要的生产、生活技能、技巧的同时，还必须习得一定社会的行为规则、道德规范，具备一定的政治思想观念。而这些生活技能、道德规范、行为观念的获得首先来源于家庭，其次是周边社区。家庭成员的职业、生产生活技能、行为规范，家庭成员之间的关系，家长的榜样示范和积极引导，社区成员的身份、构成形态、职业学业等，这一切都为儿童去积极模仿、学习、认同、实践而逐渐内化成儿童自己的生活技能、行为准则，形成自己的一套道德观念和一定的道德行为方式，用以调整自己和他人的社会关系，培养自己的角色意识，履行自己的角色职责等奠定了基础。因为传统教育负载着传承民族文化和宗教精神的重任，所以回族社区特别重视儿童早期的教育，因此回族传统教育在促进回族儿童社会化过程中的作用显得更为持久而深刻。这一点从回族青少年儿童长大之后在生产技能技巧方面多为“子承父业”①中便可见一端。

第五章　回村教育的人类学分析与反思

第一节　传统教育和学校教育之间的张力

在现代化背景下，回族青少年自小就要接受回族的传统教育，

① 前文提到的袁 FM 父子就是例证，回村像这样父子同营的个体户并不在少数。

受到伊斯兰文化的影响和制约。同时，为了适应现代社会的发展，回族青少年还要学习主流文化。总之，在多种文化并存的背景下，回族青少年一方面从出生起就接受回族传统文化教育，成为一名回族成员，使回族文化能够延绵不断，生生不息地得到发展。另一方面，他们要接受普遍国民教育，获取生存技能，以便更好地适应社会发展。

回族传统教育，除了家庭的言传身教、社会的熏陶习染外，主要靠寺院的师徒相承，这对早期回族的发展起过不可低估的作用：通过寺院教育，涌现了一批哲学、历史、天文、医学等方面的高层次人才，使相关文化艺术和灿烂的古代文明得以延续和发展。寺院教育在形成、发展过程中，融合了百家观点，接纳中外先进文化和科学成果，撰写的许多经典著作具有重要的科学价值，对当时这些民族地区生产力的发展起过一定的促进作用。但是随着时代的发展，现代化和现代性文化的凸显，回族传统文化在现代教育中被不断忽视，不断弱化。

在工业社会中，学校教育的一个主题功能是传递主流社会文化意识和培养适应国家发展的人才，从当前社会来说就是传递现代化和培养公民意识。这在实际中造成了对传统文化教育和传统文化传承的忽视。然而这些所谓的现代化又以西方文化的话语为导向，体现的是所谓的现代性。现代性是来自于西方话语权下的一种文明形式，但并不是唯一的文明形式。在全球化的背景下，地方性知识越来越被人重视。从人类学角度看，地方性知识就是那些民间知识或者说传统文化，是一种地区或民族文化对于宇宙、世界等的认识，包括对人生、社会、自然等的认识。毫无疑问，任何民族称其为独立之民族必有其独立、特殊之文化根本，因而民族文化是地方性知识最重要的组成。但是，作为区域或者民族独特的社会文化方式，许多年来地方性知识一直充当着被忽略、抛弃的角色，或者“被”站在现代化的对立面。当人们开始发现并且意识到全球化、现代化下的工业社会并不能创造一个和谐友好型的社会，同时科学和技术在造益的同时也不断地带来危害，这时候，民间社会中的地方性知识才逐渐从普遍意义的科学技术中解放和显现出来。而对于地方性知识的强调与重视，正是人类学关怀的根本所在。人类学作为一门研究民众知识的学科，地方性知识恰好在研究者与研究对象之间搭建了一个沟通的平台，使得人类学者与民众在此基础上可以共同构建文本的意义。

从另一方面来说，任何社会中都存在着属于他们自身独有的社会化方式，其目的是通过这样的社会化使他们自己的文化，即所谓的地方性知识能够得到传承。文化传承是指“文化在民族共同体内的社会成员中作接力棒似的纵向交接的过程。这个过程因受生存环境和文化背景的制约而具有强制性和模式化要求，最终形成文化的传承机制，使民族文化在历史发展中具有稳定性、完整性、延续性等特征。”① 文化传承的过程是个体的社会化过程，这个过程和人类学常讲的濡化、涵化是一脉相承的。濡化是指发生在同一文化内部的、纵向的传播过程，是人及人的文化习得和传承机制，其本质意义是人的学习与教育。濡化与教育的关系体现在教育是一种高级的濡化活动。濡化在学习过程上涵盖着无意识和有意识学习两个方面，较教育宽泛；在学习内容上仅指文化传统的传承，比教育狭窄。教育依据特有的目的性，利用种种手段和方式将社会群体的价值规范和思想观念有意识地传递给下一代，使其掌握所属群体的信仰和价值，形成“原初的信仰”。年轻一代不仅会在此基础上对外界事物做出取舍，沿着特定的方向对知识和经验进行“联合”与“抽象”，而且会形成相应的社会心理结构，达成社会化。涵化是指不同文化的个人组成的群体，因持久相互集中的接触，两者相互适应、借用，结果造成一方或双方原有的文化模式发生了大规模的文化变迁。涵化过程中可能出现以下情形：代换、附加、综摄、退

① 赵世林．云南少数民族文化传承论纲［M］．昆明：云南民族出版社，2002：183.

化、创造、抗拒等。在涵化过程中，教育是必不可少的一个手段。不同的教育理念立场，在教育中所持的价值取向会有所差异。濡化与涵化都是教育要完成的使命，在教育过程中，都是必要的。濡化使受教育者适应本团体、社区的生活方式和知识观念，促进其社会化；涵化使受教育者接受不属于本团体、社区的生活方式、价值习俗，既拓宽了其视野，也激发了其创造力，进而为文化的变迁提供了动力。

然而，现代性国民教育下学校教育的施行导致一些少数民族地区出现了一系列的问题：冲击了传统的宗教文化秩序；弱化或者中断了传统的社会化功能；使少数民族文化传承与接受现代化教育之间出现断裂。从全球化的教育层面看，民族文化与地方性知识降为次要的选修课程并逐渐被边缘化。经过现代教育的人已经淡化了自己所固有的身份，不再依赖和信任地方社会，而希望在更大的空间建立和寻找新的身份和信任关系。

这一点，在回村就有着明显的体现：从回村传统教育的现状看，父母等长辈忙于工作和经商，对孩子的教育和管理时间日渐减少，造成现代社会家庭的教育功能正在逐渐外移，导致家庭教育对传统文化教育的不断缺失。在回村，问及家长对孩子的读书态度，大部分都是绝对赞成孩子上学读书，最少也要“好歹初中毕业吧，能认个字，算个帐啥的，将来不吃亏”，更多的则是希望自己的孩子能够考上好学校，将来有更好的前途，所以他们对于孩子上学的花费是“上学花钱，该花就得花”。现在回村大学生越来越多，报道人 YTH，既是笔者的高中同学，也是笔者大学校友。他谈及的一个现象是现在整体大学生就业难越来越成为一个现实问题，而且大学花费甚高，这就造成了当地初中升高中的很大分流：考不上好高中的大都回家跟着父母学做生意或者学习手工艺做皮鞋等；读高中的回族学生就很有限了，这些人一般都会读完大学，希望找到更好的出路。

在现代社会中，学校基础教育的作用日益凸显，然而，普通学校的教育对民族传统文化的传承关注不够，由此也带来一定的负面影响。在访谈学校老师和校长的时候，袁副校长说：我们现在也是根据上面的要求开展学校工作，虽然没有升学的压力，但是并不代表没有考试的压力。我们也希望年年争先进拿优秀，这些小娃娃回家之后也一样被家长看着学习。至于在学校进行回族传统文化教育，他说：学校作为国家的学校，也不能宣传有神论啊。而且他们也曾努力过，比如请阿訇来学校做讲座，“形式很好，也好组织，学生、家长们也都很喜欢”，只是后来因为一些原因停办了。同时，学校也建立了“家长班”，希望能够有所帮助，但是“现在的人，都忙着挣大钱呢，没时间弄别的事儿，这个家长班，也就这样，算个花架子”。①

当前，回族传统文化已经或正在面临现代化的改造，传统开始逐步“消失”，回族文化传承面临新的挑战：缺乏民族小学、缺少清真食品、缺少民族文化交流传播的时间、空间等。调查中发现，有明确的信仰者以中老年居多；中青年人宗教信仰态度不定，摇摆最大；儿童因为日常生活局限于回村社区，虽然对宗教不了解，但是相对严格遵守传统要求。在问及“您是回民，每年大约去几次清真寺”时，不少年轻人回答现在“很少去”或者“从来不去”。伊斯兰教是回族传统文化的核心，从这种情况看，在回村，伊斯兰教信仰受到一定冲击，而其传统文化的传承也不可避免地被不断淡化。在和清真寺的白阿訇讲起回族传统文化时，白阿訇说，回族文化是“中华文化大家庭的一部分”，是“回族生活不可或缺的”，然而“现在完全还懂这些传统的人，快没了”。他提到现在人们忙，来寺里礼拜的人越来越少，更别提“五功”了。说起经堂教育暑期班，他说“还有寒假班”，“没办法啊，娃儿们都得上学，这年代不上学不行啊，你没知识没文化，将来是发展不了的”，可是，“娃

① 回村小学袁副校长，回族，43 岁。访谈地点：回村小学教导处。访谈时间：2010 年 8 月 13 日。

儿也不能忘本啊，还得知道老传统，不指望他们喜欢这些，更不指望他们都能全部弄会弄懂，能知道多少算多少吧。”说到此处，白阿訇很无奈。他说，学校教育是“必须的，应该更好的发展，为咱村的娃儿们的将来有个更好的基础，不能落后于别人，让别人看不起啊”，但是“老传统也要知道，咱们不能和学校抢学生，这也不允许，所以只能趁假期学着补习班的形式办个‘假期班’，希望能教给孩子们一些回族和伊斯兰教的知识”。①

可见现代教育的重要性日益凸显，民族地区群众日渐重视学校教育，使得民族传统教育原来的功能日渐缺失，民族文化传承不足。因此，在回族聚居区，传统教育与现代教育应并行发展，二者不可偏废，但“长期以来，回族传统教育与现代教育二者各行其是，导致回族教育长期面临着一对难以解决的矛盾，学习宗教知识与学习科学文化知识、学习经文与学习汉文之间的矛盾，”即“如果只重视伊斯兰宗教教育，回族势必要永远落后，甚至不可能生存下去，而一个不了解自己民族历史文化的民族是不可能在世界民族之林站稳脚跟的，同样是没有出路的。”② 回族文化传统中的优秀成分不能丢，否则，回族的发展也就成了无源之水。但现代社会已进入知识经济社会、信息社会，如果我们不赋予传统文化以时代精神，则整个民族的发展必将停滞不前。同样，当代回族传统文化的传承和回族的发展也要求回族社会做出相应的调整，使回族教育能够促使回族传统和现代社会有效整合、发展。引导回族在教育观念上能够将读书和读经结合起来，并行不悖，互相促进，以此达到既促进回族人民提高劳动素质，促进生产力和经济的发展，也在传承传统文化的基础上不断创新、进步。因此，从回村来说，要想更好地促进民族传统文化的传承、发展，同时保证个体社会化，适应现

---

① 白阿訇，45 岁，清真寺大阿訇。访谈地点：清真寺。访谈时间：2010 年 8 月 18 日。

② 马惠萍．回族教育的当代抉择［J］．贵州民族研究．2004，（1）．

代化的要求，就必须对已经脱节的传统教育和学校教育进行一定程度的改革：一方面促进传统教育，主要是经堂教育在发展中不断吸收融合现代化科学技术和文化理念；另一方面学校教育在发展中要努力加入民族知识和民族文化，开设民族团结课程，实施多元文化教育。

第二节　作为地方性知识的回村文化

回村传统文化中伊斯兰教信仰有着很强的社会整合功能。从伊斯兰教建立初始，穆罕默德就制定了包括经济关系、财产关系、政治关系、人伦关系等在内的一系列细致而具体的行为准则和规范，这些规定，既具有道德诫命的意义，又具有宗教律法的性质。《古兰经》、《圣训》等经典讲述了一个虔诚穆斯林的宗教信仰和应尽的各项义务，它作为宗教教义已经渗透到每个穆斯林的日常生活中，调节人与人、人与社会以及人与自然之间的关系。如每逢宗教节日，回村的穆斯林群众就向清真寺捐献钱款，虽然数目不多，但却能积少成多，成为寺庙生存和救济其他贫困群众的主要来源。在回村，回族传统文化的整合功能表现在家长对子女灌输伊斯兰教的信仰和价值观、生活方式、风俗习惯，并将之作为核心内容。同时，通过邻里互助向子女传达回村是一个整体的观念，从而增强了回村内聚力。可以说，同一宗教信仰和价值观是回族整合的基础，而回村共同的生活方式、独特的民族风俗习惯等对于回村民众形成强烈的民族认同、增强民族内部团结力和向心力起到了根本性的作用。所以，本地人说到回村，总将回村人团结作为第一印象。回村大都认同“天下回回是一家”的观念，这样的民族向心力、凝聚力的形成，已经是一种民族性格的存在，这样的民族性格的形成自然和传统教育密不可分。

回族家庭教育具有维护社区、社会稳定的控制功能。回村家庭从小对儿童传授社会伦理、道德规范、民族戒律与禁忌、国家与信仰的关系等，这些都是调节儿童行为的准则和依据，具有自我约束的社会控制作用，成为重要的维护社会稳定的基础和手段。严格的教育使回族家庭多具有严谨、良好的家风，这种良风美俗极大地减少和预防了青少年越轨行为的发生，维护了社区、社会的稳定。塞雷纳·南达（Serena Nanda）指出："宗教信仰实际上是以超自然神秘方式实现社会控制。"[①] 社会学家江应梁先生在云南回族聚居区沙甸所做的调查报告中写到，这个近千户人家的村寨，没有酒店、烟馆，赌博也不见。他认为"这种现象一部分原因是宗教信仰制约了村民的非法活动，再则村中父老都能以身作则给村民起模范作用，此不仅使这个农村在生活上减少了许多不正常消费，而且在生产上产生积极影响……养成他们勇敢、勤劳、清洁的习惯，减少了一般农村中通常看见的堕落习惯与不良嗜好，全村人民在一种合作、协调气氛中度着岁月。"[②] 由此可见，传统教育的社会控制功能一方面提供了民族传统文化传承的有利且优良环境，另一方面对受教育者直接形成教育和文化习得的结果。

同时，回村因为经商聚集而形成，处于市区，长期以来受到社会发展和城市化进程的影响十分明显。城市化是一种社会变迁，它会带来社会组织结构、人们生活方式的变化。从回村来看，就是从传统的、自给自足的、单一封闭的、邻里互助的、慢节奏的小个体经营生活方式向对话的、多样性的、互助互相依赖的、邻里淡漠的、快节奏的工业化生活方式转变。在这一转变过程中，原本以伊斯兰教为基础规范的社会秩序被政治化的、现代社会化的各个部门的职能行使下的社会秩序所代替。于是，对回村而言，就产生了如何在城市化进程中处理好传统与现代的关系的问题。

---

① 塞雷纳·南达（Serena Nanda）.《文化人类学》，陕西人民教育出版社，1987：125.

② 江应梁.《滇南沙甸回教农村调查》，载《回族史论集》，宁夏人民出版社，1984：73.

回族的传统文化是伊斯兰文化在中国传播发展过程中，结合中国传统优秀社会思想和价值观而形成的价值观念、生活方式，回族文化就是中国化了的伊斯兰文化。这种文化在中国社会中能够长期延续下来，就意味着回族群体一直接纳着过去的成就和智慧以及渗透着传统效力的社会制度。在回村，回族居民以清真寺为核心聚寺而居，并都希望把世代相传的生活范式作为对群体所有成员都有效的指导和约束。回村社区通过一系列的文化符号，如婚丧制度、饮食风俗、独特话语口音、门楣“嘟哇”等，从不同的角度来表示和维系着自身穆斯林社区的身份边界。

然而，从社会发展来看，随着现代化的进行，世界各民族都面临着一场深刻的现代化革命，每一个民族都要在现代化与传统文化之间寻找平衡，都要协调处理好现代化与民族传统文化之间的关系：一方面，现代化是每个民族繁荣昌盛的必由之路，每个民族都不应当拒绝现代化；另一方面，每个繁荣昌盛的民族都应保持自己的优秀文化传统，都应当保留自己的民族特点。丧失现代化意味着民族的贫困，丧失传统则意味着民族的消亡。正因如此，我国各民族地区在发展民族教育的过程中都不同程度地遇到民族传统文化与现代教育的矛盾问题，各民族地区也在这一过程中不断探索科学处理这一矛盾的有效方法。对回村所代表的回族传统社区而言，随着历史的前行和社会的进步，回族封闭半封闭的生活模式被逐渐冲破，聚居区的每一个回族个体从呱呱坠地之时起，就处于宗教和现代文明的双重文化氛围之中。事实上，传统与现代性从来都是密不可分的，他们都是社会发展过程中、现代化进程中的两个延续、变革的过程。现代化的进程对于当今人类社会是一种历史的必然，也是一种不可抗拒的历史选择，一切民族都将不可避免地走向现代化。但是实现现代化的方式是可以选择的，不同民族都将依照自身的文化模式选择现代化和塑造现代化，而不是被现代化的洪流淹没，消融在现代化的大潮中。对于回族民众而言，接受传统和现代双重文化的洗礼和熏陶，是每一个回族个体走向成功的必由之路，也是回族整体存在和发展的根本。

第三节 回村教育反思

1. 切实推进多元化民族教育

教育作为一种社会现象，是培养人的活动，它将随着人类社会的发展而发展，并和社会的生产发展水平和社会经济、政治制度密切关联。当前，学校教育是提高全民族科学文化水平、提高劳动者素质的重要手段，是我国实现社会主义现代化不可缺少的前提条件，所以，虽然回村传统教育对回族传统文化的传承和个体的社会化有着不可替代的作用，虽然回族传统教育有利于促进经济的发展，有利于维护社区社会的稳定，但从另一方面讲，它又使回族经济、政治、文化视野较为保守和封闭。从历史上看，回族人重视特殊工艺、技能的家庭内传承，结果造成许多回族先民曾领先于其他民族的科技、工艺技能、艺术失传了，如享誉宋元的回回医药学、回族建筑工艺、回回音乐学等。可以说，回族人过于重视家庭教育、经堂教育，使得整体回族的科学文化素质不高，民族视界比较封闭，缺乏胸怀世界的气魄。当前，知识经济时代已经来临，未来民族、国家的竞争是一种高科技、高文化的竞争。因此，在当今社会中，回族在发挥民族传统教育优势的同时，更应该思考民族的未来。因此，回族家庭教育应该打开通向现代科技、通向信息世界的大门，广大回族家长应该树立现代教育意识，回族儿童青少年必须接受现代教育理念。

从回村传统教育和传统文化传承来看，全球化下的现代性的学校教育与少数民族文化之间并不和谐发展，民族文化被日益边缘化，甚至形成了所谓的“主流文化”与“少数民族文化”的对立。作为学校教育，应当尊重对其他“边缘”文化和地方性知识要素的整合，同时也能有效地习得“主流”文化的自我表现方式。同样，在这个过程中，学校应该起到一个中介的作用，这个中介能够有效地调节地方性文化和“主流”文化之间的差异。[1] 同时，在这个过程中，单纯的国民普及教育的学校教育方式应该向以国民普及教育为核心的多元文化教育方向发展。

多元文化教育，主要指社会中各种集团和个体在文化上、情感上和认知上的需要，它追求给少数民族、移民、妇女与残疾人等处境较差的社会集团的子女们提供平等的教育机会，以及提高不同民族和文化集团间的相互尊重与理解。多元文化教育必须使年轻人对他们所生活的世界形成这样一种认识，即在保存他们对本民族和文化认同的同时，也要发展他们对周围世界的深刻认识和了解，使他们获得充分参与社会生活的自信和机会。简言之，多元文化教育就是以尊重不同文化为出发点，在各集团平等的基础上，为促进不同文化集团间的相互理解，有目的、有计划地实施的一种共同平等的“异文化间教育”。[2] 具体到中国的民族教育，多元文化教育也可以称之为多元化民族教育，其主要目标是从多元文化背景的大视角来研究民族教育的有关问题。

“从教育人类学的视界来看，文化决定教育，特别是文化的价值取向的作用更大。教育的根本目的就是保持文化价值，按文化价值培养下一代，使其文化能代代相传。”[3] 一个不了解自身历史或忘记自身历史的民族是不健全的民族，民族文化的传承是每个民族普遍的心理需求。但是在回村小学中并未设置与回村传统文化相关，尤其是具有自己民族特色的一些课程，回村小学课程设置与其他普通小学并无区别。因此，如果回村学校能够结合自身的实际，开设一些关于回族历史文化的课程，开设一些结合社区历史文化传

---

① 钱民辉．当代欧美教育人类学研究的核心主题与趋势［J］．北京大学学报（哲学社会科学版），2005（5）．

② 滕星，苏红．多元化社会与多元一体化教育［J］．民族教育研究，1997（1）．

③ 杨文炯．家庭知识资源贫困的代际传承与文化不适——兰州市回族学校回族学生低升学率原因的调查与分析［J］．回族研究，2002（4）．

统的课程，开设一些有民族特色的音乐、体育、美术、手工课程等，多举办一些具有民族特色的文化活动，就可以带动回族学生对民族文化的热情和积极性，使广大回族青少年认识到回族在中华民族历史上的重要地位与作用，从而积极传承其优秀的文化传统，激发其爱国主义精神、民族自尊心与自信心。此外，根据国家的开放政策，有条件的学校还可适当开设简单的现代阿语课程，培养与世界交流的人才。

2009 年 4 月，教育部发布了《学校民族团结教育指导纲要》，强调民族团结教育课程要根据国家统一要求列入地方课程实施的重要专项教育，小学阶段开设《中华大家庭》、《民族常识》，初中开设《民族政策常识》，高中开设《民族理论常识》，中等职业学校开设《民族理论常识实践教育》等课程。因而，可以在回村小学利用本地回族传统文化作为素材，开设民族团结教育课，可以促进学校教育不断整合回村传统文化，通过民族传统文化的传播、对民族历史传说的追忆以及一些传统民俗的文化传承等方式，来增强民族认同感和凝聚力，以促进回族学龄儿童对自身民族文化的传承和对国家民族文化的初步了解。

从开设民族团结课程的区域性民族文化素材来看，回村自从定居于此，已经有着悠久的历史，在历史发展中形成了自身的特点，尤其是在体育活动方面。在回村，人们对体育运动非常有热情，村民都很注意自身的锻炼以强身健体，因而回族青少年一般体质相对较好，所以常常被一些高中作为体育生选拔入校。现在在回村，青少年中最流行的体育活动莫过于篮球运动，回村篮球在全市都有极大的名气，回村曾经作为代表出战全国“小康杯”篮球赛，取得了优异的成绩。可以说，篮球文化已经成为现在回村社区文化和民族文化的一个组成部分。此外，当地回族的历史传统、节日文化、风俗人情、衣着饮食等都可以纳入回村小学的民族团结课程的教学内容。

从学校教育的具体情况看，可将民族团结教育课程作为地方性课程或者校本课程，相应地编写乡土教材或者校本教材。作为校本课程，民族团结教育课程可以归为回村小学德育课程的组成部分，通过课堂教学和课外活动教学两种形式相结合来完成。学校可以根据回族的民族心理、思维方式及生活生产等特点，组织骨干教师以及地方学者、阿訇等共同编写适合当地回族的校本教材，将其纳入课程体系。教材可介绍简单的阿拉伯语言文字、当地回族历史、节日、饮食、服饰、历史人物等，让学生更多地了解本民族，利用乡土教材培养回族学生对家乡的感情及民族自豪感，使回族学生了解自己生长的环境和本民族的优秀文化，以期增强对民族文化的认同，同时奠定提高民族团结、维护祖国统一自觉性的基础，为各民族平等、团结、互助的社会主义民族观的形成做好启蒙。

2. 推动经堂教育改革

文化是指人类在社会历史的实践过程中所创造的物质财富和精神财富的总和。马克思认为，文化是一种社会现象，它的发展是不以人们的意志为转移的，而是以生产力和生产关系发展的规律为基础，因而，随着社会的发展而发展。教育是继承人类文化遗产的重要手段。作为传播伊斯兰文化的经堂教育也应该随着社会的发展而相应地发展。

经堂教育兴起之始，胡登洲将传统的回族教育转移到清真寺，并与中国传统的私塾教育结合起来，免费招收学员设帐讲学，并设置一系列教学和课程制度，奠定了经堂教育的基础，从而巩固和促进了回族文化的传承和发展。可以说，经堂教育是伊斯兰文化传统教育方式，经堂小学、经堂中学、经堂大学这三者构成了经堂教育的整体结构。现代国家主导的国民教育则是在学校里学习语文、数学、政治、历史、地理、物理、化学、生物、生理、体育等科学文化知识。当前经堂教育相对专注于读经，而忽视现代社会需要、回族民众实际需求。可以说经堂教育的教学模式已经很难适应现代社会的发展，不少年轻人对经堂教育失去了兴趣。因此，只有继续延续回族在教育上的改革创新精神，将回族传统教育，主要是经堂教育，与国家国民教育相结合，促使回族学子既接受回族传统文化知识，又不断接触现代社会主流知识，掌握现代社会主流文化导向，促进传统与现代有机结合，才能使回族在科学文化飞速进步的当代社会更好地传承民族传统文化，并不断对回族文化进行创新和发展。

经堂教育自身的改革目标要跟上社会前进的步伐，要适应祖国现代化建设的需要。多年来，经堂教育培养了成千上万的伊斯兰教宗教职业者，基本满足了宗教活动的需要，但是由于培养目标的单一性，必然造成广大穆斯林青年就业的局限性，大量青年难于就业，造成人才浪费。从民族宗教现状看，亟待有较高水平的宗教管理、执行人员来研究、管理和发展民族宗教事业。

经堂教育的改革在课程上应做到“中阿兼授”，兼具民族和时代特色。自胡登洲以来，许多有识之士对经堂教育的课程进行必要的改革，增添汉语、历史、地理等课程，这是适合我国国情的举措。同时，为体现穆斯林民族的传统习惯和特长，可以在条件允许的情况下，开设选修课，如武术、篮球等民族体育课及清真烹饪、民族书法、绘画等专业课。这样，既有利于继承和发扬穆斯林民族的特长，又有利于青年按照自己的兴趣和志向选择学业，从而扩大就业渠道，为弘扬伊斯兰文化培养更多更广泛的专业技术人才。

经堂教育需建立制度化、规范化的考试制度。昔日的经堂教育没有统一的考试制度，学员毕业没有统一的标准要求，清真寺院各自为政，学员水平往往取决于开学阿訇的素质和学员本人的努力程度，很不规范。为提高学员的素质，必须建立必要的考试制度，制定统一的毕业合格标准。对于修业期满，成绩合格者，发给毕业证书和阿訇资格证书，便于民族宗教部门的管理和搞好民族宗教工作，并进一步落实党的民族宗教政策，促进各民族团结和共同发展。

总之，经堂教育在历史上占有十分重要的地位，起到了传播伊斯兰文化、培养人才的作用。经堂教育的必由之路，就是要坚持

"中阿兼授"，在传统宗教教育体系内不断融入现代知识内容，走伊斯兰教教育现代化的道路；同时，也要不断引入新式的教育方法和教学理念及管理方式，发展现代化、制度化、规范化、高效化的经堂教育。

第六章 结 语

在今天文化多元的背景下，一些少数民族传统文化的传承发展遭遇主流文化的冲击，亟待引起关注，作为民族发展未来的青少年也面临着文化选择困惑。在主流文化影响下，少数民族教育逐渐认同主流文化的教育模式，却淡化了本民族自身的特殊属性，此问题从对河南济源一个回族村庄的调查中可见一斑。因此，如何在促进回族传统文化传承和发展的同时，更好地促进回族儿童个体社会化，以适应社会发展的方向，不仅是回族青少年教育面临的问题，也是各少数民族面临的共同问题。从整体来说，要做到更好地传承回族民族传统文化，需要家庭、社区、学校、政府等几方面的共同努力。

家庭是传承民族文化的摇篮。在任何情况下，谈论民族传统文化教育都不能忽视家庭的力量。家庭是青少年认识世界的最早课堂，脱离了家庭，教育就成为无源之水，无本之木，无从谈其发展。正如我们在上文中所述，在当前社会条件下，在少数民族传统文化教育中，最重要的家庭反而处于一种尴尬的局面，本身的职能无法得到良好的体现，但是家庭教育职能的部分缺失，并不意味着少数民族群众对本民族文化的漠视。相反，在访谈期间，笔者能深刻地感受到少数民族群众对于本民族文化的热爱，对学习本民族传统文化的渴望。一些家长更是希望自己能够多接触一些这方面的知识，能够教育下一代。少数民族传统文化教育必须唤醒家庭的力量，必须凸显家庭作为教育重要单元的力量与特点。以家庭为单位传递民族传统文化，不仅可以对少数民族传统文化教育起到积极作用，还能够帮助全社会树立一种重视家庭、重视亲情的好风尚。

社区逐步承担起民族文化传承的重任。在许多人类学家看来，社区不仅是人们共同生活的空间，更是一个有着完善的自我调节机能的“超有机体”。社区对其成员的经济文化生活有着调节和指导性作用。通过回村调研中的所见所闻，笔者深感当地民族传统文化教育的潜力。回村聚居至今已有数百年的历史，在这漫长的发展过程中，形成了深厚而独特的文化传统和文化底蕴，因而，应该在注重发掘整理回村历史文化的基础上，重新唤起社区民众对传统文化的重视，重新聚集社区民众的内聚力。济源市民宗局在2009年收集整理了《济源回族史籍》，而回村作为当地回族聚居的典型地区，同时作为当地经济最发达的地区，村里有不少对本民族历史文化有独到研究的民间学者参与其中，他们都是社区历史的承载者。社区相关人员可以充分利用回族的传统节日以及日常生活的邻里互助、儿童社区教养等因素，调动社区内部成员对于传承自身传统民族文化的热情，使其认识到传统文化的独特价值和重要意义。在此过程中，还应加强不同民族之间的交流、互动，在唤醒和传承民族传统文化的同时，也要促进民族关系的良性发展。

学校是少数民族文化传承的希望之所，无论时代怎样转变，学校始终是一个社会教育活动的主要承载者。少数民族传统文化教育也应该主动寻找民族传统文化传承的出路，使之与学校教育实现真正的合作。就现阶段而言，民族传统文化在学校教育要想有所体现，必须既要注重少数民族传统文化的师资力量培训，也要把家庭教育、传统教育、学校教育三者结合起来，彼此借鉴补充，建设新型的民族地区教育教学新模式。少数民族传统文化教育与现代化国民教育的结合，不能完全采用原有的以课堂为中心的教学模式，而应该适当地将教室搬到社区、搬入家庭这些相对的大课堂。根本上来说就是加强学校和社区、家庭之间的联系，使学校通过少数民族传统文化教育融入社区生活，也使得社区文化进入课堂。少数民族文化教育的内容应该丰富，形式应该多样。因此，学校欲承担少数民族传统文化教育这一重担，新型教学模式，如现在日益开展的民族团结课程等的施行势在必行。

当然，民族传统文化的传承离不开政府强有力的支持。政府在社会事务中所处的地位，决定了政府在民族文化教育事业中的重要地位，同时，也要求政府能够从战略的高度出发，总揽全局，积极调配各种社会资源以支持少数民族传统文化教育事业。21 世纪必将是全球化大潮更加汹涌澎湃的世纪，而决定一个国家、一个民族在这个新世纪竞争力高低的决定性因素就是其文化素质，既要掌握现代化的科技知识，又要掌握本民族的传统文化知识，如果说前者是一个民族前进的手杖，那么后者就是这个民族的标志。在一个高度工业化与同质性的社会中，民族传统文化是保持一个民族凝聚力与生命力的核心要素。此外，现阶段中国的国情决定了我们在思考任何社会问题的时候，都不可能忽视政府的重要作用，特别是关系到国家民族文化发展的教育事业的讨论中，政府更是难以替代的组织者、实践者、监督者。政府的大力支持，可以从政策上的突破和创新开始。受当今社会因素的制约，今天我国少数民族传统文化教育的各项政策、法规建设普遍相对滞后。对少数民族传统文化教育如何与现代性的社会生活相协调，如何促进民族传统文化的传承和现行的国家国民教育共同发展，都缺乏有效的探索。而要解决少数民族传统文化教育问题，政策是关键。经过这次调研，笔者认为在民族传统文化教育这个问题上，应该允许地方政府结合当地实际和地区民族现状、民族特点，充分发挥主观能动性，在保证思想和谐统一的基础上，进行积极探索，促进民族传统文化教育的发展。中国幅员辽阔，民族众多，各民族共同缔造了中国辉煌的传统文化，但是各地区之间民族传统文化的差异依旧甚远，不可能找到一条放之四海而皆准的真理去解决所有问题，各地应该有符合本地区文化、社会发展要求的民族传统文化教育政策，采用多元化手段促进民族传统文化的有效传承和不断发展。同时，散杂居地区少数民族传统文化教育的发展需要一支高素质的少数民族干部队伍。在回村这样的民族散杂居地区，少数民族干部熟悉本民族传统文化，又接受过现代化的教育，了解国家民族政策，在知识结构和社区地位中有不可替代的优势。这些民族干部往往出身于本民族社区，与当地少数民族群众有着良好的关系，加之他们对本民族文化传承有着普遍较高的热情，所以这样一支少数民族干部队伍建设对民族传统文化的传承所起的作用非常大。总之，政府应该从全局性的战略角度出发，重视少数民族传统文化教育，调配各种有利资源，推动少数民族传统文化教育的发展。

回村民族教育和文化传承的根本出路，在于积极探索和寻求回族社区传统教育与现代教育的结合，努力发挥两种教育体系的优势，尽量减少两种教育体系自身的不足。具体地说，就是既要发挥回族社区传统教育传承回族传统文化、培养伊斯兰教职人员的优势；又要发挥现代教育体系对于个体社会化和促使个体融入全球化社会的功能，使二者互为参考互为借鉴，从而实现回族民族教育事业的健康发展，促进回族传统文化的良好传承和不断更新发展。当然，促进回族社区传统教育和现代教育有效结合，关键在于从教者和社会有志之士对两种教育体系有很好的了解、把握和对两种教育体系的充分信任，唯此才能推动民族教育的有力发展。在这个过程中，既需要全体回族宗教人士和穆斯林群众解放思想，提高认识，开阔视野，更新观念，理解和支持现代教育事业，积极投身于现代教育事业，在立足传统教育的基础上，运用现代教育教学模式和教学方法，引入新的教学理念和教学内容，将现代阿语、汉语、英语、历史、文学、写作以及计算机等社会和自然科学知识带入社区传统教育，尤其是经堂教育，充实和发展传统教育内容和教育方式。同时，民族教育的发展也需要国家教育体系的执行者——地方教育局、民宗局、学校能够在充分了解回族社区传统教育体系的基础上，借鉴其有利成分，将其融入学校教育，以行政的力量推动民族教育的发展。

总之，民族地区教育的革新是一个涉及多方面的系统工程，它既不可能一蹴而就，也绝非一朝一夕之功可成，而是一个需要长期探索的过程。在这个过程中，民族地区的各界人士、国家教育体系的执行者、民族地区的学校和教育者都应该担负起应有的责任，为中国的民族进步、民族文化繁荣发挥积极作用。

参考文献

专著文集类

［1］［奥］茨达齐尔著，李其龙译．教育人类学原理［M］．上海：上海教育出版社，2001

［2］［德］O·F·博尔诺夫著，李其龙译．教育人类学［M］．上海：华东师范大学出版社，1999

［3］布尔迪厄著，陶东风译．文化与权力［M］．上海：上海译文出版社，2006

［4］［法］P. 布尔迪厄、J. C. 帕斯隆著，邢克超译．再生产［M］北京：商务印书馆，2004

［5］［法］P. 布尔迪厄著，杨亚平译．国家精英［M］．北京：商务印书馆，2005

［6］［法］爱弥儿·涂尔干著，李康译，渠东校．教育思想的演进［M］．上海：上海人民出版社，2006

［7］［美］弗雷德．赫钦、雷格斯．赫钦格著．美国教育的演进［M］．香港：美国驻华大使馆文化处，1984

［8］［美］米德著，曾胡译．代沟［M］北京：光明日报出版社，1988

［9］塞雷纳·南达．文化人类学［M］陕西人民教育出版社，1987

［10］白学义．河南回族［M］．北京：民族出版社，2003 年

［11］何龙群．族高等教育理论与实践探索［M］．北京：民族出版社，2008

［12］冯增俊．教育人类学教程［M］．北京：人民教育出版

社，2005

[13] 胡云生．传承与认同：河南回族历史变迁研究．[M]．银川：宁夏人民出版社，2007

[14] 济源市地方史志编纂委员会编．济源市志 [M]．郑州：河南人民出版社，1993

[15] 金东海主编．少数民族教育政策研究 [M]．兰州：甘肃教育出版社，2002

[16] 李尊杰主编．河南百坊清真寺 [M]．北京：民族出版社，2009

[17] 雷学华．民族教育的历史传统 [M]．武汉：湖北教育出版社，1998

[18] 孟立军．民族教育基本理论研究 [M]．南宁：广西民族出版社，2006

[19] 孟立军．新中国民族教育理论概论 [M]．南宁：广西民族出版社，2006

[20] 朴胜一、程方平．民族教育史 [M]．海口：海南出版社，2001

[21] 祁进玉．群体身份与多元认同 [M] 社会科学文献出版社，2008

[22] 青海省地方志编纂委员会．青海省志·宗教志 [M]．西安：西安出版社，2000

[23] 陶增骈主编．东北民族教育史 [M]．沈阳：辽宁大学出版社，1994

[24] 滕星．族群、文化与教育 [M]．北京：民族出版社，2002

[25] 滕星、王铁志主编．民族教育理论与政策研究 [M]．北京：民族出版社，2009

[26] 万明钢主编．多元文化视野：价值观与民族认同研究 [M]．北京：民族出版社，2006

[27] 王军. 文化传承与教育选择［M］. 北京：民族出版社，2002

[28] 王铭铭. 社会人类学与中国研究［M］. 北京：三联书店. 1997

[29] 吴明海. 中外民族教育政策史纲［M］. 北京：中央民族大学版社. 2006

[30] 吴明海主编. 中国少数民族教育史教程［M］. 北京：中央民族大学出版社，2006

[31] 杨圣敏、丁宏 主编. 中国民族志［M］北京：中央民族大学出版社，2003

[32] 张慧真. 教育与族群认同［M］. 北京：民族出版社，2009

[33] 张学强等著. 西北回族教育史［M］. 兰州：甘肃教育出版社，2002

[34] 赵强巴、朱解琳等著. 甘宁青民族教育史简编［M］. 西宁：青海人民出版社，1993

[35] 赵世林. 云南少数民族文化传承论纲［M］. 昆明：云南民族出版社，2002

[36] 中国少数民族教育史编委会编. 中国少数民族教育史［M］. 广州：广东教育出版社，1998

[37] 朱桂同. 浅谈回族传统的家庭教育.［C］. 中国回族教育史论集. 济南：山东大学出版社，1991

[38] 山东省民族事务委员会. 中国回族教育史论集.［C］. 济南：山东大学出版社，1991

[39] 江应梁. 滇南沙甸回教农村调查.［C］. 回族史论集. 银川：宁夏人民出版社，1984

[40] 冯增烈. 明清时期陕西伊斯兰教的经堂教育.［C］. 清代中国伊斯兰教论集. 银川：宁夏人民出版社，1981

期刊文献

[41] 陈立鹏等. 改革开放30年来我国民族教育政策回顾与评析 [J]. 民族研究. 2008 (5)

[42] 丁宏. 回族教育管窥 [J]. 甘肃民族研究. 1991 (3)

[43] 成尚荣. 母语教育与民族文化认同 [J]. 教育研究, 2007 (2)

[44] 海存福. 回族家庭教育功能研究 [J]. 回族研究. 2000 (1)

[45] 海存福. 回族家庭教育的特点 [J]. 回族研究. 2000 (2)

[46] 海存福. 回族家庭教育发微 [J]. 回族研究. 2000 (4)

[47] 黄晓岚. 从文化教育人类学看中国教育 [J]. 湖北民族学院学报 (哲学社会科学版). 2005 (1)

[48] 李景兰、马朝旗. 家庭教育与回族文化观念的形成[J]. 西北大学学报. 1997 (3)

[49] 李淑兰、王永亮. 回族教育"两难选择"的当代抉择 [J]. 回族研究. 2003 (2)

[50] 李晓英. 从经堂教育看回族社会关系网络的建构 [J]. 天水师范学院学报. 2008 (5)

[51] 马惠萍. 回族教育的当代抉择 [J]. 贵州民族研究. 2004 (2)

[52] 马戎. 拉萨市区汉藏民族之间社会交往的条件. [J] 社会学研究, 1990 (3)

[53] 马汝邻. 回族教育历史的回顾与前瞻 [J]. 西北民族学院学报 (哲学社科版), 1982 (2)

[54] 马晓军. 试探河南散杂居回族与汉族的民族关系 [J]. 社科纵横. 2009 (7)

[55] 毛雪梅等. 试析新中国民族教育政策的价值取向 [J]. 广西民族大学学报. 2003 (S2)

[56] 孟立军. 试论我国民族教育理论的主要内容 [J]. 民族

研究.1995（6）

［57］穆德全.河南回族分布的历史渊源［J］.史学月刊.1985（3）

［58］纳国昌.经堂教育的历史记载［J］.中国穆斯林.1992（5）

［59］钱民辉.当代欧美教育人类学研究的核心主题与趋势［J］.北京大学学报（哲学社会科学版）.2005（5）

［60］滕星."中华民族多元一体格局"思想与中国少数民族双语教育［J］民族教育研究.1996（4）

［61］滕星，苏红.多元化社会与多元一体化教育［J］.民族教育研究.1997（1）

［62］王铁志.新中国民族教育政策的形成与发展［J］.民族教育研究.1998（2）

［63］杨文炯.家庭知识资源贫困的代际传承与文化不适——兰州市回族学校回族学生低升学率原因的调查与分析［J］.回族研究.2002（4）

［64］于广增.中国穆斯林经堂教育及其基础课初探［J］.中国穆斯林.1986

［65］袁同凯.学校、社会与文化：教育人类学的情景观[J].西北民族研究.2008（3）

［66］张秉铎.中国穆斯林的宗教教育［J］.第14届伊斯兰思想讨论会论文.1980

［67］张玮.河南回族教育述略［J］.宁夏社会科学.1998（6）

［68］赵俊彦.民族教育理论：跨文化比较研究中生成［J］.民族教育研究.2009（2）

学位论文

［69］巴占龙.社区发展与裕固族学校教育的文化选择.［D］.中央民族大学.2005

[70] 崔忠洲．中国腹地杂居回族的民族传统延续．[D]．安徽大学社会学系．2005

[71] 胡玉萍．教育文化与学校教育．[D]．中央民族大学．2005

[72] 雷韵．回族家庭教育中的矛盾．[D]．中央民族大学民族学与社会学学院．2007

[73] 李靖．论民俗对基础教育教学活动的影响．[D]．西北师范大学．2002

[74] 李雄鹰．回族青少年宗教价值观社会化的质化研究．[D]．西北师范大学．2003

[75] 马思华．新疆兴泉地区回族教育研究．[D]．石河子大学马克思主义民族理论与政策．2007

[76] 马效义．回族社区经商文化与学校教育关系研究——山东莘县朝城镇回族社区个案研究．[D]．中央民族大学．2004

[77] 贾亮．民族地区基础教育中的政府责任研究．[D]．中央民族大学．2008

[78] 沈蕙．回族传统教育观念与西北回族幼儿教育实践．[D]．西北师范大学．2002

[79] 辛建伟．山东莘县张鲁镇回族传统教育调查研究．[D]．中央民族大学民族学与社会学学院．2009

[80] 岳龙．现代性境域中的传统．[D]．华东师范大学．2001

[81] 张松林．驻马店市基础教育发展的主要问题及对策研究．[D]．华中师范大学．2004

[82] 张虹．基础教育中的民汉合校研究．[D]．中央民族大学．2005

地方性资料

[83] 济源市民族工作调研报告．济源市民宗局．2009

[84] 赵立中编著．济源回族史籍．内部资料．2009

现代国民教育体系下的少数民族教育与文化传承

——以内蒙古准格尔旗民族中学马头琴艺术教育为例

张　鹏

第一章　绪　论

第一节　研究背景及选题意义

一、研究背景

在文化多样性的背景下，如何保护各民族的传统文化，在经济全球化的浪潮中，如何凸显民族文化的多样性，是民族学者持之以恒关注的重要课题。① 我国是一个多民族国家，各民族在历史上创造了丰富多彩的文化。长期以来，我国在推动少数民族地区经济和

---

① 许宪隆主编．民族文化发展与保护研究［M］．北京：民族出版社，2007. 2.

社会事业发展的过程中，对民族的文化建设重视不够，形成了少数民族地区的经济不断发展，但少数民族传统文化的保护和发展却相对滞后的现状。在现代国民教育体系下，学校中传递的主要是现代科学知识，少数民族文化未被纳入学校教育体系中，少数民族教育与文化传承被忽视，导致民族文化的传统传承方式中断，部分散杂居地区的少数民族文化传承面临严峻形势。近年来，许多少数民族与汉族杂居地区的社会经济都发生了巨大变化，保护和传承少数民族文化，日益成为少数民族地区，乃至全社会共同关注的重要课题。

党的十七届六中全会提出了促进文化大发展大繁荣的口号，提出要建设优秀传统文化传承体系，繁荣发展少数民族文化事业，开展少数民族特色文化保护工作。而教育作为一个国家和民族发展的重要因素，在本质上承担着文化传递的责任，学校是这种文化传递的最佳方式和最有效场所，因此，抓好少数民族传统教育及少数民族地区的学校教育工作，对于保护少数民族文化至关重要。随着民族地区社会经济飞速发展，财政收入提高，在一些地区少数民族知识精英的倡导下，具有少数民族特色的课外教育活动开始在中小学中开展起来，这是在现代国民教育体系中进行民族文化教育与传承的大胆尝试。例如，近年来，在内蒙古、新疆等一些地区的蒙古族中小学或幼儿园中，出现了马头琴艺术队或乐团等，免费教学生学习马头琴艺术。以内蒙古自治区准格尔旗民族中学为例，自2008年起，该学校开始组建校马头琴艺术队，向学生传授马头琴艺术文化，将马头琴传统的口口相传、师徒传承的机制引入现代国民教育体系内，使马头琴艺术在学校教育中得以传承，保护了蒙古族优秀艺术文化。

那么，民族中学马头琴艺术教育的现状如何？存在哪些问题？对相关主体有什么影响？透过它，我们能够看到更深层次的问题是什么？等等，这些都引起了笔者的思考。带着这些问题，笔者对内蒙古准格尔旗民族中学的马头琴艺术队进行了调研，试图从人类学、民族学的视角分析这一典型案例，并对现代国民教育体系下少数民族文化保护和传承的现状进行思考。

二、研究意义

（一）理论意义

教育，作为文化传承中的一个重要环节，一直以来都是人类学研究的重要课题之一。人类学是近代兴起于西方的一门学科，主要以人类的体质和社会文化作为研究对象。在人类学史上，众多人类学家在民族志研究中都对田野点的教育问题给予极大关注，并出版了大量著作。教育人类学作为人类学的一个重要分支，是一门运用人类学的基本原理与研究方法来研究教育现象与教育行为的交叉学科，主要研究对象是教育的文化背景和教育的文化传递功能。它起源于 20 世纪初的西方社会科学研究领域，20 世纪 50、60 年代从人类学中分化出来，20 世纪 80 年代开始在我国得到发展，目前尚处于在实践中摸索的阶段。

本文是基于内蒙古准格尔旗民族中学马头琴艺术教育活动的田野研究，通过对这一教育活动现状进行描述，分析其原因和意义，对现代国民教育体系下的少数民族教育与文化传承现状进行反思，涉及民族艺术教育、学校教育与少数民族文化传承等民族学、人类学研究的重要课题。因此，本文属于民族学、人类学的研究范畴，作为一篇田野民族志，是对教育人类学理论的简单实践，希望为学科理论建设提供民族志资料。

（二）现实意义

文化对于一个民族来说极其重要，是一个民族得以生存、延续、走向未来的内在动力，其发展和传承对于增强民族的生存能力有重要作用。只有保存和发展自身独特的文化，一个民族才能称为民族，否则将因为失去本民族的特色文化而融于其他民族之中，直至消失。文化是由人通过教育进行选择、继承、创造的，教育对民族发展的促进作用之一就是民族文化的传承和传播，因此加强民族教育是促进少数民族文化传承的重要途径。

在西部民族地区，尤其是民族杂居地区，民族文化的保护和传承是少数民族面临的重要问题。口头和非物质文化遗产具有鲜明的民族性、文化性、民俗性和传承性，最能体现一个民族的特点和风格。随着社会急剧变革，民族地区的少数民族口头和非物质文化遗产面临濒危、失传的现象尤为严重，抢救和保护少数民族民间文化遗产，形势十分迫切。① 蒙古族在历史上创造出了辉煌灿烂的艺术文化，马头琴是蒙古族的代表性乐器，是蒙古族文化和草原文化的重要象征，2009 年 4 月，经国务院批准列入第一批国家级非物质文化遗产名录。目前，它的传承现状同样不容乐观。

国家“十二五”发展规划中着重提出推动文化大发展大繁荣，提升国家文化软实力，大力推动文化产业的发展。民族文化本身不仅是一种文化资源，而且是一种最具潜在价值的经济资源。马头琴艺术产业作为一项新兴的民族艺术产业，是文化产业的重要组成部分，其蓬勃发展不仅带动相关文化产业的发展，还为推动马头琴艺术文化的传承和保护提供源源不断的动力支持。

因此，通过对准格尔旗民族中学的马头琴艺术教育活动进行田野调查，研究少数民族地区学校教育中的课外艺术教育活动，探索现代国民教育体系下弘扬和发展蒙古族传统艺术文化的有效途径，进而反思现代国民教育体系下的少数民族文化的传承和保护，对于传承少数民族传统文化，保护非物质文化遗产、推动文化产业的发展、提升国家文化软实力、繁荣中华民族文化均具有一定的积极作用。

---

① 许宪隆主编．民族文化发展与保护研究［M］．北京：民族出版社，2007. 134.

第二节 相关理论与文献综述

一、相关理论

教育人类学是一门新兴学科，由于受到特定的社会文化背景、历史传统等诸方面的影响，教育人类学形成了不同的理论流派，最重要的是欧洲传统的哲学教育人类学和美国为代表的文化教育人类学，两个流派又各自发展出许多理论，对中国学者产生较大影响的当属产生于20世纪60－70年代的西方国家民族复兴运动高潮迭起时代的多元文化教育理论。

（一）文化的涵化和濡化

二战后美国出现了民族学和人类学新兴流派——文化相对论学派。文化相对主义的核心是尊重不同文化的相互差异，谋求各种文化并存。该理论认为任何一个民族的文化都具有其独创性和充分的价值，都是在长期的历史过程中形成的并与其经济条件相适应。同时，该理论学派的代表人物赫斯科维茨还提出文化的涵化和濡化概念，对教育人类学的发展做出了积极贡献。在赫斯科维茨看来，文化的涵化是指来自不同个人所组成的群体，因持续地直接接触，遂产生一方或双方原有文化模式所导致的变迁现象。① 而文化的濡化是指人及人的文化习得和传承机制，认为文化是人创造的，文化又是一个种族或民族区别于其他种族或民族的最基本的标志之一。②

随着全球社会文化的多元化发展，少数民族文化与主体民族文化共存，互相交流、影响，少数民族地区的经济、文化及与周边民

① 林耀华主编．民族学通论［M］．北京：中央民族大学出版社，2003.

② 滕星．民族教育概念新论［J］．民族研究，1998，（2）．

族的关系等都发生了明显的变化。少数民族如何在保持原有文化的同时，处理文化“涵化”与“濡化”的关系，充分发挥少数民族教育的文化传递功能，就成为其面临的重要问题。

（二）教育文化生态学模式

冯增俊教授在《教育人类学教程》一书中，将教育人类学的理论模式概括为以下几种：本质生成模式、工具主义模式、互动传递模式等。[①] 在教育人类学研究中，很多学者热衷于生态学研究模式。这种分析框架注重把教育放在特定的文化生态环境中加以考察，研究某一特定的教育要素与其他要素之间的关系。其中，特别注重学校教育行为与环境（包括社会组织、语言文字、人群关系）之间的相互作用。教育人类学的生态学分析模式是一种很流行且十分复杂的动态分析方法，现有不同的分析方法和理论流派。

在诸多研究者中尤以奥格布最著名。他提出了“学校教育人种生态学”来考察学校生态和社区生态的关系，80 年代，他又提出了一种“教育文化生态学模式”，力图把微观和宏观研究结合起来，建立一种更加动态性的范型，以填补其他模式的缺陷。他指出，学校的一切社会活动都与社会经济发展、结构的要求相一致，它们有着牢固的彼此相适应的群落关系，并通过特定关系来实现其互动。因此，学校是一种与社会其他系统相互作用着的机构，学校中的每一种行为都与社会的需求相对应，并反映着社会的需要。他还指出，在结构化了的不平等的条件下，受支配群体不仅受到自身认识的影响，而且也受到支配他们教育的支配群体的认识的影响，这种权力关系结构与它的社会的和经济的结果会使这两个群体形成有关社会或“制度”运行的不司认识。[②]

（三）文化资本理论

法国社会学家、哲学家布尔迪厄将惯习、场域、资本三个概念

① 冯增俊主编．教育人类学教程．北京：人民教育出版社，2005. 76 – 79.

② 冯增俊主编．教育人类学教程．北京：人民教育出版社，2005. 76 – 77.

视为分析实践活动的基本工具，并始终强调三者之间的关系性特征。[①] 他依据不同的“场域”把资本划分为经济资本、文化资本和社会资本三种类型，后来又特别添加了符号资本。对文化资本的衡量，布迪厄非常看重教育，在他看来，教育与教养，是最大的资本，是最有能力转化为经济资本的资本。

布尔迪厄的文化再生产理论认为文化是动态的、不断发展变化的，是一个处于不断再生产的过程。他认为，“从教育行动是一种专断权利所强加的一种文化专断的意义上说，所有的教育行动客观上都是一种符号暴力。”他进而认为，学校教育行动再生产文化，并由此在主教育系统力图保证它对合法符号暴力的垄断的社会构成中，促进权力关系结构的再生产。[②] 布尔迪厄认为，学校教育一旦拥有了权力，就具有权威性，而这种权威性又暗中增强了统治阶级文化的专断性，不仅使他合法化，而且还巩固了他的统治地位，成为社会制度的支柱。

（四）多元文化整合教育理论

滕星教授通过对国内外民族教育理论和多元文化教育理论的研究与分析以及在费孝通教授的“多元一体格局”思想的启示下，提出了“多元文化整合教育”理论（也称多元一体化教育）：在一个多民族国家中，无论是主体民族还是少数民族，都有其独特的传统文化，也都有相互借鉴与吸收的文化内容，同时也都有接纳与吸收世界优秀文化的内在动力。教育在担负人类共同文化成果传递功能的同时，不仅要担负起传递本国主体民族优秀传统文化的功能，而且同时也要担负起传递本国各少数民族优秀传统文化的功能。[③] 多

---

① 马冬玲．作为知识生产的社会学——试论布尔迪厄的实践社会学及对妇女研究的意义．山西师大学报（社会科学版），2009，36（4）．

② ［法］P. 布尔迪厄、J. C. 帕斯隆．再生产——一种教育系统理论的要点（邢克超译）．北京：商务印书馆，2002. 13－14.

③ 滕星．“中华民族多元一体格局”思想与中国少数民族双语教育［J］．民族教育研究，1996（4）．

元文化整合教育就是以尊重不同文化为出发点，在各集团平等的基础上，为促进不同文化集团间的相互理解，有目的、有计划地实施的一种共同平等的“异文化间教育”。[①]“多元文化整合教育理论”为当前全球化和现代化背景下，如何正确处理少数民族与主体民族的文化与教育关系，采取何种教育策略，提供了思路。

在对准格尔旗民族中学马头琴艺术教育以及现代国民教育体系下的少数民族教育进行分析时，笔者无意于硬套理论，只是上述论及的理论为我们进行相关调查提供了良好的思路。涵化、濡化的理论为分析少数民族文化的变迁与传承、少数民族文化与主体民族文化的互动关系理清了思路；教育人类学生态学理论模式关于学校教育与社会文化生态的关系的论述，帮助笔者分析学校的教育行为与当地政府、主管机构、家长、学生等相关主体、社会经济文化环境的关系；文化资本理论则用来分析国家、学校、家长、学生等相关主体的教育选择问题；多元文化整合教育，则为当前国民教育体系下的少数民族文化传承提供了发展思路。

二、相关文献回顾

基于研究内容，本文的文献回顾主要从三个方面进行，一是蒙古族艺术教育研究，其中涉及民族艺术教育、蒙古族艺术教育等方面的各类著述；二是教育与少数民族文化传承关系的研究，其中重点关注学校教育与少数民族文化传承的相关论述；三是分析与本文相关的马头琴的研究。

（一）蒙古族艺术教育研究

关于民族艺术教育的研究，在学术界尚未引起足够重视，就笔者目力所及，专门以民族艺术教育为主题的专著很少，研究成果以论文为主要形式，大都从教育学的视角进行现状描述和理论思考，

---

① 滕星、苏红．多元化社会与多元一体化教育［J］．民族教育研究，1997（1）．

研究的地域多以西南少数民族地区为主，研究内容主要是关于中小学开设的音乐、美术等公共课程的艺术教育，而关于中小学的课外艺术教育活动的很少。代表性论文如李金福的《对云南少数民族地区中小学艺术教育一些问题的思考》从中小学艺术教育角度对民族艺术教育进行观察，[①] 他的另一篇论文《我国西部地区开展民族艺术教育的思考——兼谈民族艺术资料库的建设》从民族艺术资料库建设的现实必要性、出现困难的思考等方面对民族艺术教育进行探讨；[②] 此外，马建初的《加强民族艺术教育促进和谐社会构建》，[③] 陆海鸣的《弘扬民族艺术振兴民族艺术教育———广西艺术学校教学改革的实践与探索》[④] 等均是从教育学的角度探讨西南少数民族地区的中小学艺术教育情况。

当前专门以蒙古族艺术教育为主题进行的研究以论文为主，且数量较少，主要有韩刘的《蒙古族艺术在中小学的传承状况与教育对策研究——以通辽市若干中小学的调查为例》，[⑤] 他对内蒙古自治区通辽市若干所中小学传承蒙古族艺术的现状展开调查，总结出了蒙古族艺术在中小学传承的问题及原因，并在此基础上提出了相应的对策和建议。

可见，目前关于蒙古族艺术教育的研究数量和质量远远不足。多数学者把精力放在民族艺术教育方面，主要集中在西南少数民族地区的中小学艺术教育，而对蒙古族艺术教育的关注较少。

---

① 李金福．对云南少数民族地区中小学艺术教育一些问题的思考［J］．民族艺术研究，2000（S1）．

② 李金福．我国西部地区开展民族艺术教育的思考——兼谈民族艺术资料库的建设［J］．民族艺术研究，2004（4）．

③ 马建初．加强民族艺术教育促进和谐社会构建［J］．重庆科技学院学报（社会科学版），2007（1）．

④ 陆海鸣．弘扬民族艺术振兴民族艺术教育——广西艺术学校教学改革的实践与探索［J］．中国职业技术教育，1998（1）．

⑤ 韩刘．蒙古族艺术在中小学的传承状况与教育对策研究——以通辽市若干中小学的调查为例：［硕士论文］．中央民族大学，2010。

(二) 教育与少数民族文化传承关系的研究

1. 教育与少数民族文化传承

教育是文化传承的重要的途径，一些学者对教育与民族文化传承的关系进行了研究，主要专著有王军、董艳主编的《民族文化传承与教育》，从教育人类学的视角阐述了民族文化传承的教育人类学意义、民族文化传承对人的智力、非智力因素发展的影响以及民族文化传承面临的危机与挑战等。① 此外，代表性论文有曹能秀、王凌的《试论教育中的少数民族文化传承面临的问题与挑战》，论述了文化冲击和文化冲突对教育中的民族文化传承的挑战、教育中的民族文化传承与生活世界的分离、学校教育中的民族文化传承的缺失。② 此外，还有《人口较少民族文化传承的教育人类学研究——以鄂伦春族文化传承研究为个案》（张元卉），③《民族文化传承的教育人类学研究》（王军）④ 等论文分别从教育人类学、学校教育、家庭教育的角度论述了民族文化传承与教育的关系。

2. 学校教育与少数民族文化传承

关于学校教育的人类学分析，冯增俊教授认为，学校是教育人类学研究的核心内容。他认为，学校是文化传递的工具，主要充当一种文化传递的机构向下一代传递一系列的复杂的态度、价值观、行为和期望；学校是一种具有参照性的文化机构，体现统治集团的文化价值；学校是一种跨文化冲突和执行文化功能的竞争场所；学校是一种标定学生文化级别的科层化教育的机构。⑤

关于学校教育与少数民族文化传承的研究，很多学者从社会

① 王军、董艳，主编．民族文化传承与教育［M］．北京：中央民族大学出版社，2007.

② 曹能秀、王凌．试论教育中的少数民族文化传承面临的问题与挑战［J］．当代教育与文化，2010（1）．

③ 张元卉．人口较少民族文化传承的教育人类学研究——以鄂伦春族文化传承研究为个案：［博士学位论文］．北京：中央民族大学，2009.

④ 王军．民族文化传承的教育人类学研究［J］．民族教育研究，2006（3）．

⑤ 冯增俊主编．教育人类学教程．北京：人民教育出版社，2005. 305－315.

学、人类学的角度进行了探讨，代表性文章有吴鹤立的《人类学视野中的湘西苗族学校教育——以花垣县董马库乡为例》。文章指出，在影响社区学校教育的因素中，自然环境和经济是基础性的，语言及其代表的民族文化则是关键，作为国家力量体征的教育政策和地方政治力量起着主导作用；① 胡迪雅的《少数民族濒危文化传承研究——以东巴舞蹈为个案》采用教育人类学的研究方法和文化资本与文化再生产的理论视角，展现了导致文化濒危的原因；② 普丽春的《少数民族非物质文化遗产的教育传承——基于对云南彝族烟盒舞等的调查》，就学校教育如何传承少数民族非物质文化遗产问题进行了思考；③ 王爱青的《苗族文化在学校教育中的传承机制研究——以台江县苗族服饰文化为个案》指出，应建立民族文化意识与学校教育的共生机制；④ 罗吉华的《文化变迁中的文化再制与教育选择——云南勐罕镇中学傣族和尚生的个案研究》以文化再制理论为研究范式，对勐罕镇中学傣族和尚生这一特殊文化群体进行解析，揭示了一个社区中“国家”与“地方”、“传统”与“现代”之间的互动与冲突。⑤

这些文章从人类学、社会学等角度对濒危文化、非物质文化遗产等少数民族文化在学校教育中的传承进行了研究，均给予笔者很大启发，但是他们关注的民族主要是苗族、纳西族、傣族等南方民族，对于蒙古族艺术教育与文化传承的关注较少。因此，笔者认为

---

① 吴鹤立．人类学视野中的湘西苗族学校教育——以花垣县董马库乡为例：［硕士学位论文］．长沙：中南大学，2006.

② 胡迪雅．少数民族濒危文化传承研究——以东巴舞蹈为个案：［博士学位论文］．北京：中央民族大学，2009.

③ 普丽春．少数民族非物质文化遗产的教育传承——基于对云南彝族烟盒舞等的调查：［博士学位论文］．北京：中央民族大学，2009.

④ 王爱青．苗族文化在学校教育中的传承机制研究——以台江县苗族服饰文化为个案：［硕士学位论文］．重庆：西南大学，2009.

⑤ 罗吉华．文化变迁中的文化再制与教育选择——云南勐罕镇中学傣族和尚生的个案研究：［博士学位论文］．北京：中央民族大学，2009.

有必要从人类学、民族学角度对蒙古族艺术文化在学校教育中的传承现状进行考察。

（三）马头琴研究

我国关于蒙古族音乐的研究始于20世纪40年代，学术界对于马头琴的传说、概况和源流、制作、演奏技法、人物等方面均有很多研究，在此不再赘述。与本文主题相关的，即从人类学、民族学、教育学角度对马头琴进行研究则是近些年才开始，笔者进行简单梳理如下：

（1）从人类学、民族学角度对马头琴进行研究的论文，主要是在人类学视野下探讨马头琴体现的社会关系以及马头琴与蒙古族文化、草原文化的关系。代表性文章有曹叶军的硕士论文《对马头琴的科技人类学考察》，分析和诠释了马头琴与蒙古族的特殊关系，在此基础上又构建起了人与人的社会关系；[①] 通拉嘎的《繁荣与隐忧——谈马头琴作为非物质文化遗产的保护与传承》探讨了当前制约马头琴发展的隐忧："民族性"与"民间性"之间边界的模糊，传承方式面对现代文化时的尴尬，表演、教学与滞后的理论研究现状之间的矛盾等；[②] 李红梅的《马头琴音乐与蒙古族草原文化》就马头琴的传说、形制、构造、演奏技法及马头琴音乐与所处草原文化背景的关系作初步探讨。[③]

（2）从教育学的角度对马头琴的研究，主要是关于某一地区的马头琴教育情况研究、马头琴的教育功能研究、马头琴的传承和发展研究等，如白翠蓉的《永远的马头琴——前郭尔罗斯马头琴艺术

---

① 曹叶军．对马头琴的科技人类学考察：［硕士学位论文］．呼和浩特．内蒙古大学，2007.

② 通拉嘎．繁荣与隐忧——谈马头琴作为非物质文化遗产的保护与传承［J］．内蒙古大学艺术学院学报，2009（4）．

③ 李红梅．马头琴音乐与蒙古族草原文化．中国·内蒙古首届草原文化研讨会论文集，2004.

教育侧记》①、杨乃运、李晔的《前郭尔罗斯——从马头琴到乌力格尔》②，均记述了前郭尔罗斯的马头琴艺术教育的开展情况；关健的《蒙古族马头琴传承中的教育功能》③，从传承机制这一角度来探讨蒙古族马头琴文化在传承中所具有的教育功能。

这些从民族学、人类学、教育学角度对马头琴的研究成果，在视角及文章架构方面给予笔者极大的启示，但是这些文章或是关注马头琴作为非物质文化遗产的保护和传承，或是关于某一地区的马头琴艺术教育现状的描述，而从人类学和民族学的角度出发，从微观个案入手，考察艺术教育与文化传承的研究成果却很缺乏。因此，笔者希望通过深入调查和分析，进行相关方面的必要补充。

第三节　研究设计与研究内容

一、研究设计

本文综合运用人类学、民族学、教育学调查方法，如文献法、问卷调查法、参与观察法等，其中实地调查是本文主要研究方法。

为了更全面地了解民族中学马头琴艺术教育的现状，本次调研针对学生和家长设计了两套问卷，涉及个人情况、马头琴教育实施情况、对学生的影响、家长态度、存在问题等内容。2010 年参加马头琴学习训练的共有 162 名队员，其中蒙古族 24 名，按照约 50% 的比例，共发放学生家长问卷各 80 份，总计 160 份。其中，初一、二年级学生家长各 30 份，初三年级学生家长各 20 份，共回

---

① 白翠蓉．永远的马头琴——前郭尔罗斯马头琴艺术教育侧记［J］．中国民族，2007（11）．

② 杨乃运、李晔．前郭尔罗斯从马头琴到乌力格尔［J］．旅游，2007（8）．

③ 关健．蒙古族马头琴传承中的教育功能［J］．赤峰学院学报，2010（1）．

收 140 份，经统计获得有效问卷 132 份（家长 66 份，学生 66 份），有效率 82.5%。问卷所得数据运用 SPSS 统计软件进行了简单的频率（百分比）分析、交互分类分析等。此外，对教育局、民族事务局领导、民族中学校领导、任课教师等人数较少的相关群体，采取深度访谈的方式获得第一手资料。

二、主要概念界定

（一）现代国民教育体系

关于现代国民教育体系，可以从党政层面和学术层面进行探讨。在党政层面，“现代国民教育体系”一词由江泽民总书记在中共十六大报告中正式提出来，2005 年 11 月 7 日，温家宝总理在全国职业教育工作会议上的讲话中对“现代国民教育体系”的构成做出简明扼要的论断：“要把基础教育、职业教育和高等教育放在同等重要位置，统筹兼顾，协调推进。这三个方面相辅相成，共同构成我国的现代国民教育体系。”并强调：“必须进一步完善国民教育体系，加快职业教育发展，合理配置教育资源，实行教育合理分流。”①

在学术层面，秦虹认为，现代国民教育体系是指适应人的现代化和社会现代化需要而逐步建立起来的各级各类教育体系健全、纵横衔接、贯通、体制创新、全面协调可持续发展的教育系统。②

（二）艺术教育

关于民族艺术教育的概念，学术界尚未有论文或专著明确界定。贺志朴、姜敏在其《艺术教育学》中指出，艺术教育的形式可以分为学校艺术教育和非学校艺术教育，学校艺术教育又包括学校

① 张振元. 构建现代国民教育体系探索的回溯与前瞻［J］. 职业技术教育，2009（31）.

② 秦虹. 现代国民教育体系的本质特征与构建策略［J］. 决策与思考，2004（23）.

专业艺术教育和学校非专业艺术教育，非专业艺术教育是指各类学校为提高学生素质而开设的艺术类课程，所进行的各种形式的教育活动。[①] 按照学术界的概念界定，民族中学的校艺术队开展的马头琴艺术教育属于学校非专业艺术教育。

2002 年教育部《学校艺术教育工作规程》指出，艺术教育是学校实施美育的重要途径和内容，是素质教育的有机组成部分。学校艺术教育工作包括：艺术类课程教学，课外、校外艺术教育活动，校园文化艺术环境建设。[②] 2008 年出台的《教育部关于进一步加强中小学艺术教育的意见》首次明确提出要"大力开展小型、灵活、多样的艺术活动，民族地区的学校要积极开展具有少数民族特色的课外艺术活动。"因此，民族艺术教育可以归于学校教育中的课外艺术教育活动。

本文所研究的民族中学校马头琴队利用学生课余活动时间开展的马头琴艺术教育，作为蒙古族艺术教育的重要形式，属于学校艺术教育中的非专业艺术教育，是民族地区学校教育中开展的具有少数民族特色的课外艺术教育活动。

（三）文化传承

关于文化传承，赵世林认为文化是人的社会成果，其表现具有民族性，而文化传承正是文化民族性的内在机制。从一个民族共同体的生存和发展来说，文化传承实质上是一种文化的再生产，是民族群体的自我完善，是社会中权利和义务的传递，是民族意识的深层次积累，是纵向的"文化基因"复制。[③] 民族文化传承有广义和狭义之分，广义的民族文化传承是指一个国家（可以是多民族国家，也可以是单一民族国家）的文化传承，例如中华民族的文化传承；狭义的民族文化传承是指某单一民族的文化传承，例如汉族或

① 贺志朴、姜敏．艺术教育学［M］．北京：人民出版社，2001. 38－39.

② 资料来源：教育部《学校艺术教育工作规程》，2002 年（教育部令第 13 号）。

③ 赵世林．论民族文化传承的本质［J］．北京大学学报（哲学社会科学版），2002（5）．

彝族的文化传承。[①] 本文中所涉及的民族文化传承是狭义的民族文化传承，指的是少数民族文化传承。

第二章 准格尔旗民族中学“马头琴艺术教育”现状

第一节 田野点概况

一、准格尔旗蒙古族历史溯源

自明朝天顺年间，蒙古鞑靼部渐次进入鄂尔多斯，在此沃土上生息、繁衍。清时准格尔旗为鄂尔多斯左翼前旗，清初全旗蒙古族人口约为6.3万人。由于历代反动统治及天灾、疾疫、兵匪等灾害，蒙古族人口逐年递减。新中国成立后，党和政府实行发展少数民族人口的政策，使全旗蒙古族人口大幅度增长，到1990年全旗蒙古族人口已达19116人。历代蒙古族在这片沃土生产生活，创造了辉煌灿烂的文化。[②] 准格尔旗群众擅长民歌演唱，而蒙古民歌的演唱已成为旗境民间的一种主要娱乐形式。

---

① 曹能秀、王凌．少数民族地区的学校教育和民族文化传承［J］．云南师范大学学报（哲社版），2007，（2）．

② 准格尔旗旗志，第85页。

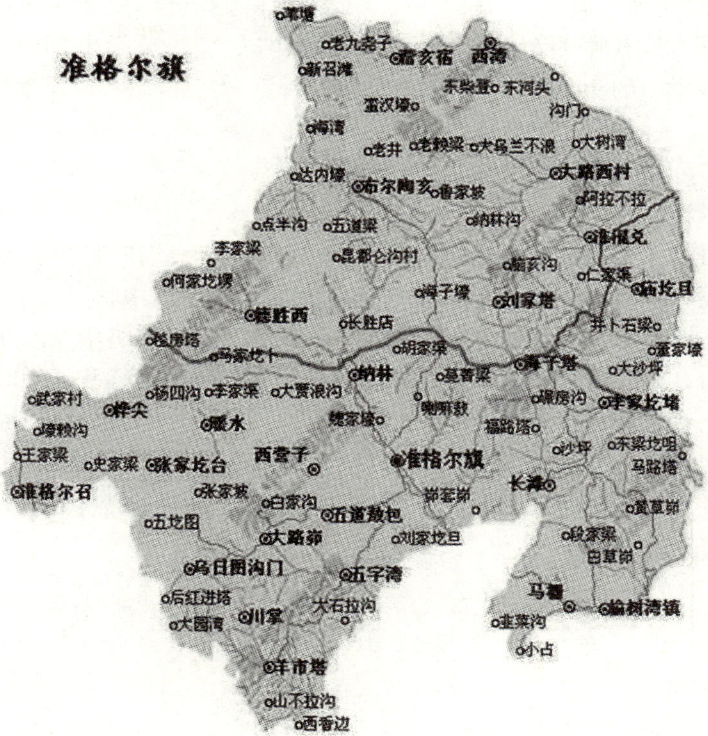

二、准格尔旗现状

准格尔旗位于内蒙古自治区西南部、鄂尔多斯市东部，总人口 298663 人（2009 年末），常住人口 32.15 万人，有蒙、汉、回、满等 14 个民族，蒙古族 27799 人，其他少数民族 1363 人，是一个以汉族居多数、蒙古族为主体少数民族的多民族地区。农业人口 220811 人，非农业人口 77852 人。[①] 2009 年，全旗有教育部门办的

① 韩昀祥主编，鄂尔多斯市统计局编：《鄂尔多斯统计年鉴.2010》，鄂尔多斯统计局，第 80、83 页。

中小学 47 所，其中小学 31 所、中学 16 所。[①] 全旗民族学校共 6 所，蒙古族教师 347 人，学历达标率 100%，蒙古族学生 3791 人，占总体学生的 9.09%，升学率 95% 以上。[②]

三、准格尔旗民族中学概况

准格尔旗民族中学最早可以上溯到 1930 年，当时是伊克昭盟地区第一所新学，1976 年，正式定名为“准旗民族中学”。现在的民族中学是一所汉语授课选修蒙语的普通四年制初级中学。1999 年 8 月，随旗人民政府驻地迁址薛家湾。学校总占地面积 41000 平方米，现代教育技术水平走在自治区前列，被教育部命名为“农村计算机网络信息站示范校”。2010 年学校有教职工 172 人，学历合格率 100%，教学班 38 个，学生 2013 人，其中少数民族学生 664 人。[③]

第二节　民族中学校艺术队及马头琴艺术教育概况

一、民族中学校艺术队概况

校艺术队是民族中学为将学校办出特色，面向全体学生选拔组建的，主要包括舞蹈队和马头琴队，开展蒙古族舞蹈和马头琴的学

① 准格尔旗教育局汇报材料（2009 年 11 月 25 日）.

② 2010 年 5 月 6 日访谈教育局副局长杨 FL（主管民族教育）。

③ 准格尔旗民族中学．鄂尔多斯市准格尔旗民族中学［J］．内蒙古教育，2010，(11)．

习，排练时间主要安排在课余时间或课外活动时间。学校艺术教研组的两名音乐教师主要负责日常的管理和考核工作以及舞蹈队的教学工作，外聘的一名马头琴教师负责马头琴教学工作。校艺术队曾多次应邀参加鄂尔多斯教育局、准格尔旗文化广播局、体育局、妇联等单位组织的文艺活动。

二、马头琴艺术教育概况

（一）基本情况

民族中学马头琴队始建于2008年4月22日。2010年，全队共有162名学生，其中初一年级60名，初二年级62名，初三年级40名，其中蒙古族24名；有教育局免费配发的马头琴120把。艺术队由艺术教研组的2名教师负责考核和管理，1名外聘马头琴教师（朝鲁）负责教学。排练地点在学校体艺中心，排练内容是马头琴艺术教师根据学校大型活动自编的曲目。

（二）组建方式

新学期开学时，校艺术队面向全校初一年级招收队员。对马头琴感兴趣的学生在所在班级报名，班主任将名单汇总报至艺术教研组。一般情况下，每班约有20多名学生报名。之后，参加初步训练，在此阶段，有些学生发现学习吃力，可以退出。约半个月后，坚持下来的学生（每班约有七八名）成为正式马头琴队员，人数相对固定下来。队员须按时参加训练，不得随意退出。学习马头琴是个较长的过程，初一年级的队员主要参加学习，初二、初三年级的队员则参加各种表演活动。对按时参加训练的队员，学校会给其班级综合量化考核加分，不按时参加的会扣除相应的分数。

（三）培训安排

校马头琴队培训分为常规训练和短期集训两种方式。常规训练是在学生的每周体育活动课、数学辅导课、每周日下午进行，一周约4小时。短期集训是当学校收到上级演出邀请后，艺术教研组制定策划，确定马头琴队表演曲目，进行高强度的排练，时间为每天下行6点半到8点。按照进度，完不成当天的教学任务不能下课，有时会排练两三个小时，前后持续两三个月。在此阶段，队员学习进步比较大，1个多月就能排好一个曲目。

常规训练安排表（朝鲁老师课程表）

年级	训练时间	
初一	周四	16：30—18：00（7、8节课）
初二	周五	16：30—18：00（7、8节课）
初三	周三	16：30—18：00（7、8节课）
全部三个年级	周日	8：00—12：00；15：30—17：30

注：第7节课：体育活动课，第8节课：数学辅导课，不参加马头琴训练的学生做数学试卷。

（四）演出情况

校艺术队每年都会参加一些常规性大型活动，如旗运动会、文体节等。此外，还要经常参加一些临时性活动，时间比较紧张，排练任务相对较重。如2010年旗运动会，旗政府提前20多天下达通知，要求民族中学艺术队表演节目。学校只能紧急开会，艺术教研组制定策划，选定节目，最终确定舞蹈队120人表演蒙古舞，马头琴队100人表演《欢乐草原》，然后排练，最后再合排。

第三节　相关主体态度

一、家长

家长自身的文化背景，尤其是他对少数民族文化的熟悉程度和对少数民族文化的态度，不仅在一定程度上直接影响着家长是否支持学生学习少数民族艺术，而且会潜移默化地影响学生的态度。具体而言，家长的艺术文化水平、对蒙古族艺术尤其是马头琴的熟悉程度直接影响学生对马头琴的学习态度。调查发现，对蒙古族传统艺术很精通的家长占4.5%，会一些的家长占50%，一点都不会的占45.5%。虽然参与调查的多数家长并非蒙古族，但因生活在内蒙古自治区，对蒙古族文化和艺术还是有一定了解，虽然大多数只是“知道一些而已”。汉族学生家长A介绍说，生活在自治区，也了解一些蒙古族文化，非常喜欢蒙古族舞蹈、草原歌曲，还有马头琴，大家都比较熟悉。在问及主要是从哪里了解蒙古族文化时，他说，电视上经常播出草原主题的节目，大街上的店铺、超市里也会放一些草原歌曲。另外，孩子学校里也有类似的活动，像民族中学的马头琴队演奏，世纪中学的千人舞蹈表演都非常好，很出名，我们也都知道一些。①

关于家长是否教孩子学习蒙古族艺术，调查发现，从未教的占72.7%，教但却不经常教的占22.7%，经常教的只占4.5%。我们可以发现，精通蒙古族艺术的家长会经常教孩子学习蒙古族艺术，但是只会一些的家长却只有少部分（22.7%）教过。一位蒙古族学生家长A介绍说，我也懂一些基本的马头琴知识，但是很浅，有时自己也想学习学习再教孩子，但是没时间。正好学校（民族中学）里有这样的机会，他也愿意去学，就让他去参加了，这个活动挺好的。②

此外，关于家长对学生参加蒙古族艺术学习的态度，45.4%的家长选择了“看孩子的爱好和天赋”，27.3%的家长认为“有必要了解一下，学学也行”，另有27.3%的家长认为“很有必要”，可以了解蒙古族文化。由此发现，54.6%的家长对于学生参加蒙古族马头琴教育活动表示支持，45.4%的则看孩子的兴趣表示支持或

① 笔者2010年6月12日访谈汉族学生家长A。

② 笔者2010年6月12日访谈蒙古族学生家长A。

默许。

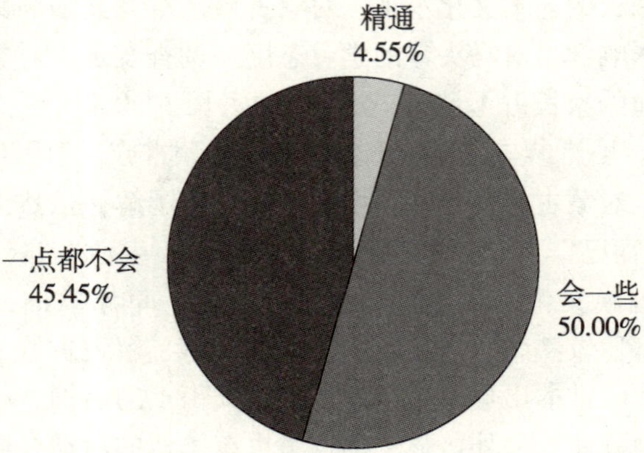

学生家长对蒙古族传统艺术的熟悉程度

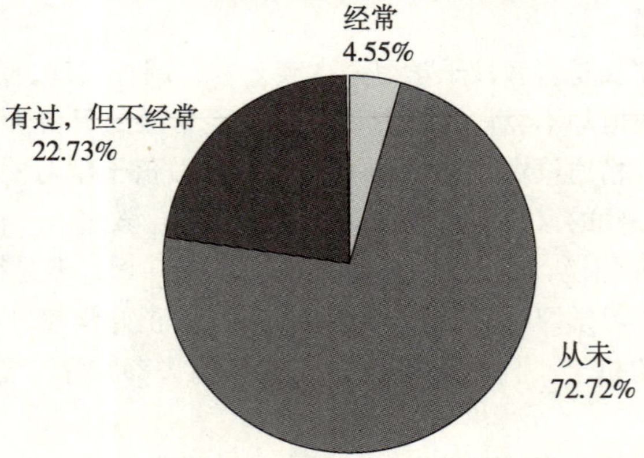

是否教过孩子学习蒙古族艺术

汉族学生家长 B：虽然咱是汉族，但是生活在内蒙古自治区，怎么也得对蒙古族的文化了解了解，否则以后出去，别人知道是内蒙来的，但是不知道马头琴，不会拉两下，让人笑话。马头琴是咱们自治区蒙古族有名的乐器，让孩子学学，了解一下，也好。但是，主要还是因为他有兴趣，愿意学，我也就支持了。①

蒙古族学生家长B：现在准格尔旗的很多蒙古族也都不是真正的蒙古族，文化的传承更是令人担忧。就说蒙语吧，会说蒙语的蒙古族不多了，我家只有我父亲会说蒙语，平时会教孩子几句，但是平时也用不上。小学的时候，我给她报了社会上的学蒙古族舞蹈的班，学得还可以。现在上民族中学，学校有免费学习舞蹈和马头琴的班，我就赶紧让她去学马头琴了，虽然苦点儿，但终归是本民族的文化，我们有这份责任，必须会一些才行。②

汉族学生家长C：小升初的时候，就听说民族中学有教马头琴的，孩子说愿意去学，我们怕他学那个（马头琴）会变得爱玩了，影响他的学习，不愿意让他去。后来，他在外地上大学的表哥说学学也挺好的，现在大学里、社会上都讲究多才多艺，会拉马头琴也是一件不错的事情。再加上孩子也非常愿意，就跟他说好，不能把学习落下了，这才让他去。③

可见，生活在内蒙古自治区的家长，无论是汉族还是蒙古族，总体上都认为学习马头琴乃至蒙古族文化是有必要的，采取的态度也多以支持和默许为主。但值得关注的是，影响家长对于是否有必要参加蒙古族文化的学习看法的最重要的因素是“看孩子的爱好和天赋，尊重孩子的主观意愿”。

二、学生

通过对民族中学参加马头琴学习的学生的问卷分析发现，大多数学生都喜欢蒙古族乐器，也认为很有必要学习马头琴和了解蒙古

① 笔者2010年6月13日访谈汉族学生家长B。
② 笔者2010年6月15日访谈蒙古族学生家长B。
③ 笔者2010年6月22日访谈汉族学生家长C。

族文化。大多数学生认为学习后觉得既有意思又可以学习蒙古族文化，有一部分学生觉得有点难。

1. 是否必要

在问到是否有必要学习蒙古族乐器的时候，绝大多数的学生认为有必要，占95.5%。调查显示，90.9%的学生最初接触蒙古族乐器是从学校学习的，而且95.5%的学生是从初中开始学习，这说明民族中学的马头琴教育活动对于学生接触和学习马头琴是个重要的途径，学校是一个重要的文化传承场。

学生F（女，汉族）：因为生活在内蒙古自治区，感觉自己起码得知道一些蒙古族文化，后来慢慢接触蒙古族的音乐，看到别人拉马头琴，于是也产生了兴趣。刚上初中时，看到马头琴队在招人，就报名了，没想到还选上了。虽然会占用一定的时间，但我既然选择了学，那就会想办法既学好马头琴，又不能在学习上落后。[①]

学生G（男，蒙古族）说：作为一名蒙古族，我认为学习马头琴非常必要，同时我也非常喜欢马头琴和本民族文化。我们学校是全旗最好的初中，学习好的学生特别多，学习竞争非常激烈。我们平时参加马头琴训练，就练一节课，其他同学也是课外活动，这与他们落不下多少时间。到了下学期，马头琴集训的时候，一天训练2－3个小时，其他同学都在学习文化课，这样与他们的学习时间就拉开了。虽然有时会担心被同学落下，心里就会很着急，只能课下再补上，充分利用上课时间。有时练累了，也想不练了，但是想想自己有这个责任把马头琴拉好，就更加努力了。[②]

2. 难易程度

学习内容的难易会直接影响受教育者的积极性，直接影响学习

① 笔者2010年5月在民族中学体艺中心访谈学生F。

② 2010年5月访谈学生G资料。

效果。关于马头琴是否“难学”，68.2%的学生认为不难，27.3%的学生认为难，这与马头琴学习的特点和参加学习的主体有一定关系。马头琴要求有很强的臂力和耐力，这对于女生来说，相对困难一些，而学校在招收马头琴队员时，并未对性别进行限制，在笔者访谈的学生中，大多数女生觉得练习马头琴有些难。虽然大多数学生均认为很有必要学习马头琴，但由于练习马头琴的要求和特点，给一部分学生造成的困难的感受，难免会影响学习的积极性。在回收的66份有效问卷中，关于是否喜欢蒙古族乐器，有60名学生喜欢蒙古族乐器，占被调查学生总数的90.9%，有4.5%的学生（3人）不喜欢，4.5%（3人）无所谓。在问及为什么不喜欢时，很多女生都表示，主要是练习时比较累，手指疼，胳膊疼。

学生A（女，汉族，初一年级）：我自己不愿意学，是爸妈逼着学的。老师很严，我在练习时手很疼，感觉很累，自己不愿意学，所以总是找机会少练一会儿。①

3. 如何看待

在“如何看待自己学习蒙古族艺术”的问题上，95.5%的学生认为很有意思，很愿意学习而且能了解蒙古族文化；没有学生认为浪费时间，没有学生认为能认识很多朋友。和不学蒙古族艺术的学生相比，有77.3%的学生认为“很骄傲，会蒙古族艺术”，有22.7%的学生表示“没感觉，无所谓”，没有学生认为“很自卑，不想学蒙古族艺术”。这表明绝大多数学生感觉学习马头琴很有意义，大多数学生觉得学会了马头琴艺术很骄傲。

学生C（男，汉族，一个非常认真学习马头琴的学生）：我很喜欢学习马头琴，父母也挺支持我学，爸爸会吹口琴、弹钢琴、弹

① 笔者2010年5月在民族中学体艺中心访谈学生A。

吉他，从小时候就开始教我学习各种乐器。对于我来说，学习马头琴不会耽误正常的学习，这两节课时（学习马头琴），我会利用别的时间补回来。会拉马头琴，我感觉非常高兴，我还会画画、弹奏吉他、吹口琴、打篮球。①

学生D（女，汉族）：初一开始学习，自己很感兴趣，但是开始的时候父母不同意，因为怕耽误周一的早上学习英语，后来发现没有影响学习，所以就不再反对了。刚开始练时手指很疼，现在已经学会一半的曲子了。与其他学生相比，多一门特长吧。就算自己以后不会其他的，还可以有一门技艺。老师上课很严厉，但是下课时人很好，教得也很好。②

学生E（男，蒙古族）：我初一开始接触马头琴，爸爸是蒙古族，妈妈是教师，爷爷会些蒙语，家里认为我应该熟悉并掌握一些本民族的文化，对我学习蒙语和马头琴有一些要求。我不太会蒙语，只会一点儿打招呼之类的日常用语。但我很喜欢马头琴，练习也不觉着累。学习马头琴不影响我的正常学习，我在快班里学习成绩一直算是中等的，课余时间参加过补习班（英语）。③

由上，我们可以看出大部分学生对于自己学习蒙古族艺术这件事是喜欢的，认为马头琴学习不会影响自己的正常学习。

三、马头琴教师

通过调查发现，民族中学的外聘马头琴教师朝鲁对于蒙古族文化有着很深的理解，对马头琴也有着浓厚的感情，教学经验丰富，对马头琴艺术教育活动的开展和蒙古族文化传承充满信心。

---

① 笔者2010年5月在民族中学体艺中心访谈学生C。

② 笔者2010年5月在民族中学体艺中心访谈学生D。

③ 笔者2010年5月在民族中学体艺中心访谈学生E。

关于马头琴艺术教育活动效果，他说："这个活动开展的效果挺好的，能让更多的人知道马头琴，了解马头琴。通过参加旗里、市里的大型活动，不仅会让更多的人喜欢马头琴，还会让更多的人知道咱们民族中学的马头琴队。"①

关于当前马头琴的发展情况，他说："总体上，这几年马头琴发展比较好，有越来越多的人开始学习马头琴了，但是主要是在内蒙古、东北三省的蒙古族较多的地方，在呼和浩特、通辽等一些大点儿的城市，马头琴都开展得比较好，有些高校有这个专业，比如内蒙古大学、还有你们学校（中央民族大学）等。咱们准格尔旗的马头琴艺术教育虽然起步晚，但现在也在慢慢开展。"②

当问及对蒙古族学生和汉族学生学习马头琴的看法时，他说，现在有许多汉族拉马头琴也很不错，不管是蒙古族还是汉族学生，只要他可以将马头琴发扬光大，全世界都来学习马头琴才好呢，这样，马头琴才能更好地开展。著名的制琴师张纯华先生就是汉族，但是他用大半生心血研制改进马头琴，为马头琴走向世界作出重要贡献。现在演奏的曲目也逐渐多样化了，不只是蒙古族风格的歌曲，还有很多流行歌曲。③

关于对家长的态度的看法，他说："我接触过的大部分家长对学生学习马头琴这件事情还是很支持的，但也有些学生家长开始反对，害怕影响学生学习，但是后来又转为支持了。"④

由上可知，朝鲁老师对民族中学的马头琴艺术教育、蒙古族艺术文化均有较高的热情，他希望马头琴艺术教育活动开展得越来越好。

① 笔者2010年5月在民族中学体艺中心访谈马头琴教师。
② 笔者2010年5月在民族中学体艺中心访谈马头琴教师。
③ 笔者2010年5月在民族中学体艺中心访谈马头琴教师。
④ 笔者2010年5月在民族中学体艺中心访谈马头琴教师。

四、学校主管领导

笔者通过观察、访谈发现，民族中学的校长，虽然表示大力支持马头琴艺术教育的发展，但是他更注重从学校的整体发展考虑，处理与上级主管机构、家长、学生等主体的关系，对于学校工作的主次看得比较清楚。

民族中学的X校长（男，40多岁，汉族）说：

我们学校很支持校艺术队的活动，校艺术队代表我校参加过很多市里、旗里的活动，大家都还认可，家长们也很了解，也支持。对于这项活动，学校也很支持，但是，作为学校整体来讲，我们还面临着一些压力，我们必须将工作重点放在教学成绩上。目前我们学校是全旗教学质量最好的初中，2008年和2009年，中考均分和优秀率连续两年位居全市第一。但是，其他学校如九中、十中等都在积极努力的学习借鉴教育发达地区先进的教学经验。他们都在“追”，我们也不能“走”，抓好教学才是硬道理。作为全旗示范性的初级中学，教育局给我们的压力也很大，活动也很多，在考核时，教学成绩占很大的比重，因此，我们不得不将教学成绩放在首位。①

学校主管校艺术队的党支部书记（男，40多岁，蒙古族），比较熟悉蒙古族文化，对传承和保护蒙古族文化有强烈的责任感，对校艺术队、蒙古族教育的发展表示大力支持。关于教育主管部门的态度，他说，上级对于开展马头琴教育非常支持，但仅提供了马头琴、演出服装，其他的均由学校负责，如马头琴教师的聘任费用等。关于学校的态度，他说：“学校也很想整出点儿民族特色，校

① 2010年6月访谈民族中学X校长。

长也很支持。校长知道我是蒙古族，对蒙古族文化比较熟悉，有一次还专门找我谈了一下民族教育方面的工作，我就提了一些建议，他还是挺重视的，也表示支持。但是由于我们学校还承担着许多任务，虽然也支持校艺术队的发展，但是由于一些原因，在政策及经费方面尚未到位。”

第三章 准格尔旗民族中学马头琴艺术教育活动开展的原因及意义

第一节 准格尔旗民族中学马头琴艺术教育活动开展的原因

通过对准格尔旗的社会经济发展、民族、人口、文化现状的调研，对政府、学校、家庭、学生等相关主体的访谈，对马头琴艺术教育活动开展的原因及影响作如下分析。

一、社会经济的飞速发展为马头琴艺术教育奠定了坚实的基础

近年来，准格尔旗的经济发展突飞猛进，“十五”以来，旗财政收入年均增长49.3%，政府财政收入得到了大幅度的提高。2008年，达到74亿元，县域经济跨进自治区一流水平。2009年计划地区生产总值超500亿元，财政收入超100亿元，县域经济基本竞争

力将进入全国百强县前30位,[①] 其现代化进程在短时期内完成，但与其经济飞速发展不匹配的是，教育的发展却相对滞后。因此，准格尔旗近年来不断加大对教育的投入。近五年，旗财政累计投入近10亿元用于教育基础设施建设。自2008年起，旗财政每年投入新建和改扩建校舍、购置和维护教学设备等经费不低于2亿元，这些都为教育发展奠定了坚实的经济基础。[②] 而民族中学的马头琴艺术教育的开展，正是得益于准格尔旗社会经济的飞速发展，其重要前提是政府财政收入的丰厚和大力支持。旗教育局副局长说，正因为有足够的财力，在民族中学申请配备马头琴时，才有能力给其配备，如果放在十几年前，这样的事情是不可能的。今年，民族中学想再申请80把马头琴，我们也正在准备配备。

二、蒙古族精英阶层的努力

少数民族精英阶层来源于本民族，同本民族有着血肉联系和“天然”的感情，熟悉本民族和本地区的历史、现状及特点，了解本民族的风俗习惯、宗教信仰，对本民族地区经济、文化的发展具有强烈的使命感和高度的责任感，对于保存本民族的历史文化起到一定的积极作用。作为蒙古族干部、商人等文化精英，面对准格尔旗社会、经济、文化的巨大变迁，本民族文化传承面临危机的情况，对本民族文化的责任感油然而生。他们开始思考在文化多元化的今天，本民族文化如何适应现代社会的新环境；如何正确处理本民族传统文化与现代文化的关系，实现和谐发展；在文化选择中如何确立自主地位；如何与其他文化相互借鉴，和平共处，联手发展，为本民族文化的保护和传承而努力。

① 准格尔旗党委书记潘志峰在全区大学生学习实践科学发展观论坛上的致辞(2009年12月4日)。

② 教育局内部材料，准格尔旗教育情况介绍（2009年11月25日）。

在准格尔旗的少数民族干部任用方面，蒙古族干部整体比例高于汉族干部所占人口比例。① 教育局、民族事务局等很多部门都有蒙古族的干部，他们大都担任部门副职，主管民族方面的工作，这些干部为马头琴艺术教育活动开展提供了便利条件。笔者访谈的民族中学的党支部熊书记说，马头琴艺术教育活动的开展，得到了教育局、民族事务局等领导的支持，像教育局的杨局长、民族事务局副局长等均是民族中学毕业的蒙古族，他们听说了这件事情后都非常支持，给予了很大的帮助。

另外，也有许多蒙古族商人支持蒙古族文化的保护和发展，熊书记介绍说，今年几个蒙古族的“煤老板”找到他，说想出资组织学生开展一次学习和体验蒙古族传统文化的活动，由学校选出 50 名蒙古族学生到蒙古族聚居区的蒙古族家庭中，生活学习 10—15 天，住蒙古包，学说蒙语，在大草原上学习骑马，学习蒙古族的乐器等，以加深对本民族文化的了解，增强民族意识。②

三、学校办学特色的需要

处于内蒙古自治区的蒙汉杂居地区的民族中学，作为旗示范性学校，社会关注度较高，承担着上级的许多任务。因此，只能开展一些比较实用、能够很快发展、短期容易出成果、学生比较容易学会、又不影响学生的正常学习、受到家长欢迎的民族教育形式。

之所以选择蒙古族文化，是由准格尔旗的少数民族现状决定的。准格尔旗是以蒙古族为主体的少数民族地区，自明朝天顺年间，蒙古鞑靼部渐次进入鄂尔多斯，这一游牧民族在此沃土上生息繁衍至今。经过几代蒙古族的生产生活，创造了辉煌灿烂的文化。③

---

① 吕劭男．准格尔旗民族关系实证研究［硕士学位论文］．北京：中央民族大学，2009 年。

② 2010 年 7 月在民族中学访谈党支部书记熊老师。

③ 准格尔旗旗志，第 85 页。

而其他少数民族多是从外地搬迁至此，且人数较少。相对于其他民族来讲，蒙古族文化占一定的优势。此外，民族中学的少数民族学生绝大多数是蒙古族。因此，开展蒙古族艺术文化活动，无论是聘请师资、选拔受教育者，都相对便利，不仅会得到相对大的支持，还会产生较好的反响。马头琴是蒙古族喜爱的乐器，是其艺术文化的重要象征。近年来，内蒙古、吉林等地掀起了“马头琴热”，采取多种形式开展马头琴的教育和学习，这也促使民族中学选择了开展马头琴艺术教育。

民族中学艺术教研组组长张老师说，学校组建校艺术队，开展蒙古族艺术教育活动，主要是因为民族中学是一所民族学校，要搞点特色，打造学校品牌。作为示范性学校，民族中学经常会接到上级部门的一些邀请，参加一些大型活动的表演和比赛，在参加各种比赛的同时，也可以促进学生综合素质的培养。

第二节　准格尔旗民族中学马头琴艺术教育的意义

艺术教育是人文素质教育，是学校实施美育的重要途径和内容，是素质教育的有机组成部分。中小学艺术教育活动是学校艺术教育的重要组成部分，是校园文化建设的重要载体，是实施素质教育的重要途径，对于丰富中小学生的精神文化生活，提高艺术修养和审美素质，培养创新精神和实践能力，促进德智体美全面发展都具有重要作用和非凡意义。[①] 民族中学的马头琴艺术教育，作为课外艺术教育活动，不仅能够提高学生的审美能力，完善学生综合素质，还对学生的智力因素和非智力因素产生积极影响。

---

① 杨大千、史鑫．高校艺术教育要以弘扬民族文化为基点［J］．艺术研究，2009，（1）．

一、对学生的意义

（一）美育方面：提高学生艺术修养和审美能力

美育是以艺术美、自然美和社会生活美为基础内容，培养学生感受美、鉴赏美、表现美和创造美等能力的教育。马头琴的琴声优美动听，当一首悠扬的马头琴曲在耳畔奏响时，闭目冥思，眼前仿佛出现了坦荡辽阔的大草原。这种特殊的音乐形式，对提升人的艺术欣赏能力和艺术鉴赏水平及陶冶情操的作用是显而易见的。与此同时，学生通过跟随老师学习马头琴的指法、曲谱，也能掌握基本的艺术常识；听老师讲马头琴的故事，亲自弹奏马头琴，更是能深刻感受蒙古族文化和草原文化的博大精深。

（二）对学生智力因素的影响：培养良好的观察力、记忆力和注意力

智力因素通常是指记忆力、观察力、思维能力、注意力、想象力等，即认识能力的总和。马头琴艺术来源于生活又反映人们的生活，教师在教授的过程中要求学生要密切观察现实生活中的事物，培养了学生敏锐的观察力。在以往马头琴的传授过程中，马头琴演奏和技艺传授过程中是没有乐谱的，徒弟们必须集中注意力，全神贯注地认真观察老师的拉弦方法和节奏停顿，把握马头琴的演奏技巧，不断模仿老师的演奏，然后不断演奏练习，尽力模仿得惟妙惟肖。学生在自我练习演奏技艺的时候，也是靠记忆完成曲目，因此，学生在反复不断的熟练操作中，锻炼了记忆力和注意力。

初中阶段的学生正处于“好动”的年龄段，较为严格的马头琴训练能一定程度上培养其专注能力。参加马头琴训练，一般每次都会训练2个小时以上，中间仅休息一次，而且马头琴教师要求比较严格，学生必须全神贯注地观察老师的演奏技巧和方式，记忆力和注意力得以训练并提高，从而使学生养成良好的学习习惯和学习方式。

（三）对学生非智力因素的影响

非智力因素指那些不参与认识过程，但对认识过程起直接制约作用的心理因素，主要包括兴趣、需要、动机、情感、意志、气质、性格等。调动和促进人的非智力因素的健康发展，对于人格的完善是非常重要的。

1. 对情感的影响

独特的人文环境产生独特的文化，是草原和世代生息在草原上的民族创造了马头琴。马头琴作为蒙古族文化的重要象征、草原文化的重要符号，是生活在内蒙古自治区的各族人民都喜欢的乐器。马头琴老师在传授马头琴之前一般都会讲述有关马头琴来历的动人的民间传说：在一次“那达慕”大会上，牧人苏和骑的小白马跑在了最前面，被王爷霸占，后来小白马将王爷摔下，飞驰而去，王爷派人用毒箭射死了小白马。苏和想念心爱的小白马，日夜愤恨而忧伤，小白马就托梦告诉苏和，用木头和马尾做一把琴，将它的形象刻在琴头上，想念时就弹奏琴。于是，马头琴便在草原上流传开，成为草原牧民忠实的朋友。这个传说使学生了解到蒙古族人和马之间的深厚情意，教育他们要做有感情的人，即使是对牲畜也要有感情。学生在练习和倾听马头琴音乐时，能够更加深刻地体会到马头琴隐含的情感，对蒙古族文化和草原文化也会有更深的感悟。

2. 对意志和性格的影响

马头琴作为一种演奏技艺，不是一朝一夕可以学成的，需要长年累月地不断练习。同时，弹奏马头琴需要一定的臂力和腕力，对人的意志力和耐力也是一个极大的锻炼。学生的臂力和腕力均有限，特别是低年级的学生和女生，训练就显得更加困难。坚持长久反复地练习马头琴，有利于学生形成坚强的意志力。同时，马头琴的表演技巧和技能，要求学生踏踏实实地从基础开始，又需要较长时间认真专注地练习，有助于学生形成专注、稳重、踏实的性格特点[①]。学生B（女，蒙古族）说："开始很有兴趣，觉得很好玩，但是学习后发现，手指很疼，很累，有一段时间都不想练了，但是自己还是很喜欢的，后来就咬咬牙慢慢坚持了下来，后来就不疼了，现在已经习惯了，感觉自己克服了困难，也算是一个意志坚强的人吧，同时也学会了弹奏马头琴，挺高兴的。"[②]

3. 促进学生综合素质的提高

学习马头琴是一项耗时耗力的活动，虽然笔者起初很担忧这项活动是否会占用学生的正常学习时间而对学习成绩产生影响，但经过访谈发现，大多数学生的成绩没有因为学习马头琴而下降，有些学生的学习成绩反而提升了。艺术教研组的老师说："这个问题我们也关注过，问过一些学生，目前还没有听说有学生因为参加活动导致成绩下降的，反而是促进了一些学习不太好的学生的成绩的提高。有一个学生，因为参加了训练，他感觉耗费了时间，假如不好好学习，成绩下降，家长就可能不让他学马头琴了，于是他上课不再调皮了，也不走神了，效率也高了，中考考的还不错呢。"[③]

此外，多次随马头琴队参加各种大型活动的学生，经过当众表演，锻炼了心理素质，有利于他们保持平和的心态去参加考试或者其他活动；与其他学生相比，参加马头琴训练的学生感觉到一门很难学的乐器都学会了，不仅有一种自豪感，还会在学习课堂文化知识时觉得很简单，增强了他们的学习自信心。因此，通过参加马头琴艺术教育，学生的综合素质得到了全面提高。

二、对保护和传承马头琴艺术文化的意义

每个民族都有自己独特的文化，并有着共同的功能：传递本民

① 关健．蒙古族马头琴传承中的教育功能［J］．赤峰学院学报，2010（1）．

② 2010年5月访谈学生B。

③ 2010年5月访谈艺术教研室张教师。

族的古老文化和塑造一代新人。在文化发展中，任何民族文化都有其内在的传承机制，它保证了文化能在主体的操纵中自然地代代相延，同时更为重要的是此机制中内在地包含了文化主体的选择机制。[①] 马头琴传承方式有传统和现代两种方式之分，传统方式主要有家族传承、拜师学艺等，现代方式主要有文艺团体培养、学校教育、培训班与私立学校等。

民族中学的马头琴艺术教育，是在学校教育中面向广大学生开展的免费培训班，其实质是马头琴"拜师学艺"的师徒传承机制进入学校的一种体现，是以学校课外艺术教育活动形式开展的教育活动。这项活动的开展，对于加深学生对蒙古族和草原文化的理解和认识，唤醒文化自觉，增强文化传承意识，促进民族文化传承有重要作用。

（一）唤醒文化自觉，增强文化传承意识

文化人类学把文化主体的视点分为主位与客位，传承中，主位意识处于主导地位，族人对自己文化的态度，是传承能否顺利进行的直接原因。[②] 在准格尔旗，蒙古族与汉族世代杂居，互相影响，会蒙古语的蒙古族已经不多，民族中学开设的蒙古语效果不佳，语言作为民族文化符号的传承已经不尽人意。而马头琴作为蒙古族重要的文化象征，在其教育活动的开展中彰显着蒙古族文化的符号特征，虽然参加马头琴训练的学生中只有少数是蒙古族，但是在马头琴演奏时，这些学生通过对本民族文化的欣赏，能够对蒙古族文化和草原文化有进一步的了解。马头琴教师说，这个活动对于宣传马头琴，传承蒙古族文化有很大帮助。很多学生以前不知道马头琴所蕴含的蒙古族文化和草原文化，现在基本都能准确地说出马头琴的传说、意义了。这就会在一定程度上唤醒其民族文化自觉，重建其

---

① 王令、刘晓芳."少数民族文化传承的教育人类学研究"研讨会纪要.[J].民族教育研究，2006（6）.

② 魏美仙.对民族文化传承主体的几点思考——从云南峨山高平个案说起［J］.云南艺术学院学报，2001（2）.

文化心理，增强民族文化认同意识，激发其民族自豪感，从而提高民族文化保护和传承的意识。这样，民族文化传承就多了一份自然行进的内在动力。

（二）提供文化传承场，促进民族文化传承

文化传承离不开一定的传承方式和传承场，学校是最发达，最完备的文化传承场。学校教育是集中的、系统的、有专职教师的、有计划和有目的的教育实践活动，无论对个人还是对群体，学校的文化传承功能均十分突出。因此，学校教育是民族艺术文化传承的最直接的方式，其固定的教学场所和教学方式无疑会有利于少数民族文化，尤其是少数民族口头文化的较好保护。近年来，随着社会经济文化的不断发展，蒙古族对本民族文化的传承和保护越来越重视，马头琴这一体现蒙古族独特民族文化的代表性音乐的传承逐渐以课程的形式进入了学校。在我国内蒙古地区和东北地区，马头琴课程的开设涉及小学、初中、高中、音乐专科学院，甚至某些大学的音乐专业。①

在准格尔旗民族中学，蒙古族学生人数较少，虽然不能像蒙古族聚居地区那样将马头琴纳入课程体系，但其马头琴艺术教育活动却将马头琴的传承方式引入学校，以学校课外艺术教育活动的形式，充分利用了学生课外活动时间，既满足了学校、政府举办活动，将学校工作做出特色的需要，又为少数民族文化传承提供了传承场，促进了民族文化传承。同时，作为现代国民教育体系忽视艺术教育和民族文化教育的有效补充，对提高学生的综合素质、传承优秀民族文化起着一定积极作用。

（三）保护非物质文化遗产

马头琴不仅是我国的非物质文化遗产，还被蒙古国申请为世界非物质文化遗产。课外活动是学校教育传承少数民族非物质文化遗

① 张劲盛．内蒙古地区马头琴传承与变迁研究：［硕士论文］．呼和浩特：内蒙古师范大学，2009.

产的有效方式，与课堂教学相比，课外活动具有灵活性、开放性、综合性、兴趣性和自主性的特点。[①] 民族中学的马头琴艺术教育是学校教育中的课外艺术教育活动，与高校培养马头琴专业人才不同，它能够使更多的学生接触、学习马头琴，并通过学生向家长反馈，与家长形成互动；通过参与鄂尔多斯市、准格尔旗的大型活动演出，使更多的人包括家长、学生也能够了解马头琴，领略其魅力，促使更多的人学习马头琴，使其发扬光大，这在无形中保护和传承了这一非物质文化遗产。

（四）促进马头琴艺术产业发展

国家“十二五”规划中着重提出推动文化大发展大繁荣，提升国家文化软实力，要大力推动文化产业的发展。我国各民族在历史上均创造了辉煌灿烂的文化，在发展文化产业方面有着得天独厚的优势。在现代经济发展中，马头琴作为蒙古族文化的重要象征，本身就是一种最具潜在价值的资源。近年来，在全社会的共同关注和几代演奏艺术家的努力下，马头琴艺术踏上了繁荣发展的锦绣前程，不仅以自己独特个性立足于世界民族乐坛上，而且在“2008北京奥运会”开幕式上向世界人民展示了马头琴艺术，“马头琴热”也在内蒙古、东北地区乃至内地兴起。马头琴演奏艺术的蓬勃发展，传播了蒙古族优秀的传统艺术文化，也带动了与马头琴相关的文艺演出业、艺术品经营业、音像业以及教育培训业等产业的发展。

民族中学的马头琴艺术教育使更多的人学习马头琴，关注马头琴，无形之中为马头琴演出业培养了更多的演奏者和观众；更多的人购买马头琴以及马头琴教程、CD等，使得马头琴生产厂家、音像制品出售等经营业得到发展；没有组建马头琴艺术队的学校的学生，要想学习马头琴，则会报名参加社会上的马头琴艺术培训班，这又带动了马头琴艺术教育培训业的发展。因此，通过在学校教育

① 千道俊、王汉澜．教育学［M］．北京：人民教育出版社，1989. 287.

中开展马头琴艺术教育活动，在一定程度上推动了马头琴艺术相关产业的发展，而马头琴艺术产业作为一项新兴的民族艺术产业，其蓬勃发展对于保护和传承蒙古族优秀传统艺术文化、推动文化产业大发展、促进文化大繁荣，均具有重要意义。

第四章 准格尔旗民族中学马头琴艺术教育存在的问题及建议

在准格尔旗政府、学校、蒙古族精英阶层等共同推动下的民族中学马头琴艺术教育，是对现代国民教育体系下的少数民族文化传承和发展所做的有益尝试，对学生综合素质的提高、蒙古族文化的保护和传承均有重要意义，目前虽然取得了较好效果，但仍然面临诸多问题，需要政府、学校、家庭等各方的共同努力。

第一节 国家政策方面

经过笔者的查阅，尚未发现专门针对少数民族艺术教育活动的政策或文件，只是在一些文件中略有提及，如1999年，美育被写入教育方针；2002年教育部印发了《全国学校艺术教育发展规划(2001—2010)》，《规划》实施10年来，我国的学校艺术教育在国家大力投入和扶持下，得到长足发展；2008年的《教育部关于进一步加强中小学艺术教育的意见》指出：“开展课外艺术活动要因地制宜，讲究实效。要大力开展小型、灵活、多样的艺术活动，民族地区的学校要积极开展具有少数民族特色的课外艺术活动。省、市、县各级教育行政部门要积极创造条件，定期举办中小学生艺术节，学校应每年举办一届形式多样的校园艺术节。”[①] 这是教育部第一次明确提出，要在民族地区的学校积极开展具有少数民族特色的课外艺术活动，但文件并没有对政府、学校应该投入多少经费用于中小学课外艺术教育活动做出明确规定，而各级政府、学校并没有专门的政策和专项经费对此教育活动进行支持，导致其发展后劲不足。

长期以来，我国民族教育的主要任务在于为民族地区培养各级各类现代人才，民族教育照搬内地的模式导致了一系列问题，在体制上，尚未总结出一套适合我国国情的民族教育理论，没有形成完整而科学的民族教育体系；[②] 现代国民教育所传递的主流文化是现代性的而较少是民族性的；学校教育的课程设置、制度安排以及教学方法、流行的价值观念和校园文化等都与每一个少数民族文化不同，也不同于少数民族过去的民族传统教育。

因此，国家在出台政策、规划教育内容时，要平衡德育、智育、体育、美育的比重，重视全体学生综合素质的培养，扶持有利于学生全面发展的多种教育形式。特别要充分认识到艺术教育对于完善人的发展的重要性，适当增加艺术教育的比重；在艺术教育方面，不仅要重视专业艺术教育，培养专业的艺术人才，也要重视非专业的艺术教育，注重培养全体学生的艺术修养；在学校教育中，不仅重视课堂的教育，也要鼓励创新教育形式，支持课间操、艺术队等形式多样的课外教育活动；不仅要支持音乐、美术等现代艺术教育，也要在政策经费等方面大力支持各学校开展有地方特色、少数民族文化特色的艺术教育形式，以保护传承少数民族文化，促进各民族之间相互交流、学习、尊重，最终实现民族平等团结、各民族文化共同繁荣发展。

在制定民族教育政策时，相关政府部门必须充分重视我国多民

---

① 《教育部关于进一步加强中小学艺术教育的意见》，教体艺［2008］8 号.

② 哈经雄、滕星. 民族教育学通论［M］. 北京：教育科学出版社，2001. 7. 574.

族、文化多样性的基本国情，要在促进各民族文化共同繁荣发展的基础上，平等看待现代主流文化、主体民族文化和少数民族丰富多彩的文化，制定包括民族教育的办学自主权政策、多元文化课程政策、管理评价政策等在内的“民族教育的特殊性政策”，积极开展“政策研究”与“为政策的研究”，使研究与决策统一起来，进而为现代化进程中的少数民族地区的民族教育事业的发展制定出更科学、合理、有效的政策内容体系。①

第二节　地方政府方面

虽然内蒙古自治区出台了大量文件和政策用于支持少数民族艺术教育的发展，但是主要着力点在高等院校的艺术教育，目的是培养专业民族艺术人才，面向广大少数民族成员的艺术教育和文化传承方面的工作重视不够，对课外艺术教育的关注程度不高。而且，由于少数民族地区基础教育发展相对滞后，从自治区政府到地方政府的工作重点大都集中于基础教育方面。民族教育方面，重视各项优惠政策的贯彻落实，而对于民族艺术教育与文化保护没有明确的硬性要求。因此，落实到地方政府，只能根据本地财力情况及实际需要，在保证基础教育发展的基础上，开展一些有特色的艺术教育活动，但由于重视程度有限，效果欠佳。

准格尔旗教育工作的侧重点是基础教育，基础教育的侧重点又是教学质量。虽然在民族教育方面的政策是优先重点发展民族教育，但主要是关于民族团结进步教育、双语教育、民族文化常识教育，关于少数民族教育与文化传承的政策缺乏。准格尔旗是蒙古族为主体少数民族的蒙汉杂居地区，部分关于民族教育与文化传承的

① 全国教育科学规划领导小组办公室编．全国教育科学“十五”规划重点课题成果公告．北京：教育科学出版社，2009. 865.

政策惠及不到，且会说蒙语、熟悉蒙古族文化的蒙古族数量较少，蒙古族文化氛围不够浓厚，与其他蒙古族聚居区相比，开展民族教育活动有一定困难且不易出成效。准格尔旗教育局杨副局长介绍说：

咱们旗不属于蒙古族聚居区，蒙古族及其文化不够典型，很多优惠政策都没有办法享受。现在对蒙古族的优惠政策主要体现在4个少数民族（蒙古、鄂伦春、鄂温克、达斡尔）高考加分、蒙古族住宿学生享受生活补贴等方面。上级也并没有强制开展少数民族教育与文化传承方面的工作，也没有关于民族艺术教育方面的政策和经费，没有这种提法，我们对学校也没有硬性要求，各个民族学校只是以兴趣班的形式开展，可以看作是“第二课堂”。目前，我们没有把这项活动纳到工作规划中，也没有更远的打算。少数民族文化传承工作没有量化标准很难考核，也不在对教育工作成绩考核之内，所以这方面的工作不是首位的、必须的，旗政府和教育局对此方面工作的重视程度也就十分有限。况且，咱们旗与其他旗县在教育上的竞争很激烈，主要集中在教学成绩方面，因此，工作的侧重点也就在教学成绩方面。当然，如果有想开展的学校，只要经费允许，我们也大力支持，比如民族中学的马头琴队，我们给他们配备了120把马头琴，现在搞得挺好，挺有特色，反响挺好。民族小学今年要申请100把马头琴，我们也在计划给他们配备。参加大型活动，各个学校都是自行组织，自己负责。像民族中学艺术队参加咱们旗的大型活动，我们教育局没有相关的补贴。

关于目前民族教育工作方面存在的问题和困难，他说：“现在负责民族教育工作的只有我自己，此外我还负责教学考核等工作，想多做一些民族教育相关的事情，但人手不够，力不从心。这些都在一定程度上导致了这方面工作难度相对较大。”① 由此可以看出，不够典型的蒙汉杂居的准格尔旗教育，既得不到政策惠及，也没有政策强制要求，在教学成绩为普遍评价标准的教育体系中，只能选择优先发展基础教育，重点抓教学成绩，而看似“虚无缥缈”的民族文化传承则放在次要位置。

因此，准格尔旗政府在制定教育工作规划时，应继续向民族教育倾斜，不仅落实好少数民族加分、补助等优惠政策，还要重视保护和传承少数民族优秀文化；要制定特殊的民族教育政策，将少数民族优秀传统文化纳入基础教育之中，以促进其传承和发展。旗教育局要对全旗的民族状况进行调研，制定民族教育发展规划，制定专门政策、安排专项经费支持民族艺术教育发展；切实解决教育局少数民族干部紧缺问题，通过借调或招募的方式，吸收热心于蒙古族文化的有志青年参与到民族工作中来，充实民族教育干部力量；重视民族教育档案资料的整理，总结工作经验，不断改进；联合民族事务局等相关部门加强与民族中小学的联系和交流，了解民族教育发展现状、存在的问题并及时解决。

第三节 学校方面

一、存在问题

（一）重视程度不够，缺少相应的保障和激励措施

由于没有专门的文件和政策支持，准格尔旗教育局在对蒙古族艺术教育活动方面没有具体要求和支持措施，民族中学校领导只是将此活动认定为学生课外活动的一种形式，重视程度有限，既没有

① 2010年5月访谈准格尔旗教育局杨副局长。

专项经费来支持活动的开展，也没有专门的场地来训练（学校的体艺中心只是作为临时训练场所）。虽然学校对参加活动的学生加班级考核分数和综合测评分数，可以在一定程度上调动教师和学生的积极性，但是在艺术队的组建方式、运行模式方面尚未形成完整的制度，对学生的培养重眼前，轻长效，学习内容无规划性，没有形成良好的培养机制，导致教学效果不佳。学校党支部书记熊老师说，学校认为开展蒙古族舞蹈、马头琴教育活动对提高学校的知名度和形象有重要作用，校长也非常愿意开展与蒙古族文化相关的活动，很重视开展蒙古族舞蹈、马头琴方面的活动，也很想形成一套培养机制，但由于师资缺少等原因，还没来得及整理、规划、总结。

此外，学校对指导教师和学生的激励和保障措施不够，虽然每次参加活动有一些活动经费，但对艺术教研组的指导教师并没有额外的支持政策，在教师年终考核时也没有相应加分，对学生则主要是加综合测评分数和班级考核分数，没有相关补助。艺术教研组组长张老师说："对于教师来讲，没有切实的支持政策，只是义务地参加各种比赛。今年的工作计划和预算中，我们想申请一些预算用于一些常规性的活动，不知道能不能批准。有时在放假期间，上级要求组织学生参加演出，主办方可能会给一些补助，但是给老师的并不多，更不用说学生了。例如有一次参加活动，主办方给了 1300 元，学校扣下 500 元，给了几个老师每人 200 元。"①

（二）师资队伍严重不足

目前，只有艺术教研组的两名音乐教师负责校艺术队的管理和培训工作，她们还担负着正常的教学任务，常常忙不过来；一名外聘的马头琴教师负责三个年级所有马头琴队学生的教学工作，任务繁重。在准备参加大型活动的演出时，这几名教师就必须加班训练，非常辛苦。师资不足，压力很大，活动效果有时也不尽如人

① 2010 年 6 月在民族中学艺术教研组访谈张老师。

意。艺术教研组组长张老师说："目前存在的问题是，音乐组的我和鲁老师两个人负责管理和考勤等，除此之外，我们还负责舞蹈队的教学、管理工作以及正常的音乐教学，工作量大，而马头琴教师只负责教学，我们和他有时会衔接不上，这不利于活动和训练的开展，因此希望学校能够招聘一名正式的马头琴教师，让他们负责马头琴的教学和考核，这样会方便一些，效率也会提高，我们也可以专心排练舞蹈队，排练效果也会好一些。"①

（三）教学效果不佳

民族中学的马头琴艺术教育活动没有统一而系统的排练时间、排练内容，尚未形成良性的培养机制，没有一整套的制度、安排，在一定程度上是按照大型活动需要进行训练，这些都影响着活动的总结提高和长效发展。在活动时间上，安排不合理，不利于学生学习马头琴，导致学习效果欠佳。每周两个小时的常规训练时间远远不够，排练时间还容易受上级活动任务的影响，当接到上级的演出邀请时，就要进行集训，有时候一天会排练 2 至 3 小时，一般会持续 1 个多月，虽然学生在这期间会迅速学会一首曲目，但这不仅会影响其正常文化课的学习，而且作为蒙古族艺术文化的马头琴被作为一项技艺来"速成"，不仅影响了马头琴教学活动的正常开展，也忽视了作为蒙古族艺术文化的马头琴对学生艺术鉴赏能力和审美能力的培养作用。马头琴教师说，常规训练的时间安排不太合理，学生上周学后，这周可能就会忘记，学习效果不太好，加上有些学生调皮，不好好学，就更增加了教学的难度。艺术教研组组长张老师说，学校活动有时比较多，而且会集中在一段时间，长时间的集体训练有时会占用学生的时间，增添学生的负担，影响学习，这对于学生的长远发展不利。

① 2010 年 6 月在民族中学艺术教研组访谈张老师。

二、相关建议

（一）学校要制定规划，建立长效培养机制

一定程度上，教育行为是以明确的机构和职能为基础的。因此，民族中学要在观念上对艺术教育活动高度重视，根据马头琴教学的特殊性、中学生的特点统筹规划，科学安排，建立马头琴的长效培养机制；指定专门校领导负责此项活动，安排专项经费，配齐配强师资力量，组建一支固定的教师队伍负责马头琴队的管理和教学工作。当前，学校急需招聘一名马头琴教师，分担教学工作，缓解重大活动繁多的压力，提高教学效果；注意保存和整理活动相关资料，对遇到的问题进行反思，及时总结教育活动经验；定期与艺术组教师、马头琴教师、家长、学生等召开座谈会，探讨马头琴艺术教育中存在的问题并及时解决，探寻马头琴艺术教育的更好发展思路；研究制定并落实各项保障和激励措施，对于超过教学课时的教师给予额外的支持政策，在年终考核时适当加分，充分调动教师、学生的积极性和主动性。

（二）改进教学方法，因材施教

艺术教育传承的传者是教师，他们经过系统学习和培训，可以成为蒙古族艺术的承载者。马头琴教师作为专职的工作人员，有固定的时间教育学生。在马头琴教学过程中，马头琴教师要从素质教育和文化传承的双重角度出发，既要完成马头琴演奏艺术的传承，又要实现马头琴代表的蒙古族文化的传承；不断探索高效的教学方式和方法，既要教学生如何演奏马头琴，培养学生欣赏艺术的能力，又要传授马头琴的文化内涵，讲述马头琴与蒙古族草原文化、艺术文化的关系，引导学生感受蒙古族艺术文化；根据学生特点，因材施教，注重对学生的智力因素和非智力因素的影响，培养学生的观察力和记忆力，激发其思维力、想象力和创造力，使其形成专注、稳重、踏实、坚毅的性格。

第四节 家庭方面

一、存在问题

（一）家长

教育的成功与否往往取决于生活环境中一定的内部气氛和教育者与受教育者一定的情感态度，即教育气氛。① 由于长期蒙汉杂居，在日常生活中，应用蒙古族语言和文化的频率逐渐减少，越来越多的蒙古族家庭也逐渐忽视了本民族文化的传承。准格尔旗民族文化教育氛围很弱，家长中许多只有一方是蒙古族，对蒙古族艺术不够熟悉，民族文化传承的意识不强，有些家长对学生的文化成绩更为看重，对学习马头琴持消极态度。

此外，现代社会竞争日趋激烈，而竞争的有力凭证就是制度化的资本——学历，而这些都是在学校中习得的，通过“应试教育”，从中考到高考，再到大学。学生只有通过学校教育学习现代社会所需要的科学文化知识，才能获得适应社会的生存能力。作为家长，他们在教育上的最迫切的要求是通过教育使子女获得向社会上层流动的机会，他们希望学校所提供的“文化资本”，是能使其孩子步入主流文化圈，从而获得良好生活的非地方性文化资本。② 因此，家长对孩子的学习成绩十分关注，要求学生必须将主要时间用在文化课的学习上，其次才是按照孩子的兴趣去自由发展，孩子参加课外艺术教育活动的前提是不耽误文化课的学习，不影响学习成绩。

---

① ［德］O·F·博尔诺夫．教育人类学［M］．李其龙译．上海：华东师范大学出版社．1999. 41.

② 蒋红斌．地方性知识与地方课程开发——一种批判性反思［J］．教育研究与实验，2003，（4）．

蒙古族学生家长C说：“对于孩子是否参加马头琴学习，我觉得无所谓，但有个前提，就是不要影响他的正常学习。假如因为学习马头琴，他的学习成绩落下了，那就得不偿失了。毕竟现在的主要任务是中考和几年后的高考，孩子只有考上好的大学，以后才能找个好工作，到时候再想学民族艺术，也来得及。”① 另外，许多家长让学生参加马头琴艺术学习，是为了“让孩子多学一门技艺”，而忽视了马头琴对学生的艺术修养的熏陶，这有悖于马头琴艺术教育的本质要求。汉族学生家长D说：“现在很多家长都让孩子去参加各种辅导班，学特长，现在民族中学有这个马头琴艺术队，又是免费的，正好可以让孩子学一门特长。多一门技艺，多一条出路嘛。”②

（二）学生

参加马头琴学习的学生面临着双重压力，一方面面临的是与同学的竞争，每天必须完成规定的学习任务；另一方面又面临学习马头琴的任务。当这两方面发生冲突时，就会影响学生的学习。特别是在集训期间，每天都会有固定的训练任务，完不成任务不能下课，就会不可避免地占用一定的学习文化课的时间。假如有些学生稍有懈怠，练习累了，不努力找时间完成学习任务，就很容易出现学习成绩下降的情况，而这时，家长就容易质疑是否是学习马头琴的影响，学生也会面临家长这样的责问。另外，马头琴对学生的臂力要求较高，这就加大了女学生学习马头琴的难度，在开始学习的阶段，难免会影响她们的正常学习，使部分学生打退堂鼓。笔者访谈的学生中，女生大都反映了同样的问题，即开始训练时手指疼，影响上课和写作业，有些学生坚持下来，有些就不认真练了。学生D（女，汉族）说，刚开始练琴的时候，手指很疼，胳膊也很疼，有时写作业都会受影响，但自己很喜欢，慢慢就适应了。

---

① 2010年6月访谈蒙古族学生家长C。

② 2010年6月访谈汉族学生家长D。

二、相关建议

调查发现，民族中学开展的马头琴艺术教育提供了良好的教育气氛，对学生的成绩不会有影响，反而会锻炼和提高学生的全面素质。因此，家长要充分尊重学生的兴趣和爱好，鼓励并帮助学生正确处理马头琴学习和文化课学习的关系，为学生营造一个和谐的家庭文化氛围，使学生能够心无顾虑地按照其兴趣去培养特长，促使其综合素质得到提高。学生要看到学习马头琴对于自身成长的积极作用，正确处理学习马头琴与文化课之间的关系，合理安排时间，以坚强的意志更好地学习马头琴艺术。

总之，民族中学的马头琴艺术教育活动的发展离不开当地政府、学校、家庭等各方面的支持和马头琴教师、学生的共同努力，因此，各方要充分重视此项活动，形成合力，共同促进马头琴艺术教育活动的蓬勃开展。

第五章　现代国民教育体系下少数民族文化传承危机的分析与反思

准格尔旗民族中学的马头琴艺术教育是少数民族文化传承和发展受到现代化进程的冲击，在地方政府、学校、蒙古族文化精英阶层等各方力量共同推动下，保护和传承少数民族文化的应对性策略，它反映了现代国民教育体系下普遍存在的少数民族文化传承面临的危机和挑战。因此，我们不能仅在这一教育活动的表面现象上徘徊，而应站在整个国家、整个中华民族的高度上，关注在整个现代国民教育体系下，少数民族以及整个中华民族的文化该如何传承和发展的问题。这促使我们不得不对当前现代国民教育体系下的少数民族文化传承危机的原因、出路进行反思。

第一节 现代国民教育体系下少数民族文化传承危机的原因

少数民族文化包括语言、音乐、舞蹈、生产生活方式等内容。文化传承有许多方式，教育是文化传递的重要且最有效的途径。教育从广义上可以分为学校教育、家庭教育、社会教育等。依据教育人类学的理论陈述，有什么样的文化形态就会有什么样的教育形式，教育总是一定社会文化的产物。① 在当前现代化进程中，国家主要推行的是与现代化一致的现代国民教育体系，学校教育的主要任务和功能是传递主流社会文化，培养适应国家发展、现代化进程需要的人才，所传递的主流文化是现代性的而较少是民族性的，忽视了文化多样性。学校教育的课程设置、制度安排以及教学方法、流行的价值观念和校园文化等都与每一个少数民族文化不同，也不同于少数民族过去的传统教育。但现在的民族教育已经不是传统意义上的特殊的民族教育，而是民族地区的现代学校教育。目前，少数民族的文化传承在学校、家庭、社会等各个场域中均受到了一定的阻力，面临困境，现代国民教育体系下的少数民族文化传承和发展成为一个普遍而亟待解决的问题。

人类学中的“涵化”与“濡化”可以形象地描述当前学校教育导致少数民族文化传承的困境。濡化是人类学在研究文化传递过程中提出的一个概念，用来描述文化传递的方式。涵化是指不同文化的个人组成的群体，因持久地相互集中地接触，两者相互适应、借用，结果造成一方或双方原有的文化模式发生了大规模的文化变迁。濡化更强调文化传递的过程，而涵化更重视文化输入的过程。

---

① 钱明辉．多元文化与现代性教育之关系研究——教育人类学的视野与田野工作［M］．北京：民族出版社，2008. 259.

濡化的过程就如少数民族教育中的家庭教育，通过家庭的习俗、仪式加深了群体的身份认同和文化体验，潜移默化地习得老一代人的知识。涵化过程则如现代学校教育，通过规范化的教育内容与形式，传递着主流的文化与知识。在当前少数民族地区现代化进程中，在文化的传承中面临着涵化与濡化的较量，我们看到濡化在时间、载体上都在不断减少，而涵化又具有多种的可变性。这种较量实际上是在全球化背景下主流文化与传统文化的较量，是如何能够更好地融入全球化、主流文化而又不失自身特性的权衡。不论涵化或濡化的结果如何，我们更愿意看到的是受教育者能更好地适应社会的发展，同时又不抛弃民族传统文化。如何权衡两种文化的碰撞，如何引导少数民族学生较好地达到跨文化的沟通与理解，对教育者提出了很高要求，需要他们更多的思考。①

当前少数民族文化传承的现状是国家、学校、社会、家长等各方力量共同作用的结果，受到多种因素影响。

一、国家力量：政策层面

布尔迪厄的文化再制理论认为，社会文化再制问题的关键，就是占据社会权力的集团及其社会成员，试图以当代文化再制制度和组织，通过文化再制的运作机制，玩弄一系列象征性策略手段，保障他们一代又一代地连续垄断文化特权。文化在学校的传播是有选择的，这种有选择性的文化输出体现了不同权力之间的关系。权力往往由下而上集中，又由上而下作用于各个群体和个体。最为上层的是国家意志，其诉诸教育便是国家教育政策。当国家教育政策（国家意志）采取向下的运动方式时，常常由于重视整体而忽略某

---

① 兰建华．社会变迁背景下的福州农村畲族教育——以福州北部沧村为例：[硕士毕业论文]．北京：中央民族大学，2011 年．

些弱势群体，一些边缘群体的教育利益得不到重视，① 国家总是以现代性意识的主流群体作为本国的主流文化群体，学校教育作为国家机构之一，选择的也是主流文化，在培养现代性意识的个体时，忽视了不同文化群体的背景，呈现单一文化、纯粹文化和承载主流文化的特征，不能充分反映文化的多样性。

具体到我国少数民族地区，虽然每个民族所生活的独特背景创造了具有独特民族风格的文化知识，但是国家在当地推行的学校教育仍然是以现代科学文化教育为代表的主流文化，而忽视了少数民族"民族性"、"地方性"的知识。学校教育在传承这些"现代知识"的过程中，与少数民族文化传承在内容上不存在交集，反而在传承人、传承时间上构成了争夺，往往通过"规范"作为过滤网，将发生于原生态背景中的原生态文化一概滤出，只剩下一元的、主体的、标准化的知识内容。② 现代学校教育与少数民族文化传承的互动关系是学校教育日趋普及、垄断，少数民族文化传承机制衰退、濒危的过程。在学校教育与少数民族文化传承出现冲突时，掌握制度化文化资本权威的学校教育显然处于强势地位，少数民族文化处于劣势，其文化传承必然出现危机。学校教育实际上起到了将受教育者剥离社区生活，在更广大的国家社会空间中寻求认同与生存的作用。③ 虽然当前在大力促进少数民族地区发展的过程中，采取了多种措施，不断提高民族地区的教育水平，但仅是照搬东部地区的教育方式和内容，未形成一套科学的特殊的民族教育体系，使得当前少数民族教育逐渐等同于民族地区的现代学校教育，教学内容和方式与其他地区的教育无异，少数民族文化知识未纳入学校教

---

① 吴鹤立. 人类学视野中的湘西苗族学校教育——以花垣县董马库乡为例：[硕士学位论文]. 长沙：中南大学，2006.

② 钟志勇：《学校教育视野中的民族传统文化传承》.［J］. 民族教育研究，2008（1）.

③ 胡迪雅. 少数民族濒危文化传承研究——以东巴舞蹈为个案：［博士学位论文］. 北京：中央民族大学，2009.

育体系之中，逐渐被边缘化。

二、地方政府

教育都是某一地方的教育，必然受到当地社会生活中周围环境的影响，而政府是一个重要的影响因素。任何一届地方政府在制定工作规划时都必然会重点考虑如何在短期内获取最大政绩。在当前以经济建设为中心的社会背景下，GDP在对地方政府和官员的评价考核机制中占有相当重要的位置。教育作为一个长周期的培养人的过程，在短时间内实现飞速发展、取得巨大成绩的难度较大。因此，教育必然在一定程度上受到忽视。

教育要培养人，必须远离功利的观念，否则流水线似的生产“人才”，极有可能沦为流水线上的一个零件，而不是一个真实历史文化中的人。在对地区教育工作的评价方面，以“教学成绩”为主要考核评价指标，因此，多数教育部门将提高教学成绩和升学率作为工作重点，以教学成绩为中心，忽视了对学生人文素养的培养和民族文化的传承。短期利益与长期利益之间的矛盾极易逾越现代教育的人文性诉求，人们立竿就想见到那个影子，忍痛割舍了教育中原该具备的对个体成长极其重要但却需要缓慢积累的人文素养。①地方政府及官员基于各种考核压力，必然会采取有利于凸显其政绩、促进地方快速发展的措施，在总体工作中侧重经济，在教育工作中偏重以教学成绩为代表的基础教育。

三、学校

学校受到与其有关的经济、政治、文化、科技等环境和家庭、

---

① 周艳培．现代教育的人文性困境及出路：[硕士学位论文]．沈阳：东北师范大学，2009.

社会、教育团体、教育内部的组织等构成的社会文化生态的影响。学校是现代社会生活和教育的中心，其发展要围绕社会和国家现代化的需要来培养人才，传递文化，实现社会文化再生产，影响着其教育内容的选择。它充当文化传递的工具，体现统治集团的文化价值。[①] 学校是联系学生、家长、政府的桥梁，要对地方政府、教育局等机构负责，受其领导；直接联系学生、面对家长等相关主体，对其负责，受其评价。

当前，学校教育是实现社会阶层流动的一种相对公平的有效途径，考入大学是改变学生命运的重要途径，而高考是学生进入大学的“门槛”。学校根据社会、经济的要求，教给学生某种特定的文化，以使将来参加科层化组织，承担不同的社会角色，进行层层选拔，通过分数、学位、证书等标记，决定学生人生地位的分配，决定学生今后参加科层化的等次。[②] 因此，学校被家长和学生寄予希望。家长评价学校的标准主要是学校的升学率，评价校长是否优秀，也是看学校的教学成绩；评价教师优秀与否，着重看教师的教学成绩，对学生是否严格要求，而学校的办学“特色”、课外活动、第二课堂等的开展情况则被放在次要位置。另外，地方政府、教育局等主管机构主要是以“教学成绩”、“升学率”为指标对学校进行考核和评价。

因此，学校在制定发展策略时必须充分考虑主管部门、家长、学生等各方面的要求，采取符合学校整体发展的策略。在当前的评价指标和考核体制下，面临强大的升学压力，它必然将“学业成绩”、“升学率”放在工作首位，采取各种措施提高教学成绩，从而赢得上级、家长、学生、社会等的认可和赞赏，其次才是考虑将学校办出特色，通过开展活动促进学生综合素质的发展。

---

① 冯增俊主编．教育人类学教程．北京：人民教育出版社，2005. 307.

② 冯增俊主编．教育人类学教程．北京：人民教育出版社，2005. 307.

四、家庭教育的“后退”

濡化是部分有意识、部分无意识的学习过程，靠老一代指示、引导并强迫，使年轻一代接受传统的思想和行为方式。少数民族文化传承的主要途径是通过家庭教育的“濡化”，即在日常生活中，通过生产、生活方式的耳闻目染的渗透、熏陶，自然而然地完成文化的传递和继承。但是随着现代化在少数民族地区的推进，当前学校教育成为少数民族教育构成中的重要部分，占很大比重，少数民族传统教育特别是家庭教育退居其后，家庭教育的空间逐渐被“侵占”，教育功能不断减弱，家庭教育传承少数民族文化的作用逐渐变小。并且，学校教育中没有太多与少数民族文化相关的知识，学校教育对民族文化传承的作用也十分有限。

此外，受应试教育导向，有些家长逐渐认为少数民族的语言和文化在现代化生活中的“实用性不强”，在严峻的升学压力下，面临着现代文化与传统文化的选择，许多家长更偏向于学生学习“文化课”，已经不太重视传统文化的教育与传承，认为“民族性”可以慢慢培养，不用着急。于是，许多家长为了使学生今后更好地适应社会，将希望寄托在学校教育上，在大多数家长看来，学生考入好的高中、好的大学远比学会民族艺术要重要得多。这些都造成了家庭教育作为传承少数民族文化的力量的“后退”。

五、学生

少数民族学生既要和汉族学生一样为了适应现代社会的发展，接受现代化的学校教育，学习主流文化，完成既定学业，获取生存技能，适应社会发展要求，同时还肩负着继承和发扬本民族优秀传统文化的历史重任，一出生就接受本民族的传统文化教育，在家庭、社区的日常生活中耳闻目染，不断学习本民族文化知识，成为

“本民族”的一员。这无形之中给少数民族学生带来很大压力，使他们不得不做出选择。

学校教育的体系、内容基本来自现代化的科学知识，其文化再生产不包括本土文化、地方性知识。出于自身实际利益考虑，为了获取以学历文凭为主要形式的制度化的文化资本，受教育者必须“主动”接受以考试成绩为主的评价标准，选择官方知识与“主流文化。[①]“教学成绩”同样是评价学生的主要标准，作为学习主体，他们也会选择是否参加民族文化的学习，考虑学习文化课与民族文化的时间分配。于是，即便与学生的日常生活、血缘历史息息相关的传统民族文化作为校本课程或地方知识课程被纳入学校教育内容之中，但如果在升学评价制度中不占有权重的话，也就不能称其为制度化的文化资本，也无法摆脱被边缘化的境地，受教育者——学生依然会做出“理性”的有助于自身评价的选择。

第二节　现代国民教育体系下的少数民族文化传承的反思

一、少数民族文化传承的必要性和紧迫性

我国是一个统一的多民族国家，少数民族文化是中华民族文化宝库中的重要组成部分，正是由于少数民族与汉族文化的相互交流、学习，共同繁荣发展，才使得中华文明绵延数千年而未中断。因此，要大力宣传保护文化多样性的重要性，要像保护生物多样性

① 胡迪雅．少数民族濒危文化传承研究——以东巴舞蹈为个案：［博士学位论文］．北京：中央民族大学，2009.

那样，保护好中华民族文化的多样性。在大力推进少数民族地区现代化的过程中，既要使少数民族顺利地融入国家现代化的进程，促进少数民族地区社会经济等各项事业的快速发展，又要保护好少数民族优秀传统文化，这不仅是对中华民族的一大贡献，也是对整个人类的重要贡献。

在当前现代国民教育体系下，少数民族文化传承面临着危机和挑战。虽然随着社会经济的发展，在少数民族文化精英、学校等各方力量的共同推动下，许多少数民族地区采取了如“少数民族文化进课堂、建立地方课程、利用课外活动开展少数民族文化传承”等措施来促进文化传承，如“东巴文化进课堂”、“傣族寺庙生”等尝试，但这些活动在“高考指挥棒”、以“教学成绩”为纲对学校、教师等进行考核的单一体制下，并未从根本上解决问题，因此，其文化传承的作用十分有限，也面临诸多问题和困难。因此，国家、地方政府、学校、家庭、社会等各方均要从自身角度出发，充分认识保护文化多样性的重要性，形成合力，共同促进少数民族文化的传承和发展，以促进中华民族文化的共同繁荣和发展，使我国立于21世纪世界文化强国之林。

二、现代国民教育体系下更好地开展少数民族文化传承的几点想法

国家现代化和文化多元化的矛盾是人类当前面临的一个重大挑战，是各多民族国家面临的一个十分棘手的问题。少数民族与主体民族之间虽然存在民族意识、语言、社区、宗教信仰、风俗习惯等的差异，但在国家意识、经济利益等方面，少数民族与主体民族则有相互补充、相互依存的共同利益。在当前少数民族地区融入现代化的进程中，少数民族的成员一方面要接受现代国民教育，适应现代社会发展，以求得个人更好地生存与发展；另一方面要继承和发扬本民族的优秀传统文化，因此他们在现代性和民族性之间面临着

文化选择的困惑。

滕星教授的多元文化整合教育理论似乎对解答这些困惑有所启发，该理论认为，少数民族不但要学习本民族传统文化，而且也要学习主体民族文化，以提高少数民族年轻一代适应主体文化社会的能力，求得个人最大限度的发展；主体民族成员除了学习本民族文化外，还要适当学习和了解少数民族的优秀传统文化，以增强民族平等和多民族大家庭的意识，培养主体和少数民族成员跨文化的态度，形成跨文化行为的技能与技巧。多元文化整合教育的目的是，继承各民族优秀遗产，加强各民族间的文化交流，促进多民族大家庭在经济上共同发展，在文化上共同繁荣，在政治上各民族相互尊重、平等、友好与和睦相处，最终实现多民族国家在多元一体格局下的各民族大团结。① 由此可知，多元文化整合教育体现的是主体民族与各少数民族成员及其文化、现代化与多元化、国家性和民族性的和谐共生，多元一体。开展多元文化整合教育是实现教育、文化、学习者等多方共赢的有效办法，是构建科学、健康、可持续发展的文化体系与教育体系的对策与出路。②

但是，目前我国多元文化教育的实施力度尚不足以发展与提升不同民族的文化个性，不同民族独特的文化背景和现实环境在学校教育中考虑不足，考试评价制度主要体现的仍是“文化一元主义”思维定势；“国家课程、地方课程、校本课程”三级管理的课程政策并未得以充分地执行；家庭教育和社会教育的文化传承功能呈日益弱化趋势，学习者主要是在学校教育的文化再生产过程中承继文化、习得知识。作为官方权威代表的学校教育评价制度有力地影响着大众的文化发展观与实际的文化选择，使之舍弃未被纳入正轨教

---

① 滕星主编．教育人类学的理论与实践——本土经验与学科建构［M］．北京：民族出版社，2009. 138.

② 胡迪雅．少数民族濒危文化传承研究——以东巴舞蹈为个案：［博士学位论文］．北京：中央民族大学，2009.

育体系的本民族传统文化。[①] 因此，国家、地方政府、少数民族与主体民族等相关主体必须充分认识到保护文化多样性的重要性，树立多元文化整合教育的观念，切实实施“多元文化整合教育”，制定特殊的民族教育政策和多元一体的课程体系，建立多元化的教学评价体制机制。

（一）实施特殊的民族教育政策

民族的语言、文化、宗教、价值观等影响着民族教育的内容与组织形式。民族地区的生产生活方式、居住特点等影响着民族教育的规模、质量、投资、效益与效率等。我国有55个少数民族，不同的生产生活环境、历史文化造就了不同特色的民族意识、民族语言和文化。少数民族各具特色的文化和区域特点，决定了在制定民族教育政策时，必须充分考虑并进行系统而深入的研究，不但要考虑主体民族为主的统一国家的发展和需要，同时还要体现各少数民族特色、适应各少数民族的文化环境和发展需要，制定“民族教育的特殊性政策”，从国家政策层面将少数民族文化纳入学校教育体系中，使少数民族地区的学校成为所在社区现代文化科技知识与本民族优秀传统文化的学习中心与传播中心。[②] 在继续实施优惠政策的同时，使我国的民族教育政策从传统的单一的优惠政策向特殊—优惠政策并重转变，主要包括：制定民族教育的办学自主权政策、民族教育的双语教学政策、民族教育的多元文化课程政策、民族教育的师资培养政策、民族教育的管理评价政策等。[③]

（二）建立多元一体的课程体系

多元一体的课程体系是实施多元文化整合教育的重要途径，它

① 胡迪雅．少数民族濒危文化传承研究——以东巴舞蹈为个案：［博士学位论文］．北京：中央民族大学，2009.

② 滕星主编．教育人类学的理论与实践——本土经验与学科建构［M］．北京：民族出版社，2009. 148.

③ 全国教育科学规划领导小组办公室编．全国教育科学“十五”规划重点课题成果公告．北京：教育科学出版社，2009. 865.

强调以文化多样性为前提，整合多元化的文化资源以适应所有学生的学习需求，为不同文化背景的学生创造平等的学习和发展机会，以促进社会正义，实现教育公平。① 发展少数民族地区的民族教育，切实实施多元文化整合教育，就必须建立多元文化整合的课程体系，使学校教育既体现国民教育的统一要求，同时又体现不同民族、不同地区的文化差异，尽可能满足学生个性发展的差异性。

《中共中央国务院关于深化改革全面推进素质教育的决定》指出，要“试行国家课程、地方课程和学校课程”三级管理的课程政策，这是我国基础课程政策和管理体制的重大变革。国家课程因其统一性和基础性，体现着国家意志，具有一定的强制性和权威性，确保培养出现代化所需人才，确保课程达到统一的质量；地方教育行政部门和学校则拥有编制和管理地方课程、校本课程的自主权。因此，少数民族地区的多元文化课程体系建设，要坚持统一性与多样性共生，一元与多元的辩证统一，在课程设置上仍然以“国家课程”为主体，但要通过开发地方课程和学校课程，引入当地少数民族文化，建立有地方特色、民族特色的多元文化课程体系，使多元文化的理念贯穿到少数民族地区学校全部的显性文化与隐性文化中，使少数民族地区的学生既能学习现代化知识，顺利进入“主流社会”，又能习得本民族文化知识，自然回归自己的“传统社区”。

（三）建立多元一体的教育评价机制

在当前教育评价体制下，评价学校、教师的依然主要是“教学成绩”、“升学率”、“重点率”，家长和学生所关心的是“学习成绩”、“高考”，应聘工作时评价的是人才的“学历”、“学校”、“专业”。学校教育资本几乎成为唯一获得制度化认可的文化资本，而少数民族地区的学校教育在内容上，尤其是评价制度上未将少数民族文化纳入，这就导致少数民族文化资本缺少制度化的认可，价

① 刘茜．多元文化课程的建构与发展——雷山苗族多元文化课程开发的个案研究：［博士学位论文］．重庆：西南大学，2007.

值贬值。

因此，要解决当前少数民族文化传承危机，就要改革当前教育评价体制，建立“多元一体”的教育评价制度。所谓“多元一体”的评价制度，即在针对少数民族学生的各级入学考试过程中，在统一考核普遍性知识的基础上，加入对指定的少数民族文化事项的权重，重点改革考试加分制度和特长生认定制度。① 在学生选拔制度中，要赋予优秀少数民族传统文化应有的制度化认可，提升其文化资本价值，给予传统文化负载者以更加公平和均等的机会，积极创造条件使少数民族文化传承者有较好的就业环境，让少数民族文化掌握者感受到学习少数民族文化“有用”，解决家长、学生的后顾之忧。例如，可以以省（自治区）、地（市）为单位，考虑对少数民族地区高考、中考加分制度进行改革，采取适当的措施鼓励学生学习少数民族文化知识，对与少数民族文化相关专业的本科生、研究生录取制度进行适度调整等。对于地方政府、教育部门、学校、教师等教育主体，在赋予其一定的教育发展自主权的同时，也要建立包含少数民族传统文化在内的多元文化教育性质的考核制度和评价机制，在以考试成绩和升学率为主要指标的基础上，加入少数民族文化传承等多方面的考核指标。

结　语

文化多样性是人类社会存在的普遍特征。我国是多民族与多元文化的社会，但是在推进现代化的过程中，国家推行的是体现其意志的现代国民教育体系，培养的是为现代化服务的标准人才，传递的是现代化的主流文化，忽视了文化多样性。长期以来，我国在发

---

① 胡迪雅．少数民族濒危文化传承研究——以东巴舞蹈为个案：［博士学位论文］．北京：中央民族大学，2009.

展少数民族地区的学校教育时，重视科学文化教育，忽视民族艺术教育；在民族教育方面，侧重民族团结教育，忽视少数民族优秀文化教育与传承，更严重的是以主流的思维方式和文化传统束缚民族教育的发展，这些都导致了不同民族文化交流理解的缺失，少数民族优秀文化保护和传承面临危机和挑战。

现代国民教育体系并非封闭不可侵入，学校教育与少数民族文化教育之间虽有张力，但通过开展课外活动、制定地方课程和校本课程、开设少数民族艺术培训班等，仍能使少数民族文化得以传承，使学校教育与少数民族教育达到和谐共生，准格尔旗民族中学开展的马头琴艺术教育就是很好的例证。它不仅是民族中学开展的有民族特色的课外艺术教育活动，是马头琴艺术的传统传承方式“师徒制”进入现代国民教育体系的一种形式，而且是将蒙古族传统文化引入学校教育中传承的一种尝试。它对于促进学生德智美全面发展，提高综合素质，增强民族意识，保护和传承蒙古族优秀艺术文化都有重要意义，是对现代国民教育体系的完善和补充。虽然尚处于探索阶段，但它既满足了政府举办活动、学校办学特色的需要，又以其趣味性吸引学生学习，以其技艺性、功能性赢得家长支持，以其传承民族文化的功能赢得蒙古族群众的支持，取得了各方多赢的良好效果。但受各方面条件限制，马头琴艺术教育活动还有许多有待改进的地方，蒙古族传统文化传承依然面临一些问题。因此，准格尔旗蒙古族艺术文化的传承与发展要在现代国民教育体系下，积极探索多元文化整合教育的新模式，依靠政府、学校、家庭等力量，营造一个良好的教育气氛，获得更大的发展。

要切实解决现代国民教育体系下的少数民族教育与文化传承所面临的危机和挑战，就要从国家教育体系的高度进行改革，切实实施多元文化整合教育，实现教育、文化、学习者的多方共赢，构建科学、健康、可持续发展的文化体系与教育体系。通过制定并实施特殊的民族教育政策，建立多元一体的课程体系和教育评价机制，将少数民族文化纳入现代国民教育体系之中，使少数民族既能提高适应社会的能力，求得个人最大限度发展，又能完成民族性的塑造，成为本民族的一员；同时使汉族成员适当了解和学习少数民族的优秀传统文化，增强民族大家庭意识。通过各方共同努力，促进各民族相互了解、交流、尊重，实现民族大团结；保护和传承各民族优秀文化遗产，实现文化大繁荣；互敬互信、和睦相处，实现经济大发展；最终实现中华文明的伟大复兴。

少数民族教育与文化传承是一项庞大而复杂的系统工程，涉及教育学、民族学、文化学等多个领域，触及国家、当地政府、学校、家庭、文化精英等多个主体，解决这样一个复杂博大的问题，不可能一蹴而就。笔者希望此文能够起到抛砖引玉的作用，吸引更多的人共同关注此问题，在此方面进行更深入的研究和不懈的努力。我们相信，在大家的共同关注和努力下，各民族文化必能得以保护和传承，中华民族文化必将实现繁荣和发展。

参考文献

译著：

[1] [法] P. 布尔迪1厄、J. C. 帕斯隆. 再生产——一种教育系统理论的要点（邢克超译）. 北京：商务印书馆，2002

[2] [德] O·F·博尔诺夫著，李其龙译. 教育人类学[M]. 上海：华东师范大学出版社，1999

专著：

[1] 冯增俊主编. 教育人类学教程 [M]. 北京：人民教育出版社，2005

[2] 哈经雄、滕星. 民族教育学通论 [M]. 北京：教育科学出版社，2001

[3] 贺志朴、姜敏. 艺术教育学 [M]. 北京：人民出版社，2001

[4] 何琼. 西部民族文化研究 [M]. 北京：民族出版社，2004

［5］林耀华主编．民族学通论［M］．北京：中央民族大学出版社，2003

［6］王军、董艳主编．民族文化传承与教育［M］．北京：中央民族大学出版社，2007

［7］千道俊、王汉澜．教育学［M］．北京：人民教育出版社，1989

［8］钱明辉．多元文化与现代性教育之关系研究——教育人类学的视野与田野工作［M］．北京：民族出版社，2008

［9］滕星，主编．教育人类学的理论与实践——本土经验与学科建构［M］．北京：民族出版社，2009

［10］王兆景、王春梅．西方民族主义教育思想研究［M］．北京：民族出版社，2006

［11］许宪隆主编．民族文化发展与保护研究［M］．北京：民族出版社，2007

期刊：

［1］白翠蓉．永远的马头琴——前郭尔罗斯马头琴艺术教育侧记［J］．中国民族，2007（11）

［2］曹能秀、王凌．少数民族地区的学校教育和民族文化传承［J］．云南师范大学学报（哲社版），2007（2）

［3］曹能秀、王凌．试论教育中的少数民族文化传承面临的问题与挑战［J］．当代教育与文化，2010（1）

［4］关健．蒙古族马头琴传承中的教育功能［J］．赤峰学院学报，2010（1）

［5］李金福．我国西部地区开展民族艺术教育的思考—兼谈民族艺术资料库的建设［J］．民族艺术研究，2004（4）

［6］李金福．对云南少数民族地区中小学艺术教育一些问题的思考［J］．民族艺术研究，2000（S1）

［7］陆海鸣．弘扬民族艺术振兴民族艺术教育——广西艺术学校教学改革的实践与探索［J］．中国职业技术教育，1998（1）

[8] 马冬玲．作为知识生产的社会学——试论布尔迪厄的实践社会学及对妇女研究的意义［J］．山西师大学报（社会科学版），2009（4）

[9] 马建初．加强民族艺术教育促进和谐社会构建［J］．重庆科技学院学报（社会科学版），2007（1）

[10] 秦虹．现代国民教育体系的本质特征与构建策略［J］．决策与思考，2004（23）

[11] 滕星．“中华民族多元一体格局”思想与中国少数民族双语教育［J］．民族教育研究，1996（4）

[12] 滕星．民族教育概念新论［J］．民族研究，1998（2）

[13] 滕星、苏红．多元化社会与多元一体化教育［J］．民族教育研究，1997（1）

[14] 通拉嘎．繁荣与隐忧—谈马头琴作为非物质文化遗产的保护与传承［J］．内蒙古大学艺术学院学报，2009（4）

[15] 杨乃运、李晔．前郭尔罗斯，从马头琴到乌力格尔［J］．旅游，2007（8）

[16] 张振元．构建现代国民教育体系探索的回溯与前瞻［J］．职业技术教育，2009（31）

[17] 赵世林．论民族文化传承的本质［J］．北京大学学报（哲学社会科学版），2002（5）

[18] 王军．民族文化传承的教育人类学研究［J］．民族教育研究，2006（3）

[19] 准格尔旗民族中学．鄂尔多斯市准格尔旗民族中学［J］．内蒙古教育，2010（11）

[20] 杨大千、史鑫．高校艺术教育要以弘扬民族文化为基点［J］．艺术研究，2009（1）

[21] 王令、刘晓芳．“少数民族文化传承的教育人类学研究”研讨会纪要．［J］．民族教育研究，2006（6）

[22] 魏美仙．对民族文化传承主体的几点思考——从云南峨

山高平个案说起［J］．云南艺术学院学报，2001（2）

学位论文：

［1］曹叶军．对马头琴的科技人类学考察：［D］．呼和浩特．内蒙古大学，2007

［2］韩刘．蒙古族艺术在中小学的传承状况与教育对策研究——以通辽市若干中小学的调查为例：［D］．中央民族大学，2010

［3］胡迪雅．少数民族濒危文化传承研究——以东巴舞蹈为个案：［D］．北京：中央民族大学，2009

［4］兰建华．社会变迁背景下的福州农村畲族教育——以福州北部沧村为例：［D］．北京：中央民族大学，2011

［5］李红梅．马头琴音乐与蒙古族草原文化．中国·内蒙古首届草原文化研讨会论文集，2004

［6］刘茜．多元文化课程的建构与发展——雷山苗族多元文化课程开发的个案研究：［D］．重庆：西南大学，2007

［7］罗吉华．文化变迁中的文化再制与教育选择——云南勐罕镇中学傣族和尚生的个案研究：［D］．北京：中央民族大学，2009

［8］吕砀男．准格尔旗民族关系实证研究：［D］．北京：中央民族大学，2009

［9］普丽春．少数民族非物质文化遗产的教育传承——基于对云南彝族烟盒舞等的调查：［D］．北京：中央民族大学，2009

［10］吴鹤立．人类学视野中的湘西苗族学校教育——以花垣县董马库乡为例：［D］．长沙：中南大学，2006

［11］王爱青．苗族文化在学校教育中的传承机制研究——以台江县苗族服饰文化为个案：［D］．重庆：西南大学，2009

［12］张劲盛．内蒙古地区马头琴传承与变迁研究：［D］．呼和浩特：内蒙古师范大学，2009

［13］张元卉．人口较少民族文化传承的教育人类学研究——以鄂伦春族文化传承研究为个案：［D］．北京：中央民族大

学，2009

［14］周艳培．现代教育的人文性困境及出路：［D］．沈阳：东北师范大学，2009

后　记

本书是中央民族大学"211工程三期重点学科建设项目"结项成果。该课题由中央民族大学民族学与社会学学院刘明新教授主持，课题组成员共9人，其中教师2人，硕士研究生7人，分别来自民族学、人类学、教育学等学科领域。自课题立项以来，项目组成员从查阅主题文献，到多次进入各自田野点进行实地调研；从初稿的形成到后期的不断修订和完善，前后历经近四年的时间。如今面对即将出版的文稿，回想项目组成员为之付出的努力以及各田野点政府部门及群众给予的热情帮助，感慨颇多。

改革开放30多年来，我国经济取得长足发展，各地区均发生巨大变化，经济的快速发展及区域的不平衡性，促使人口流动加快，民族人口的分布也更为扩散，促使更多地区形成少数民族散杂居局面，原有或形成中的散杂居地区社会经济文化正发生巨大变迁。在这一背景下，散杂居民族问题逐渐成为当代民族社会问题的焦点，但目前研究大多集中在社会变迁、民族关系以及民族权益保护等方面，教育作为文化传承中的重要环节，既是社会变迁中易受影响的因素，也是对社会变迁影响最大的因素，却没有得到应有重视。课题组成员大都来自民族散杂居区，且均对民族教育领域抱有浓厚研究兴趣，深感有责任利用专业所学，对散杂居区少数民族的基础教育现状进行调查，以反映现状、发现问题、提出建议，为弥补相关研究的不足做出贡献并为政府部门制订相关政策提供决策参考。

本研究的田野点分别为吉林省松原市前郭尔罗斯蒙古族自治县、内蒙古自治区鄂尔多斯市准格尔旗、福建省福州市小沧畲族乡、山东省青州市、河南省济源市五个地区。其中，四个地区是四位研究生的家乡，他们对从小生长的环境有非常深刻的切身体会。一名研究生利用支教机会，在支教点做了为期一年的深入细致的调研。以上地区既包含有少数民族自治区的非少数民族聚居地，也包括多民族聚居地区中某一民族的聚居地及汉族占绝对主体地位的单一少数民族聚居地，其类型较为丰富，具有散杂居地区的代表性。同时，在民族选择上，本研究结合对调研地和自身情况的了解，分别选取了生活地域主要在北方、信仰藏传佛教、以草原游牧文化为主的蒙古族；生活地域主要在南方闽浙一带、信仰妈祖崇拜、以盘瓠传说为其典型文化特征代表的畲族；生活地域涵盖全国、信仰伊斯兰教、有善商传统的回族。这三个民族文化迥异，各具特色，其基础教育既具有一定普遍性，又具有本民族的独特性。因此，在社会转型背景下，其民族文化如何传承、教育究竟扮演何种角色、发挥何种作用等问题，成为本研究关注的主要焦点和研究的主要内容。

在项目开展过程中，吉林省前郭尔罗斯蒙古族自治县、山东省青州市、福建省福州市、河南省济源市、内蒙古自治区准格尔旗等地教育局、民宗局等单位及相关学校的学生、家长及社区居民等给予了大力支持与帮助。中央民族大学施琳教授、祁进玉副教授、苏发祥教授、张曦博士、常永才教授以及社科院刘晓春副研究员和北京师范大学的王燕祥教授等也给予宝贵建议，保证了项目的顺利开展。此外，中央民族大学“211 工程三期重点学科建设项目”对本书调查及出版提供资金支持，中央民族大学出版社张山老师为编辑书稿付出心力。在本书即将出版之际，一并向他们表示衷心感谢。

由于水平有限，再加上调查研究不够深入，摆在各位读者面前的这份成果显得粗浅稚嫩。但是，我们希望它能成为引玉之砖，吸引更多学者关注散杂居少数民族基础教育研究领域，以使这片亟待开发的学术沃土变得硕果累累。

编　者

2012 年 12 月 12 日于北京